HISTOIRE

DE L'ORIGINE,

DES PROGRÈS

ET

DE LA DÉCADENCE

DES SCIENCES

DANS LA GRÈCE;

Traduite de l'Allemand de CHRISTOPHE MEINERS, Professeur ordinaire de Philosophie, à l'Université de Gottingue,

PAR J. CH. LAVEAUX.

TOME CINQUIÈME.

A PARIS,

CHEZ { J. Ch. LAVEAUX et Compagnie, Imprimeurs-Libraires, rue du faubourg Honoré, maison ci-devant Beauveau.
MOUTARDIER, Libraire, quai des Augustins.

AN VII.

HISTOIRE

DES SCIENCES

DANS LA GRÈCE.

HISTOIRE
DE L'ORIGINE, DES PROGRÈS ET DE LA DÉCADENCE DES SCIENCES DANS LA GRÈCE.

LIVRE HUITIÈME.

CHAPITRE PREMIER.

Histoire des Grecs et particulièrement des Athéniens, depuis la paix d'Antalcidas, jusqu'à la bataille de Chéronée, ou depuis la 2e. année de la 98e. olympiade jusqu'à la 3e. de la 110e.

Après la mort de Socrate, les désordres augmentant toujours dans la république d'Athènes, eurent une influence fatale sur les mœurs et la philosophie. Je vais donc continuer l'histoire des Athéniens jusqu'à l'époque où il ne vivoit probablement plus aucun disciple de Socrate.

Les Spartiates qui avoient employé leur autorité à la cour de Perse, pour forcer les autres états de la Grèce à une paix fort dure, afin de réduire plusieurs d'entr'eux à un esclavage honteux ; se servirent aussi de l'augmentation de puissance que leur avoit procuré la paix, pour rompre cette paix favorable à eux seulement, et préjudiciable à tous les autres Grecs. Ils continuèrent, malgré le serment qu'ils avoient fait, et la première condition qu'ils s'étoient imposée à eux-mêmes, en l'imposant à tous les autres Grecs, ils continuèrent à retenir sous leur dépendance presque toutes les villes du Péloponèse auxquelles ils auroient dû rendre la liberté. Ils les obligèrent, comme auparavant, à les suivre par tout comme leurs chefs, à se rassembler à Lacédémone, et à fournir l'argent et les troupes qu'on exigeoit d'elles, pour toutes les entreprises faites en commun (*a*). Non contens de maintenir leur ancienne domination, ils saisirent toutes les

(*a*) Voyez ce que les Spartiates exigèrent pour leur entreprise contre Olynthe. Xenoph. *Hellen.* v. c. 2, §. 14, *ou p.* 302. Isocr. I, *de Pace*, p. 410, 411.

occasions de l'augmenter ; et firent tous leurs efforts pour recouvrer pour leur cité l'honneur d'être la première puissance et la maîtresse de la Grèce (*a*). Ils se mêloient dans toutes les petites guerres et dans toutes les disputes qui s'élevoient entre des villes, ou même entre des citoyens de la même ville, soit qu'on eût ou non recours à eux ; jamais ils ne refusoient les secours qu'on leur demandoit, sans avoir égard à la justice ou à l'injustice de la cause ; et ils excitoient même des troubles dans les villes, pour avoir occasion de les apaiser et de soumettre les deux partis (*b*).

Ils manifestèrent d'abord leurs projets ambitieux et violens, par la vengeance qu'ils exercèrent contre les villes, qu'ils accusèrent de ne pas les avoir secourus avec assez de zèle, dans les tems précédens, ou d'avoir favorisé leurs ennemis. Leur courroux tomba d'abord sur Mantinée, aux habitans de laquelle ils ordonnèrent d'abattre leurs murs ; disant qu'ils ne pouvoient se mettre autrement en sureté contre une ville qui avoit toujours fourni des vivres aux Argiens leurs ennemis, qui avoit

(*a*) Diod. XV, p. 7, 17.
(*b*) *Ibid.* l. c.

refusé de marcher avec eux à la guerre, et qui s'étoit toujours réjouie de leurs malheurs, et affligée de leurs succès (*a*). Les foibles Mantinéens furent obligés de céder à la force, et de consentir à sortir de leur ville détruite, pour vivre, comme autrefois, dans des villages et des bourgs; ce qui, contre l'intention de leurs ennemis, devint bientôt pour eux la cause d'une nouvelle prospérité (*b*).

A peine les Lacédémoniens eurent-ils détruit cette ville d'Arcadie, qu'ils promirent aux habitans d'Acanthe et d'Apollonie des secours contre Olynthe, la plus puissante des villes Grecques de la Thrace; secours qu'ils leur envoyèrent en effet sous la conduite de Phœbidas. Mais ce général fut détourné de son entreprise par la trahison de quelques-uns des principaux d'entre les Thébains qui l'introduisirent dans Cadmée, forteresse de Thèbes; parce qu'ils aimoient mieux dominer leurs concitoyens en qualité d'esclaves des Spartiates, que de jouir des avantages de la liberté dans leur patrie indépendante (1). D'abord les Ephores et les autres Spartiates s'élevèrent

(*a*) Xenoph. V, c. 2. Diod. p. 7, *ad ol.* 98, 3.
(*b*) Xenoph. l. c. p. 294. Diod. p. 12. Ol. 98, 4.

contre cette action, non parce qu'elle étoit injuste, mais parce qu'elle avoit été exécutée sans leurs ordres. Cependant ils l'approuvèrent bientôt après, comme une chose utile à la patrie ; mais en conservant Cadmée, ils destituèrent le vainqueur de cette place, et le condamnèrent à dix mille drachmes d'amende (*a*). Ils créèrent même un tribunal composé de Spartiates et d'alliés, firent condamner au bannissement les plus zélés défenseurs de la liberté ; et à la mort, comme un traître à la Grèce et un perturbateur de la tranquillité publique, Isménias, qui s'étoit opposé à eux avec le plus de vigueur (*b*).

Devenus ainsi maîtres de Thèbes et des Béotiens, les Spartiates continuèrent la guerre contre les Olynthiens avec d'autant plus de vigueur, qu'elle avoit été retardée (*c*). Ils essuyèrent plusieurs défaites, et particulièrement une très-considérable, dans laquelle Teleutias, frère d'Agésilas, perdit la vie (*d*) avec la plus grande partie de son armée ; mais à la fin, ils parvinrent à soumettre à leur do-

(*a*) Xenoph. l. c. et Plut. II, 336.

(*b*) Xenoph. l. c. p. 308, 309.

(*c*) *Ibid.* l. c.

(*d*) *Ibid.* V, 3, 315, 316.

mination, sous le nom d'alliés, et les Olynthiens et les Phliasiens qui avoient osé leur résister (*a*).

Jusqu'alors la fortune avoit favorisé toutes les injustices des Spartiates, et leur domination sembloit mieux affermie qu'elle ne l'avoit jamais été. Les Thébains et les autres habitans de la Béotie étoient sous le joug ; les Argiens humiliés, les Athéniens abandonnés de leurs alliés ; toutes les villes qui s'étoient montrées leurs ennemies, ou qu'ils avoient seulement soupçonné de l'être, avoient été châtiées ; tous les autres états, toutes les autres îles étoient pleines d'hommes qui devoient leur élévation aux Spartiates, et qui, sans leur soutien, auroient eu tout à craindre de leurs concitoyens, à cause de l'oppression sous laquelle ils les tenoient (*b*).

Mais précisément à cette époque, où la puissance des Spartiates étoit à son comble, où il ne paroissoit pas possible qu'aucun état, qu'aucun roi dans la Grèce, osât s'opposer à eux ; cette puissance, si solide en apparence,

---

(*a*) Xenoph. l. c. p. 324—325. Diod. XV, p. 20. *Ad ol.* 100, 1.

(*b*) *Ibid.*

fut ébranlée par quelques fugitifs, et bientôt après renversée. Cette destruction subite de la tyrannie des Spartiates fut, comme le dit Xénophon, une preuve que la vengeance divine poursuit les actions injustes ; ou plutôt elle confirma ce que prouve l'histoire entière, savoir, que la fortune et la domination acquis par l'injustice, et fondées sur la violence, ne sont jamais de longue durée (*a*). Sept hommes seulement (2), du nombre de ceux qui avoient quitté leur patrie après la prise de Cadmée, conçurent ce projet hardi, dont l'exécution ne pouvoit paroître possible qu'à des citoyens animés d'une haine implacable contre les Spartiates, et d'un ardent amour de la liberté : projet qu'Epaminondas lui-même crut trop hasardé et trop dangereux (3) ; et qui, sans l'heureux succès dont il fut suivi, auroit été blâmé comme une fureur aveugle : le projet de repousser de leur patrie, sans secours étrangers, avec la seule force de leurs bras, le joug d'un peuple devant lequel trembloit toute la Grèce (4). Armés seulement de poignards, ils se glissèrent furtivement dans la ville, se déguisèrent en femmes le lendemain, qui étoit

(*a*) Xenoph. *Hell.* lib. V, 4.

un jour de grande fête; et se firent conduire par Phyllidas, secrétaire d'un des commandans, dans l'appartement de ces tyrans, comme autant de belles femmes, dont ils desiroient depuis long-tems les faveurs (*a*). Ces hommes hardis, avec quelques autres conjurés (*b*), tuèrent leurs ennemis ivres ou endormis, avec autant de courage et de prudence que de célérité; ils ouvrirent ensuite les portes des prisons, et n'appelèrent leurs autres concitoyens à la défense de la liberté recouvrée, que lorsqu'ils eurent sacrifié à la vengeance de la patrie, les tyrans qui la leur avoient enlevée (*c*). Dès le lendemain ils jetèrent une si grande terreur parmi la garnison Spartiate qui occupoit la citadelle, que, sans attendre aucun secours, elle abandonna aux conjurés cette forteresse, de laquelle dépendoit la liberté des Thébains. Cette reprise de Cadmée fut comparée par toute la Grèce au rétablis-

(*a*) Plutarque parle tantôt d'une seule femme, tantôt de plusieurs qu'Archias attendoit. *De Genio Socr.* VIII, 281, 347, 356.

(*b*) Ils étoient quarante-deux. *Plut.* 348, *de Genio Socr.*

(*c*) Xenoph. *ibid.* p. 329. Diod. XV, p. 21. *Ad ol.* 100, 3. Plut. II, 349.

sement de la liberté des Athéniens par Thrasybule. On trouvoit le même courage dans les hommes qui avoient exécuté cette grande entreprise, les mêmes dangers ; le même bonheur. Assurément, on auroit de la peine à trouver d'autres actions où un si petit nombre d'hommes abandonnés aient attaqué avec autant de courage des forces ennemies si supérieures, et aient opéré par le succès une aussi grande révolution, que celle qu'opéra Pélopidas avec ses compagnons. La guerre qui enleva aux Spartiates la domination sur terre et sur mer, éclata la nuit même où ce général rentra dans sa patrie avec le petit nombre d'amis qui prirent part à son entreprise, et brisa les chaînes si fortes en apparence, dont les Lacédémoniens avoient chargé les Thébains et le reste des Grecs (*a*).

Avant que les Grecs eussent senti quelle perte les Spartiates avoient faite par la défection des Thébains et des Béotiens, la crainte qu'inspiroient ces tyrans étoit si grande, qu'aucun peuple n'avoit le courage de prendre le parti des opprimés (*b*). Les Athéniens eux-

---

(*a*) Plut. II, 352.
(*b*) *Ibid. in Pelop.* II, 351.

mêmes avoient mis à mort un de leurs généraux, qui avoit aidé les Thébains à reprendre Cadmée, et en avoient banni un autre à perpétuité, parce qu'il n'avoit pas attendu son jugement (5). Mais les Lacédémoniens n'ayant point puni Sphrodias leur général, pour avoir tenté une entreprise téméraire sur le Pirée : entreprise à laquelle il avoit été excité par les Thébains, qui vouloient animer les Athéniens contre les Spartiates ; les Athéniens furent si courroucés, qu'ils secoururent les Thébains de tout leur pouvoir, et qu'ils se préparèrent avec ardeur à faire la guerre aux Lacédémoniens (6). Ils envoyèrent dans toutes les villes maritimes et dans toutes les îles des ambassadeurs chargés d'exciter les alliés des Spartiates à secouer le joug ; et ces ambassadeurs eurent le bonheur de réussir auprès des habitans de Chio, de Bysance, de Rhodes et de plusieurs autres îles, qui rompirent toute liaison avec leurs tyrans (*a*). La douceur avec laquelle les Athéniens se conduisoient alors envers ceux qui leur avoient été soumis autrefois, et plus encore le décret du peuple qui assuroit les propriétés des anciens alliés,

(*a*) Diod. p. 23.

en déclarant qu'aucun Athénien ne pourroit cultiver des terres ni posséder des immeubles hors de l'Attique, et peut-être aussi l'avantage que les Thébains remportèrent sur les Spartiates (*a*), engagèrent toujours un plus grand nombre de villes à se séparer des derniers, et à prendre part au grand conseil de tous les peuples insurgés, que les Athéniens avoient assemblé dans leur ville, pour les engager à délibérer sur leurs intérêts communs (*b*).

Mais les peuples du Péloponèse, accoutumés de tems immémorial à la domination des Spartiates, leur restèrent fidèles, et leur reprochèrent même d'avoir encouragé par leur trop grande indulgence, l'audace et le nombre de leurs ennemis, et rendu par là la guerre plus difficile. Ils leur conseillèrent d'équiper une flotte, capable de faire tête à la puissance maritime des Athéniens, et avec laquelle ils pourroient affamer la ville d'Athènes (*c*). En conséquence de ce conseil, les Spartiates équipèrent en peu de tems soixante vaisseaux,

(*a*) Xenoph. l. c. p. 345.

(*b*) Diod. XV, p. 15.

(*c*) Xenoph. pag. 352. Les alliés des Spartiates sont nommés, VI, 2. p. 367.

et cernèrent en effet la flotte qui portoit des vivres à Athènes ; mais ils perdirent contre Chabrias une bataille à laquelle ils l'avoient forcé. Cette défaite fut suivie, dans l'année suivante, de plusieurs autres plus importantes encore. Timothée et Iphicrates battirent l'un et l'autre les flottes des Spartiates, et assurèrent par là aux Athéniens, non-seulement les villes et les îles de l'Asie et de la Thrace, mais ils atirèrent dans leur alliance les îles les plus puissantes, telles que Corcyre, Céphalonie et autres (7).

Ces revers disposèrent les Spartiates à la paix, que les Athéniens ne desiroient pas moins qu'eux, malgré leurs grandes victoires ; et parce qu'ils étoient continuellement inquiétés, du côté d'Ægine, par une multitude de pirates, et parce qu'ils étoient épuisés par la garde continuelle de leurs frontières, et plus encore par leurs grands préparatifs de guerre ; et enfin parce qu'ils n'étoient plus contens des Thébains qui avoient exercé ou exerçoient encore des violences contre les habitans de Platée, de Thespie et de Phocée, tous alliés ou cliens d'Athènes (*a*). En con-

---

(*a*) Xenoph. VI, 2, p. 366, c. 3, 380.

séquence les deux peuples convinrent bientôt des conditions, dont les principales étoient que les Spartiates, ainsi que les Athéniens, rappelleroient leurs troupes et leurs flottes, retireroient leurs garnisons des villes des alliés, et laisseroient à ces derniers une liberté entière (8). Tous les alliés accédèrent à ce traité, à l'exception des Thébains, parce que, d'après le conseil d'Epaminondas, ils ne voulurent pas renoncer à leurs prétentions sur les Béotiens, qui leur avoient payé jusqu'alors un tribut (*a*).

Mais les Spartiates rompirent aussitôt l'alliance, en ne rappelant point le roi Cléombrote qu'ils avoient envoyé contre les Thébains, et lui envoyant même des ordres pour poursuivre avec le fer et le feu ces oppresseurs obstinés des Béotiens, jusqu'à ce qu'ils leur eussent rendu la liberté (*b*). Par cet ordre précipité, le roi de Sparte, soupçonné depuis long-tems de favoriser les Thébains, et qui avoit tout à craindre en les épargnant, se vit forcé à risquer un combat (9), que les chefs des ennemis excitoient par toutes les ressources de l'éloquence et les motifs de la superstition (10),

---

(*a*) Xenoph. et Diod. ll. cc.

(*b*) Xenoph. VI, 4, p. 393.

parce qu'ils étoient sur le point de voir leur ville assiégée, livrée à la famine, abandonnée de tous ses alliés, et d'être eux-mêmes bannis une seconde fois. La bataille se donna à Leuctres, où les Spartiates furent vaincus, moins par la valeur des Thébains et l'habileté de leurs chefs, que par leur propre imprudence, leurs désordres, et leur oubli des lois de Lycurgue (11). Le combat fut sanglant, car les Spartiates perdirent près de quatorze cents hommes; mais du reste il fut si peu décisif, que les vaincus ne perdirent ni le champ de bataille, ni leurs bagages; que plusieurs d'entr'eux ne vouloient pas demander à l'ennemi les corps de leurs camarades, mais les prendre, les armes à la main, sur le champ de bataille; et que, peu de tems après cette journée, tous leurs anciens alliés, tels que les Tégéates, les Corinthiens, les Sycioniens, les Achéens et plusieurs autres, leur fournirent avec un zèle infatigable et des hommes et des vaisseaux (12). Cependant tous les historiens assurent (*a*) que par cette défaite, les Spartiates furent beaucoup plus humiliés que les Athéniens par celle d'Ægos-Potamos, et qu'elle détruisit pour

---

(*a*) Xenoph. VII, 1. Isocr. I, 210.

jamais leur domination sur terre et sur mer. Les causes de ces terribles suites d'une bataille douteuse, ne doivent pas se chercher chez les Thébains, mais chez les Athéniens. Car quoique ces derniers eussent témoigné si peu de joie de la victoire des Thébains (*a*), qu'ils n'exercèrent pas même les devoirs de l'hospitalité envers celui qui leur en apporta la nouvelle, ils surent mieux en profiter que les vainqueurs eux-mêmes. Alors ils rendirent aux Spartiates ce qu'ils en avoient éprouvé dans d'autres tems. Des ambassadeurs envoyés par eux parcoururent le Péloponèse, et excitèrent à la défection les Hilotes et les alliés des Spartiates (*b*). Ils inspirèrent aux plus puissans d'entr'eux tant d'amour pour la liberté, tant de haine contre les Spartiates, que, surpassant leurs desirs, ils persuadèrent aux Thébains de ravager avec eux le territoire de Sparte, sur lequel aucun ennemi n'avoit mis le pied depuis cinq siècles. Ils firent aussi tous leurs efforts pour que les Messéniens, ennemis jurés des Spartiates, revinssent, après un exil de deux siècles et demi, dans leur patrie, où

(*a*) Xenoph. VI, 4, p. 400, 5, p. 408, 9.
(*b*) VIII, 2, p. 400.

les ruines des habitations de leurs ancêtres étoient presqu'entièrement disparues (13).

La victoire de Leuctres remplit tous les peuples de la Grèce d'une admiration respectueuse, et d'amour pour les vainqueurs des tyrans que l'on avoit cru invincibles. La joie d'être délivré du joug des Lacédémoniens, que l'on désespéroit de rompre jamais, fut si grande, que tous ces peuples reconnurent et suivirent les Thébains comme leurs protecteurs (*a*). Mais ce tourbillon d'admiration et de joie ne fut pas de longue durée. La plupart craignirent d'éprouver de la part des Thébains, ce qu'ils avoient souffert de celle des Spartiates; ou du moins ils remarquèrent que les vainqueurs de ces derniers n'avoient point le droit de devenir leurs maîtres. D'autres croyoient (*b*) pouvoir prétendre avec autant ou plus de raison que les Thébains à la domination suprême dans la Grèce. Tels furent les sentimens des Arcadiens qui, sous la conduite de l'ambitieux Lycomède, sortirent tout à coup de leur obscurité, pour jouer un rôle brillant sur le théâtre de la

---

(*a*) Xenoph. VII, 1, pag. 405, et Plut. II, 371, *in Pelop.*

(*b*) Xenoph. VII, 1, 447.

Grèce

Grèce (*a*). Tels furent sur tout ceux de Jason, souverain d'une grande partie de la Thessalie, qui avoit déjà en tête tout ce que Philippe et Alexandre exécutèrent dans la suite, et qui, ayant autant de talent et de puissance que ces deux princes, auroit probablement prévenu ces vainqueurs de la Grèce et de l'Asie, si le poignard d'un assassin ne l'eût arrêté dans l'exécution de ses vastes projets (14).

D'après ces dispositions, les Thébains, dès les années suivantes, furent abandonnés de la plus grande partie des villes et des peuples, qui avoient quitté l'alliance de Sparte, pour se mettre sous leur protection; de sorte que l'on pouvoit dire d'eux que la victoire de Leuctres avoit détruit la domination des Spartiates, sans servir à établir la leur. Tous les moyens qu'ils employèrent pour se procurer une autorité semblable à celle des Spartiates furent si mal choisis, qu'ils produisirent des effets tout à fait contraires, et qu'on vit en eux des hommes étourdis par l'éclat d'un bonheur subit, incapables de former un plan réfléchi, et ne se déterminant que d'après les circonstances du moment. Ce ne furent donc pas seulement dès

(*a*) Xenoph. VII, 1, p. 445. Diod. XV, 49.

circonstances et des accidens inévitables ; mais ce furent sur tout le caractère et la façon de penser des chefs des Thébains, ce furent les mœurs et la constitution de ce peuple qui l'empêchèrent de soumettre la Grèce affoiblie, et d'acquérir la domination de cette contrée, dans le sens que les Athéniens et les Spartiates l'avoient exercée pendant plusieurs années.

Il est certain qu'avant et sur tout après la prise de Cadmée, les Thébains, excités par l'exemple de Pélopidas et d'Epaminondas, s'adonnèrent avec plus d'ardeur que tout autre peuple de la Grèce, à tous les exercices de la gymnastique et de la guerre ; et que ces exercices, adoptés généralement parmi eux après la bataille de Leuctres, donnèrent à leurs corps une grandeur, une force et une beauté extraordinaires, formèrent le courage invincible de leur légion sacrée, et leur procurèrent les victoires qu'ils remportèrent sur les Spartiates, si exercés dans le métier de la guerre (*a*). Mais les mœurs des Spartiates étoient aussi corrompues que celles de tout

(*a*) Xenoph. VI, p. 419. Diod. *Passim.* Plut. II, 339, 361—364.

autre peuple de la Grèce (15) ; et leur constitution dégénérée étoit devenue une véritable ochlocratie. Les affaires publiques n'étoient pas conduites par les hommes les plus sages et les plus distingués, mais par l'influence d'une troupe de bavards égoïstes qui se vendoient au plus offrant, ou par les caprices d'un peuple sans raison et sans frein (*a*). De misérables démagogues, après les victoires et les entreprises les plus glorieuses, traînoient les sauveurs de l'état, qui en étoient les auteurs, devant le tribunal suprême, c'est-à-dire devant le peuple ; par la seule raison qu'ils n'avoient pas exécuté une loi, que la jalouse fureur d'un peuple aveuglé pouvoit seule avoir imaginée ; parce que, dans un pays ennemi, ils ne s'étoient pas dépouillés, au tems marqué, de la dignité dont ils étoient revêtus (16). Ces mêmes corrupteurs du peuple accusèrent les héros qui avoient terrassé et presque anéanti les Spartiates à Leuctres, d'avoir eu des intelligences secrètes avec l'ennemi ; et ils persuadèrent au peuple jaloux, de le dépouiller de sa dignité de général : injustice qui auroit pu précipiter leur perte, si

(*a*) Plut. II, 373, 374.

Epaminondas n'eût montré autant de douceur envers ses concitoyens, que de courage contre leurs ennemis, s'il n'eût pardonné avec la plus grande facilité les outrages de son ingrate patrie (*a*).

Un peuple de ce caractère, avec des mœurs aussi corrompues, et une constitution si défectueuse, ne pouvoit ni acquérir ni conserver long-tems une grande puissance; parce qu'il n'avoit ni assez de prudence ni assez de justice pour profiter de son bonheur, et l'asseoir sur des bases solides. Les deux hommes mêmes auxquels, selon tous les anciens historiens, Thèbes dut son éclat éphémère (*b*), ces deux hommes extraordinaires, malgré les avantages et les vertus qui les élevoient tant au-dessus de leurs concitoyens et de leurs contemporains, n'avoient pas les talens nécessaires pour arrêter les effets de la corruption morale, et suppléer aux défauts de la constitution. Pélopidas et Epaminondas étoient aussi sobres, aussi tempérans, aussi désintéressés; ils n'avoient pas moins de patriotisme, de connoissance de la guerre, d'envie

---

(*a*) Plut. l. c. Diod. p. 59.

(*b*) Polyb. VI, 41. Corn. Nep. c. 10.

d'immortaliser leur patrie et leurs propres noms; peut-être même avoient-ils plus de courage personnel que les plus grands héros qui fleurirent jamais chez les Athéniens (17) : mais ils ne possédoient pas comme Thémistocle, Aristide, Cimon et Périclès, le talent si rare de gouverner les hommes et les peuples, et d'affermir la grandeur d'un état sur des bases solides (18). Tous les efforts qu'ils firent pour élever leur patrie à la domination de la Grèce, ou ne réussirent point, ou tournèrent à la perte de leurs concitoyens. Les exemples frappans des Athéniens et des Spartiates furent perdus pour eux, et ils commirent les mêmes fautes qui avoient causé la perte de ces deux peuples (*a*). Epaminondas fit beaucoup d'ennemis aux Thébains, en soumettant par la force, dans son expédition du Péloponèse, plusieurs villes qui n'étoient point dans le territoire des Spartiates, ou en les vexant et en dévastant leurs campagnes (*b*). Au lieu de diminuer le nombre de ces ennemis, il les augmentoit à chaque pas. Il força les Achéens à s'allier avec Thèbes, et cette vio-

(*a*) Isocr. I, 254. *Epist. ad Philipp.*

(*b*) VII, 1, p. 443.

lence, loin de les gagner en faveur des Thébains, ne fit que leur inspirer des sentimens favorables aux Spartiates (*a*). Au lieu d'épargner les Athéniens, comme il auroit dû le faire, il les aigrit, en donnant aux Thébains pauvres, sans commerce et sans arts, l'étrange conseil de s'emparer de la domination de la mer, d'armer des vaisseaux de guerre, et de soumettre les îles et les villes opulentes qui payoient tribut aux Athéniens (19). Ce fut lui qui pressa le plus le rétablissement de Messène, et qui éleva dans cette ville le trophée le plus glorieux pour les Thébains, et le monument le plus honteux pour les Spartiates; mais éternisant aussi par là, la haine et les guerres des deux nations (*b*). Enfin ce fut Epaminondas qui, à la prière de quelques brigands d'Arcadie qui craignoient de rendre compte des richesses qu'ils avoient enlevées du temple de Delphes, conduisit une puissante armée dans le Péloponèse, quoique les Arcadiens eussent déclaré qu'ils ne demandoient ni secours ni médiation étrangère. Par cette action aussi injuste qu'imprudente, il

(*a*) *Ibid.* 456 et suiv.

(*b*) Diod. p. 455.

dévoila aux moins clair-voyans le dessein qu'il avoit d'empêcher les Arcadiens de se réconcilier entr'eux, et avec les Eléens; et d'exciter les uns contre les autres les habitans du Péloponèse, afin qu'étant affoiblis, ils n'offrissent plus aux Thébains qu'une proie facile. Cette conduite engagea les Arcadiens, les Achéens et les Eléens à faire promptement la paix entr'eux et avec les Lacédémoniens; elle excita contre lui la Grèce entière, et amena la bataille de Mantinée, où il périt, et où sa patrie perdit la plus grande partie de la gloire et de la puissance qu'il lui avoit acquises (20).

Pélopidas, ami et compagnon de gloire d'Epaminondas, fut encore plus prompt et plus bouillant que lui. Ce héros, inquiet et impatient, brûloit du noble desir de trouver un théâtre, sur lequel il pût développer tous ses talens et ses vertus, et cueillir autant de lauriers qu'Epaminondas en avoit rapporté du Péloponèse (*a*). Ces vœux furent remplis par les ambassadeurs de plusieurs villes de la Thessalie, qui vinrent demander aux Thébains des

---

(*a*) Plut. *in Pelop.* II, p. 392—396. Diod. p. 55—65. Corn. Nep. *in ej. vit.*

secours contre Alexandre, tyran cruel, qui les tourmentoit par des guerres continuelles, ou les faisoit gémir sous l'oppression la plus dure. Pélopidas conseilla à ses concitoyens de l'envoyer en Thessalie avec une armée considérable ; afin, disoit-il, de montrer aux Grecs que, tandis que les Spartiates recevoient au nombre de leurs alliés, Denys de Sicile ; et les Athéniens Alexandre : les Thébains, animés d'un noble désintéressement, sacrifioient leur sang pour la liberté de leurs alliés. En effet, il enleva quelques villes à l'oppresseur de la Thessalie, et pénétra jusque dans la Macédoine, où il rétablit la paix dans la maison royale en proie aux divisions ; exigeant pour la sureté du traité, qu'on lui donnât en otage le jeune Philippe et trente autres des principaux Macédoniens, qu'il emmena avec lui (*a*).

Mais le succès de cette première campagne changea le héros et le général, en un téméraire aventurier. L'année suivante, Pélopidas, accompagné seulement de quelques amis, alla pour la seconde fois en Thessalie, espérant que son nom lui serviroit de défense, et que par tout où il paroîtroit, une armée se rassem-

---

(*a*) Plut. l. c. Diod. p. 55, *ad ol.* 102, 4.

bleroit autour de lui. Mais contre son attente et celle de ses amis, il fut fait prisonnier par Alexandre, et retenu pendant un an et demi dans une étroite captivité, dont il ne fut délivré qu'à l'aide d'une nombreuse armée, commandée par Epaminondas (*a*). Après sa délivrance, il s'efforça d'obtenir par des négociations, ce qu'il n'avoit pu gagner par la force des armes. Il fit un voyage à la cour de Perse, afin de tâcher, à l'exemple d'Antalcidas, d'en obtenir un appui, pour procurer à sa patrie la domination de la Grèce. Il obtint du roi de Perse tout ce qu'il avoit demandé, et rapporta dans la Grèce une paix, qui portoit que les Spartiates déclareroient la liberté de Messène; que les Athéniens désarmeroient tous leurs vaisseaux; et que si les uns ou les autres refusoient de se soumettre à ces conditions, tous les états de la Grèce seroient obligés de réunir leurs forces à celles des Thébains, et de leur obéir comme à leurs chefs.

Un peu de réflexion, et plus encore les discours hardis que tenoient à la cour de Perse, les ambassadeurs des Athéniens et des Arcadiens, auroient dû convaincre Pélopidas, que

---

(*a*) Diod. p. 58, *ad ol.* 103, 1, 2.

la volonté d'un roi dont ils connoissoient tous la foiblesse, et qui étoit obligé de combattre sans cesse contre la moitié de ses satrapes révoltés contre lui, ne pourroit pas être exécutée aussi facilement dans la Grèce, que quelques années auparavant. Tous les états refusèrent obstinément de signer la paix de Pélopidas; il sentit à sa honte et à son grand regret, qu'il falloit renoncer à son projet de domination sur la Grèce, et qu'au lieu (a) de la gloire et de la puissance qu'il avoit poursuivies, il ne lui restoit que la haine et le mépris. Deux ans après, ayant entrepris une troisième campagne contre Alexandre, et ayant aperçu ce prince qu'il haïssoit à la tête de son armée, il fut tellement emporté par la vengeance, qu'il poursuivit le tyran jusqu'au milieu de ses soldats, où il perdit une vie qu'il auroit pu conserver pour le service de sa patrie (21).

Après la bataille de Leuctres, les Athéniens et les Spartiates se conduisirent avec beaucoup plus de sagesse que les vainqueurs. Aussitôt après l'invasion d'Epaminondas, les premiers envoyèrent aux vaincus, sous la conduite d'Iphicrate, des troupes auxiliaires, qui vrai-

---

(a) Xenoph. p. 455.

semblablement eussent fait repentir les Thébains de leur entreprise, si le général Athénien avoit fait tout ce qu'il auroit pu et dû faire. Bientôt après (*a*) les Athéniens conclurent avec les Spartiates une alliance aussi sage que glorieuse, dans laquelle ils promettoient d'envoyer des secours à ces derniers, à condition que leurs généraux auroient alternativement le commandement général, avec les généraux de Sparte. Les Lacédémoniens ayant consenti à ce traité, et cédé volontairement aux Athéniens la domination de la mer (*b*), ces derniers exécutèrent fidèlement leur promesse; et par les victoires de leurs généraux, ils acquirent, pour ainsi dire, autant de puissance et d'autorité qu'ils en avoient eu sous Périclès. Par des vertus plus grandes encore que celles qui relevèrent les Athéniens, les Spartiates surent écarter leur entière destruction. Car quoiqu'à la bataille de Leuctres, ils eussent perdu leur jeunesse la plus brillante et la plus courageuse, et la plus grande partie de leurs alliés et de leurs esclaves, ils marchèrent cependant avec courage contre

(*a*) Xenoph. VI, *cap. ult.* p. 432.

(*b*) *Ibid.* VII, 1. Diod. p. 55, *ad ol.* 102, 4.

l'ennemi, dont les forces étoient bien supérieures (*a*). Des jeunes gens à peine dans l'adolescence, et des vieillards affoiblis par les années, rassemblèrent leurs forces, pour défendre, du moins contre les Thébains, les foyers et les tombeaux de leurs pères ; et, au grand étonnement de toute la Grèce, ils battirent deux fois leurs victorieux ennemis, qui, dans ces deux actions, avoient l'avantage du nombre, et dans la dernière celle même de la position (*b*).

Après cette merveilleuse délivrance, les Spartiates furent encore vaincus quelquefois par les Thébains et les Arcadiens (*c*) ; mais ces défaites ne les engagèrent point à faire la paix avec Messène qui s'étoit armée contre eux (*d*). Cette fermeté fut doublement récompensée, d'abord par une victoire qu'ils remportèrent sur les Arcadiens, sans perdre une goutte de sang : victoire qui fit verser des larmes de joie à tous les habitans de Sparte, depuis le vieux roi Agésilas, les Ephores et

---

(*a*) Xenoph. VI, *cap. ult.* p. 424 et suiv.

(*b*) *Ibid.*

(*c*) Voy. sur-tout VIII, 4, p. 491.

(*d*) Xenoph. VII, 4, p. 482.

les Gérontes, jusqu'au moindre citoyen (*a*); secondement par le retour des Arcadiens, des Achéens et des autres villes du Péloponèse, que les imprudences des Thébains ramenèrent à leurs anciennes liaisons.

Les autres villes de la Grèce, loin d'être plus heureuses par la paix des Athéniens et des Spartiates qui leur rendoit la liberté, ou par la chûte de la domination des Spartiates; se trouvèrent, au contraire, engagées dans des révoltes et des guerres intestines, plus funestes pour elles que leur ancienne oppression. Par tout les violences tour à tour exercées et souffertes: violences accumulées depuis des siècles, avoient tellement aigri les voisins contre les voisins, les citoyens contre les citoyens, qu'ils tomboient avec fureur les uns sur les autres, dès que la puissance qui les retenoit se trouvoit abattue (*b*). Dans toutes les villes, les citoyens les plus riches et les plus distingués qui avoient favorisé la domination des Spartiates, furent chassés ou tués comme des traîtres; de sorte que la plupart des contrées

(*a*) Xenoph. VII, 4, p. 482.

(*b*) *Ibid.* V, 4, 345, VII, 1, p. 456 et suiv. c. 4, p. 486. Diod. p. 33.

furent couvertes d'autant de fugitifs, qu'elles avoient elles-mêmes chassé de citoyens. En Arcadie, le projet d'établir un gouvernement républicain, coûta la vie à plus de quatorze mille hommes, sans compter ceux qui furent obligés de fuir; et à Argos le peuple déchaîné, qui se trouvoit le plus fort, devint si furieux, qu'il fit périr seize cents des principaux citoyens, la plupart dans les tourmens les plus cruels; et qu'il sacrifia même à la fin les flatteurs et les démagogues qui l'avoient excité à ces cruautés (*a*). Ainsi après la bataille de Leuctres, la Grèce toute entière, se trouva dans une anarchie, pendant laquelle on ne respecta ni les droits de l'humanité, ni les lois de la guerre.

La bataille de Mantinée, dans laquelle presque tous les peuples de la Grèce combattirent les uns contre les autres, loin de rien changer à cette situation, causa de nouveaux troubles et de nouveaux bouleversemens, plus grands que ceux qui avoient désolé la Grèce jusqu'alors (*b*). Avant cette bataille, on croyoit gé-

---

(*a*) Diod. p. 48, 49.

(*b*) Xenoph. l. c. p. 512. Diod. p. 69—72. Cette bataille eut lieu avant la 102e. olympiade.

néralement qu'elle décideroit à jamais du sort de la Grèce, et que les vaincus seroient soumis aux vainqueurs (*a*); mais on ne prévoyoit pas qu'elle seroit si peu décisive, qu'elle le fut en effet, et que la victoire resteroit si incertaine. Epaminondas fit tout ce qu'on pouvoit attendre d'un grand général et d'un guerrier courageux. Il fondit sur les ennemis rangés en bataille, et les força de céder. Mais ayant reçu une blessure mortelle, les Thébains furent abattus par cet accident, et l'on eût dit que leurs bras avoient perdu toutes leurs forces. L'infanterie resta immobile comme une pierre sur le champ de bataille qu'elle venoit de gagner; et la cavalerie ne songea pas même à poursuivre l'ennemi qui fuyoit (*b*). Cette conduite ranima peu à peu le courage des ennemis battus et dispersés; ils se rallièrent, remportèrent de petits avantages, et prirent même un étendart, sans opposition de la part des Thébains, occupés à demander qu'on leur livrât leurs morts. Bientôt après cette bataille, les états de la Grèce conclurent une paix, mais qui ne fut ni générale ni de longue durée. Les

(*a*) *Ibid.*
(*b*) Xenoph. l. c. 508—512.

Spartiates refusèrent de mettre bas les armes, tant que Messène subsisteroit (*a*), et les Athéniens exercèrent des violences dans l'Arcadie et à Corcyre (*b*).

Vers la fin de l'olympiade dans laquelle les Grecs se battirent à Mantinée, tout parut annoncer une grande révolution, et la Grèce, privée de ses anciens chefs et d'hommes propres à le devenir, sembloit attendre un nouveau maître. Sparte, Argos, Thèbes et Athènes, les quatre états les plus considérables et les plus puissans, étoient humiliés (*c*); et l'on ne voyoit ni parmi eux, ni parmi les autres peuples de la Grèce, aucune puissance qui pût dominer dans cette contrée. L'état de Sparte étoit si affoibli et si dépeuplé par ses guerres et ses défaites continuelles; et par la corruption des mœurs qui en avoit été la suite; que le nombre de ses citoyens n'égaloit pas le nombre de ceux qu'il avoit perdu à la bataille de Leuctres, pas la dixième partie de ceux qui avoient combattu à Platée; et qu'il n'avoit pas la trentième partie de la population qu'il pouvoit nourrir (22). Malgré cette foiblesse,

(*a*) Diod. p. 73.

(*b*) Ol. 104, 3 et 4. Diod. p. 72.

(*c*) Isocr. *ad Philipp.* I, 243—47.

les

les Spartiates étoient obligés de se battre sans cesse contre les Messéniens ou contre leurs esclaves, et de faire contre les autres peuples des guerres tantôt offensives, tantôt défensives. Dans cette situation malheureuse, ils n'avoient pas même la consolation d'exciter la compassion. Le ressentiment de leurs anciennes cruautés les avoit rendus si généralement odieux, avoit tellement détruit tout motif de confiance en eux, qu'on craignoit toujours que s'ils venoient à reprendre leurs forces, ils ne reprisssent aussi leurs prétentions et leur tyrannie (*a*).

Les Argiens avoient encore plus souffert que les Spartiates; car outre les guerres continuelles et malheureuses dans lesquelles l'ennemi ravageoit presque chaque année leurs campagnes, coupoit leurs arbres et incendioit leurs habitations; ils étoient encore affoiblis par des révoltes sanglantes, et la perte de leurs meilleurs citoyens (*b*). Les Thébains eux-mêmes avoient trouvé leur perte dans leur bonheur apparent. Thèbes, dépeuplée par ses victoires même, étoit chargée de la

(*a*) Isocr. l. c. p. 251, 252.

(*b*) *Ibid.* l. c. p. 253.

haine de tous les Grecs ; et l'ambition qui la dévoroit, beaucoup au-dessus de ses forces, la poussoit vers sa ruine avec plus de rapidité que les autres états de la Grèce (*a*). Enfin les Athéniens avoient, à la vérité, recouvré leur domination sur les îles, et possédoient encore des généraux habiles, des hommes d'état expérimentés, et des guerriers courageux ; mais leur constitution et leurs mœurs étoient si corrompues, que leur prospérité ne pouvoit être de longue durée, et qu'ils ne pouvoient penser à des entreprises qui exigeoient des vertus extraordinaires et des efforts soutenus. Mais selon toutes les probabilités humaines, il étoit plus aisé de croire qu'Athènes reprendroit un jour sa puissance, que d'imaginer que le maître futur de la Grèce étoit un homme élevé dans la Grèce, comme un otage peu important, qui n'avoit pas même des espérances éloignées de parvenir au trône de ses ancêtres, qui descendoit d'une famille presque détruite par les assassinats et les conspirations, qui ne devoit lui-même son salut qu'à la générosité de deux généraux Grecs, qui étoit né chez un peuple toujours asservi aux Barbares, tributaire des

(*a*) *Ibid.*

Athéniens (*a*), chassé n'aguères presqu'hors de ses frontières par une seule ville Grecque (*b*), entièrement battu par les brigands d'Illyrie (*c*), et toujours si méprisé des Grecs, qu'ils dédaignoient même d'en faire des esclaves (23).

Cet homme qui devoit asservir la Grèce entière, étoit Philippe, roi de Macédoine; le même que Pélopidas avoit emmené à Thèbes en qualité d'otage, et qui avoit été élevé avec Epaminondas dans tous les arts de la guerre et de la paix. A la vérité, la fortune sembloit avoir favorisé cet homme extraordinaire (*d*), en le faisant naître à un époque où les états les plus puissans de la Grèce, affoiblis et irrités les uns contre les autres, n'avoient ni la force ni la volonté de se réunir pour opposer à leur maître futur, une résistance commune et suffisante; mais d'un autre côté, des obstacles presqu'invincibles s'opposoient à ce projet; et il falloit un homme tel que Philippe pour les détruire ou les surmonter. Toute son histoire prouve qu'il fut beaucoup

---

(*a*) Demost. p. 31—66, *edit. Volfii.*

(*b*) Xenoph. V, 2, p. 298. La ville d'Olynthe.

(*c*) Diod. XVI, p. 82.

(*d*) Comme l'ont remarqué plusieurs écrivains. Voyez entr'autres *Just.* VIII, 1.

plus redevable de ses succès à sa sagesse, à son activité et à son courage, qu'aux événemens heureux et imprévus qui le favorisèrent; et on peut toujours le citer comme un exemple très-frappant du pouvoir d'un grand homme sur les circonstances les plus défavorables. Sans Philippe, la Macédoine, dans laquelle n'avoit pour ainsi dire encore pénétré aucun rayon des sciences et des arts de la Grèce, seroit restée long-tems dans son obscurité; les Perses ou quelqu'autre peuple barbare auroit probablement conservé pendant long-tems la domination en Asie; et les Grecs se seroient détruits par des guerres intestines, jusqu'à ce qu'un César les eût tous mis sous le joug.

Philippe se sauva de Thèbes, peu de tems après que Perdiccas, assassin de Ptolémée, qui avoit ravi la couronne à son frère aîné, eût péri avec quatre mille de ses sujets, dans une bataille malheureuse contre les Illyriens (*a*). Après cette défaite, les malheureux Macédoniens sembloient n'attendre que le moment de leur destruction. Les Illyriens vainqueurs se préparoient à faire une invasion dans leur pays, avec une armée considérable. Les Péo-

---

(*a*) Ol. 105, 1. Diod. p. 82, 83. lib. XVI.

niens, leurs voisins, exerçoient chez eux les brigandages les plus cruels ; et ils les méprisoient tellement, qu'ils ne les croyoient pas capables de faire la moindre résistance. Dans le même tems, Pausanias, qu'Iphicrate avoit chassé après la mort d'Amyntas, étoit de nouveau en marche, pour faire valoir, avec le secours d'un roi de Thrace, ses droits sur la couronne de Macédoine. Enfin les Athéniens avoient envoyé une flotte puissante, pour placer sur le trône un certain Urgeus.

Au milieu de ces dangers effrayans, Philippe parut dans la Macédoine accablée ; sans autre suite que son courage, sans autres compagnons que ses talens, sans autre recommandation que les droits que lui donnoit sa naissance sur le trône de ses pères ; ne pouvant d'ailleurs citer en sa faveur ni amis, ni trésors, ni grandes actions, ni même des exercices et des connoissances dans l'art militaire ou dans les affaires publiques. Les Macédoniens n'auroient donc jamais songé à choisir pour leur sauveur un orphelin sans expérience, élevé loin d'eux depuis son enfance ; si Philippe, par la force de cette éloquence que les plus grands orateurs ont admirée en lui (*a*), n'eût

(*a*) Plut. *in Demosth.* IV, 7, 19.

gagné les esprits de son peuple (*a*), ne leur eût inspiré autant de confiance en lui que de courage contre leurs ennemis (24).

La multitude de dangers dont il se voyoit environné lui et son peuple, et la grandeur du prix pour lequel il alloit combattre, portèrent tout à coup, par un effort extraordinaire, ses grands talens à leur maturité; et l'on eût dit qu'avec le titre de roi, il avoit pris la science et l'expérience d'un général et d'un politique consommé. Il exerça sans relâche les Macédoniens dans les travaux de la guerre, et inventa un nouvel ordre de bataille, qui, pendant plusieurs siècles, fixa la victoire dans ses armées et dans celles de ses successeurs (*b*). Tel qu'un politique consommé, il parvint, à force de ruses, à apaiser les terribles adversaires qui s'élevoient contre lui de toutes parts, et le menaçoient lui et son royaume d'une ruine prochaine. Les uns, tels que les Thraces et les Péoniens, furent gagnés par des promesses et des présens, d'autres par les apparences d'une soumission flatteuse (25). Mais à peine se fut-il

(*a*) Diod. l. c.

(*b*) Diod. p. 83. La phalange Macédonienne ne fut vaincue, comme on sait, que par les légions Romaines.

affermi sur le trône, et eut-il préparé ses sujets à la guerre, qu'il tomba sur les Péoniens, qu'il subjugua; puis sur le roi d'Illyrie, qu'il força, par une victoire sanglante, à lui rendre toutes les villes qu'il avoit prises aux Macédoniens (*a*).

Ces avantages ne furent pour ce jeune héros, qu'un encouragement à de nouvelles entreprises; et comme le disoit fort bien Démosthènes (*b*), chaque conquête étoit un degré qui l'élevoit à une nouvelle conquête, ou une occasion d'en projeter de plus dificiles et de plus importantes. Sans s'inquiéter de la paix conclue avec les Athéniens, il assiégea et prit Amphipolis, Potidée et Pydna, et donna la dernière aux Olynthiens, dont il craignoit encore la puissance, et qu'il vouloit détourner de l'alliance des Athéniens (*c*). A mesure que Philippe prenoit ou détruisoit des villes ennemies, il en élevoit de nouvelles dans ses états, ou augmentoit les anciennes. Ils ne vendoit pas toujours comme esclaves, les habitans des pays qu'il subjuguoit, ordinairement il les transféroit dans son royaume, et leur assignoit de nouvelles habitations : conduite qui,

(*a*) Ol. 105, 2. Diod. p. 84, 85.

(*b*) Pag. 3.

(*c*) Ol. 105, 3. Diod. p. 88.

en accélérant la dépopulation de la Grèce, créa avec une étonnante rapidité, la puissance et la prospérité du royaume de Macédoine (*a*).

Dès la troisième année de son règne, il augmenta, ou plutôt il bâtit Philippi, et commença à faire exploiter des mines d'or, presqu'abandonnées, qui lui rapportèrent, à ce qu'on assure, plus de mille talens d'or chaque année (*b*). Le repos et la sureté que lui procurèrent la guerre des Athéniens avec leurs alliés, lui donnèrent le tems de conquérir Méthone (*c*); de soumettre pour ainsi dire toute la Thessalie, en faisant gouverner chaque ville par quatre hommes qui lui étoient dévoués (*d*); et enfin de soumettre à un tribut les rois des Péoniens, des Thraces et des Illyriens qui s'étoient ligués contre lui (*e*).

La guerre des Athéniens avec leurs alliés,

(*a*) Just. VIII, 5, 6.

(*b*) Diod. l. c. Justin n'est pas d'accord avec Diodore sur ces mines. Voy. Just. VIII, 3.

(*c*) Demosth. p. 4. Diod. p. 106, ne place la prise de Méthone qu'à la 3e. année de la 106e. olympiade.

(*d*) Demosth. *in Philipp.* III, p. 48. Diod. p. 93, *ad ol.* 106, 4, raconte la chose autrement; mais d'une manière moins vraisemblable que Démosthène.

(*e*) Diod. p. 98, *ad ol.* 106, 1.

qui empêcha les premiers de s'opposer à ces entreprises de Philippe, fut causée par la dureté du joug qu'ils appesantissoient sur les insulaires : joug qui devenoit de jour en jour plus insupportable pour eux. Les îles et les villes les plus considérables, qui jusque-là avoient payé un tribut à Athènes, se liguèrent contre leurs oppresseurs, et équipèrent des flottes considérables, contre lesquelles les plus célèbres généraux d'Athènes se battirent avec des succès variés, mais jamais décisifs (*a*). Quoique cette guerre n'eût duré que trois ans, et que les armemens que firent les Athéniens, fussent peu considérables en comparaison de ceux qu'ils avoient faits auparavant ; l'état s'en trouva tellement épuisé, qu'il ne lui resta que cent trente talens, fruit du tribut que payoient encore les alliés pauvres qui étoient restés fidèles (*b*) ; que la plupart des habitans furent réduits à la pauvreté, et le petit nombre de ceux auxquels il restoit quelque bien, au désespoir (*c*). Deux personnes furent obligées

---

(*a*) Diod. p. 97, 98. Corn. Nep. *in Timotheo*, c. 3. Les principaux membres de la ligue étoient Samos, Chios, Rhodes, Cos et Bysance. *Ibid.*

(*b*) Demosth. *in Philipp.* p. 52, *de Corona*, p. 346.

(*c*) Isocr. I, 379, 424, 425, *de Pace.*

d'équiper un vaisseau de guerre, et Charès lui-même se vit réduit à la nécessité de céder pendant quelque tems à ses ennemis, et pour pouvoir entretenir ses troupes, de se mettre à la solde d'un satrape révolté contre le roi de Perse (*a*). Une telle impuissance de continuer la guerre, auroit obligé les Athéniens de renoncer à leurs prétentions sur les plus puissans de leurs alliés, si ceux-ci n'eussent pas été encore plus affoiblis que leurs ennemis, ou qu'ils n'eussent pas craint des ennemis plus redoutables, savoir le roi de Perse et Philippe de Macédoine, contre lesquels ils espéroient obtenir des secours de la part des Athéniens. D'après ces dispositions, les insulaires conclurent avec leurs anciens dominateurs, une paix, par laquelle ils s'engagèrent probablement à continuer le paiement des tributs, à condition que ceux-ci les protégeroient contre les puissances étrangères (*b*).

Après cette guerre, les Ahéniens se relevèrent avec une si prodigieuse célérité, que bientôt ils se virent en état de mettre sur

---

(*a*) Demosth. p. 406, *adv. Midiam.* Diod. p. 98.

(*b*) La guerre dura depuis la 3e. année de la 105e. olympiade, jusqu'à la première année de la 106e.

pied des armées aussi nombreuses, d'équiper et d'entretenir des flottes aussi considérables, et d'amasser d'aussi grands trésors, que dans les tems de leur plus brillante prospérité (*a*). Mais une nouvelle guerre à laquelle les historiens Grecs donnent le nom de *Sainte*, les empêcha de surveiller les dangereux progrès de Philippe, ou de s'opposer à leur exécution. Les auteurs de cette guerre furent les Thébains, qui n'avoient pas renoncé à leur projet de domination sur les autres Grecs, et qui tâchoient d'obtenir par la ruse, ce qu'ils ne pouvoient emporter par la force des armes (*b*). Ils poursuivirent dans le conseil des Amphyctions, les Phocéens, comme des profanateurs des biens de la divinité, à cause de quelques terres sacrées qu'ils s'étoient appropriées; et les Spartiates comme des perturbateurs de la tranquillité publique, à cause de la prise de Cadmée; et firent condamner ces deux peuples à des amendes si fortes, que ni l'un ni l'autre n'étoient en état de les payer. Cette sentence extrêmement imprudente, quoiqu'assez juste

(*a*) Voy. mon traité sur le luxe des Athéniens.

(*b*) Justin. VIII, et suiv. Diod. XVI, pag. 499, *ad ol.* 106, 2.

en elle-même ; effraya tellement les Phocéens, qu'ils prêtèrent l'oreille aux conseils d'un certain Philomelus, qui leur persuada de s'emparer du temple de Delphes, dont leurs ancêtres avoient été les protecteurs et les directeurs ; et d'annuller le jugement prononcé par les Amphyctions. Ils choisirent pour leur chef ce même Philomelus, et soutenus en secret par Archidamus, roi de Sparte, ils parvinrent en effet à s'emparer du temple de Delphes. Philomelus fit périr les habitans les plus riches et les plus distingués de cette ville, qui s'étoient opposés à lui ; et leurs biens qu'il confisqua, avec les fortes contributions qu'il leva sur les autres, le mirent en état d'offrir aux guerriers qui ne servoient alors que ceux qui payoient le plus, une solde plus forte de moitié que celle qu'ils pouvoient avoir ailleurs ; ce qui rassembla bientôt autour de lui plusieurs milliers de combattans (*a*). Aussitôt il envoya des ambassadeurs aux états les plus puissans de la Grèce, et en les invitant à lui envoyer des secours, il leur promit solennellement de ne point toucher au trésor du temple de Delphes, et d'en rendre un compte exact dans une assemblée générale de la Grèce.

(*a*) Diod. p. 100, 103, 104.

Le général Phocéen tint sa parole pendant si long-tems, qu'il étoit impossible de douter de sa sincérité; de sorte que ce fut injustement, qu'au commencement de cette guerre, on accusa les Athéniens et les Spartiates de s'être liés avec les voleurs du temple, et les profanateurs de la divinité; parce qu'ils avoient envoyé des secours à un peuple, auquel on avoit évidemment fait une injustice, et que l'on s'efforçoit de soutenir contre tous les droits (26). Philomelus battit et les Locriens qui s'avancèrent les premiers pour délivrer le Dieu, et les Thébains eux-mêmes, qui ne se mirent en campagne avec tous leurs alliés qu'un an après la prise du temple. Mais peu de tems après, le chef des Phocéens fut attaqué à l'improviste par les Thébains, et perdit la bataille et la vie (*a*).

La mort de ce général ne rendit point pires la situation et les affaires des Phocéens. Il eut même pour successeur Onomarque, plus hardi et plus actif que lui, et qui, en peu de tems, porta la puissance de son peuple à un si haut degré, qu'il menaçoit de renverser le vainqueur futur de la Grèce, et de s'emparer lui-

(*a*) Diod. p. 103, *ad ol.* 106, 3. Just. VIII, 1.

même de la souveraine puissance sur les peuples de cette contrée.

Onomarque fit battre des monnoies d'or et d'argent avec les monumens qui se trouvoient dans le temple, s'en servit pour corrompre les chefs des principaux états, et mit sur pied des armées, telles qu'aucun peuple et aucun roi de la Grèce n'en avoit encore mis en campagne. Il envoya son frère avec sept mille hommes au secours d'un tyran de Thessalie; et ce secours ne lui suffisant pas pour se soutenir contre Philippe, il partit lui-même pour la Thessalie avec une armée de plus de vingt mille hommes (*a*). Il vainquit Philippe dans deux batailles sanglantes, et le réduisit au point, qu'il fut abandonné de presque tous ses soldats (*b*). Mais enfin la prudence et le courage du roi de Macédoine l'emportèrent. Philippe persuada aux Thessaliens de consacrer toutes leurs forces à sa défense et à la leur; et avec leurs secours, il battit tellement les Phocéens, qu'il leur tua six mille hommes avec le général, et leur fit autant de prisonniers. Par cette victoire, Philippe sauva son

---

(*a*) Diod. p. 107, 109, *ad ol.* 106, 3. Just. VIII, 1.
(*b*) Diod. l. c.

royaume, et acquit la réputation de vengeur des Dieux, et de sauveur de la Thessalie (*a*) : réputation qui facilita l'exécution de toutes les entreprises qu'il fit dans la suite.

Après une telle défaite, il sembloit qu'un petit peuple comme les Phocéens, qui avoit déjà souffert tant de pertes dans plusieurs batailles heureuses ou malheureuses, devoit être entièrement anéanti : mais Phayllus, frère du dernier général, rassembla en peu de tems une armée aussi nombreuse que celle que Philippe venoit de détruire (*b*). Il doubla la solde de ses troupes, ce qui lui attira tous les fugitifs de la Grèce, et engagea les peuples les plus puissans de cette contrée, tels que les Achéens, les Lacédémoniens et les Athéniens à se rassembler sous ses drapeaux (*c*). Mais cette prodigalité épuisa bientôt les trésors qui servoient à ses dépenses, comme ils avoient servi à celles de son prédécesseur. Cependant les Phocéens se soutinrent plus long-tems que les Thébains et les Béotiens. Ces deux derniers peuples furent tellement accablés par les malheurs

(*a*) Diod. p. 110, et Just. VIII, 2.

(*b*) Ol. 106, 4, Diod. p. 109.

(*c*) Diod. p. 109, 110. Ol. 106, 4, et 107, 1.

de la guerre, et sur tout par les attaques et les pillages que les Phocéens, maîtres de trois villes situées dans leur territoire, faisoient continuellement dans leurs campagnes, qu'ils appelèrent enfin Philippe à leur secours (*a*). Depuis long-tems, les Athéniens avoient tâché d'éviter ce malheur. Ils étoient les seuls des Grecs qui, après la victoire remportée sur Onomarque, eussent empêché le vainqueur de pénétrer dans la Grèce (*b*); et qui, après la destruction d'Olynthe, eussent excité, selon le conseil d'Æschine et de Démosthène, tous les états de la Grèce à se réunir contre l'ennemi commun de leur liberté (*c*). Mais ils n'avoient point réussi, parce que les principaux citoyens de toutes les villes, et même leurs propres ambassadeurs, s'étoient vendus à Philippe (27). Ainsi le roi de Macédoine entra subitement dans la Grèce, pénétra chez les Phocéens, força le général Phalæcus à la retraite, engagea à se rendre librement, toutes les villes qu'il

(*a*) Diod. p. 129. Ol. 108, 2.

(*b*) Ol. 107, 1. Diod. p. 110.

(*c*) Demosth. *de fals. leg.* p. 201, et Diod. p. 124. Ol. 108, 1.

n'auroit

n'auroit pu soumettre par la force (*a*), et les détruisit en quelques jours, malgré la parole qu'il leur avoit donnée. Il força les habitans qu'il laissa dans le pays, à demeurer dans des villages ; s'empara des suffrages que les Phocéens avoient eus jusqu'alors dans le conseil des Amphyctions, et même de la présidence des jeux Pythiens (*b*) ; s'ouvrit le chemin du reste de la Grèce, et enrichit les Thébains, auxquels il avoit été opposé jusqu'alors (*c*).

Dans un autre tems, une conduite si perfide et si barbare auroit attiré à Philippe une haine irréconciliable, et qui lui seroit devenue fatale ; mais alors des forfaits de cette nature, loin d'exciter de l'horreur chez les Grecs corrompus, ne faisoient qu'augmenter leur desir de se lier avec lui. Ce qui contribua à ses succès, comme le dit Démosthène, c'est que toutes les villes de la Grèce étoient attaquées du desir de trahir leur patrie, comme d'une espèce de contagion, et qu'elles étoient remplies d'hommes plus corrompus encore que Philippe n'avoit pu se le figurer (28). Quoiqu'il détruisit un

(*a*) *Ibid.* p. 216.

(*b*) Demosth. *ibid.* Diod. p. 129, *ad ol.* 108, 3.

(*c*) Demosth. p. 112.

grand nombre de villes, et qu'il trahît tous les traîtres qui se fioient à lui, il pouvoit cependant acheter toutes les villes qu'il vouloit payer (*a*); de sorte qu'il disoit lui-même, de même que Démosthène et plusieurs autres, que ce n'étoit pas sa valeur et celle de ses troupes qui lui avoient pris des villes et soumis la Grèce; mais son or, et les hommes qui mesuroient leur bonheur, sur les desirs de leur ventre (29).

Les principales causes de l'horrible corruption qui rendit les villes Grecques esclaves de Philippe (*b*), venoient des révolutions fréquentes que les états avoient éprouvées, ou éprouvoient encore dans des guerres très-longues, et dont le succès étoit souvent très-varié; elles venoient de la cruauté avec laquelle le peuple dominant dans les villes, avoit traité ou traitoit encore les principaux citoyens. Par ces bouleversemens continuels et par la tyrannie du peuple, la vie, les biens, et la patrie que les vrais citoyens doivent préférer à ces deux choses, devinrent incertains. Il étoit impossible d'aimer une patrie, que plu-

---

(*a*) Souvent à très-vil prix, p. 219, *de fals. leg.*

(*b*) *In Philipp.* III, et 321, *de Corona.*

sieurs avoient déjà perdue souvent, que l'on pouvoit perdre de nouveau à chaque instant, et que personne ne pouvoit défendre contre les violences de l'intérieur ou de l'extérieur.

Dans ces circonstances, la plus grande partie des principaux citoyens de la Grèce préférèrent des habitations sûres dans la Macédoine, au séjour incertain et dangereux de leur patrie (*a*); ils préférèrent les présens ou les récompenses de Philippe, au bien-être de leurs concitoyens, avec lesquels ils étoient sans cesse exposés au danger d'être ou mis à mort, ou chassés, ou pillés. La Grèce, lorsque Philippe y entra, ressembloit à une multitude de cavernes de brigands, dans lesquelles chacun ne songeoit qu'à soi; personne ne songeoit aux autres, et où sur tout les grands et les riches s'occupoient moins que tous les autres du bonheur public. On peut encore comparer les états de la Grèce de ce tems, à des villes dévastées par la peste, comme Athènes au commencement de la guerre du Péloponèse, ou pillées par des vainqueurs barbares, ou bouleversées par des tremblemens de terre; dans lesquelles la grandeur et l'instance du

---

(*a*) Isocr. *ad Philipp.* I, 237.

danger, fait oublier le sort des autres, pour ne s'occuper que du sien et de celui de ses proches; et où le désespoir et le silence des loix a porté jusqu'à la fureur, les crimes et les passions de toute espèce.

Une autre cause de la corruption générale des mœurs chez les Grecs, dans les dernières olympiades qui précédèrent la bataille de Chéronée, ce sont les grands trésors que Philippe tira de ses mines d'or, et les Phocéens du temple de Delphes. La circulation de ces richesses multiplia considérablement parmi les Grecs les métaux précieux, et augmenta en proportion l'indifférence pour la patrie, l'amour du luxe et de la magnificence, les excès et les passions de tout genre. Le pillage du temple de Delphes fut pour les Grecs, ce que furent pour les Romains, les victoires remportées sur Persée et sur Antiochus; ce que fut pour un peuple moderne la conquête rapide de ses possessions dans les Indes orientales. Car quand même il ne seroit pas vrai, comme l'assurent les auteurs que Diodore a pris pour guide (*a*), que les Phocéens prirent dix mille talens dans le temple d'Apollon; il faut toujours convenir

(*a*) Pag. 124, 125.

que les sommes qu'ils en tirèrent furent très-considérables, puisqu'avec ce qui leur resta après leurs profusions et leurs corruptions, ils purent, pendant l'espace de onze années, entretenir une armée de vingt mille hommes, auxquels ils payoient une double solde (30).

Ces richesses eussent toujours été nuisibles aux mœurs, quand même elles n'auroient pas été dépensées de la manière que nous venons de le voir ; mais cette manière d'en user les rendit plus funestes, que ne l'eussent été peut-être des trésors deux fois plus considérables. Elles tomboient en grande partie entre les mains d'hommes livrés aux désordres et aux excès, ou entre celles d'un grand nombre d'aventuriers scélérats qui n'avoient ordinairement ni famille ni patrie, accoutumés à tous les excès et à tous les crimes, et ne connoissant d'autre bonheur que celui que procure l'ivresse des désordres les plus extravagans. Si donc l'on soutient qu'en rassemblant de grands trésors à Delphes, et en tirant ainsi insensiblement du commerce et de la circulation une quantité considérable de métaux précieux, on a conservé dans les états de la Grèce la pureté et la simplicité des mœurs, plus long-tems que l'on n'auroit pu l'y conserver sans cette circonstance, et renforcé la digue qui s'opposoit au débordement du luxe et des excès de tout genre; il faut convenir aussi, d'un autre côté, qu'en jetant subitement dans la circulation des trésors si considérables, et amassés pendant tant de siècles, on a fait plus de tort aux mœurs des Grecs, que si on les eût répandus peu à peu et dans la même proportion qu'on les avoit tirés de la terre, ou des autres peuples; ou que si on les eût jetés tout entiers dans le fond de la mer.

Après la destruction de toutes les villes des Phocéens, et la paix honteuse que les ambassadeurs d'Athènes conclurent ensuite avec Philippe (*a*), la Grèce et tous les pays barbares, ne furent pas assez vastes, comme le dit Démosthène (*b*), pour les desirs du vainqueur. Il se porta de nouveau dans la Thrace, et détruisit trente-deux villes avec tant de fureur, que les habitans ne pouvoient plus trouver aucune trace de leurs habitations, ni reconnoître les lieux où ils avoient vécu (*c*). En même-tems il se glissa dans la Grèce, s'empara par force ou par ruse des principales

(*a*) Demosth. 222, 23, 28.

(*b*) *In Philipp.* III, p. 47.

(*c*) Diod. p. 139, *ad ol.* 109, 2, et Demosth. l. c.

villes, particulièrement d'Eubée, dans le Péloponèse, et soumit tout le pays aux tyrans ou aux factions qui lui étoient dévoués, et qui la plupart étoient soutenus par des gardes Macédoniennes (*a*). Mais depuis cet instant, Démosthène, toujours actif, toujours veillant pour le bonheur de sa patrie, et Phocion, qui avoit autant de courage que de sagesse et de probité, lui disputèrent tous les pas qu'il faisoit dans la Grèce, et le chassèrent même des villes où il étoit entré. Démosthène répétoit sans cesse que du moment où Philippe avoit détruit les villes des Phocéens, il avoit déclaré la guerre aux autres Grecs. Dès qu'il parut dans l'Eubée, cet orateur engagea ses concitoyens à secourir les habitans de cette île qui leur payoit un tribut. En conséquence, les Athéniens firent partir Phocion avec une armée suffisante, mais qui se conduisit avec tant de lâcheté et d'indiscipline, qu'il ne falloit rien moins que la sagesse et le courage d'un homme tel que Phocion, pour chasser, avec de telles gens, l'ennemi de l'Eubée (*b*).

(*a*) Démosthène nomme ces villes, l. c. et 319, 354. *pro Corona*.

(*b*) Demosth. *pro Corona*, p. 324. Plut. IV, *in Phoc.* 313, et Demosth. p. 719. Diod. p. 139, *ad ol.* 109, 4.

L'année suivante Philippe étant entré dans la Chersonèse ou l'Hellespont, et ayant assiégé Périnthe et Bysance, les Athéniens, d'après les conseils de Démosthène, équipèrent successivement deux flottes contre lui, et avec le secours des pirates, ils bloquèrent tellement son royaume, qu'il ne pouvoit avoir aucune communication au-dehors (*a*). Aussitôt Philippe se retira des villes qu'il assiégeoit, et fit avec les Athéniens et leurs alliés une paix (*b*), qu'il n'observa plus dès que ses craintes furent dissipées.

A peine crut-il s'être assuré des Thessaliens, des Béotiens et des Thébains, que, sous prétexte d'un ordre des Amphyctions, qui le chargeoit de punir les Cirrhéens pour avoir profané des campagnes sacrées, il s'avança jusqu'à Elatée, dans le dessein d'inspirer du courage aux partisans qu'il avoit à Thèbes (*c*). La nouvelle de l'irruption de Philippe causa tant de trouble et d'effroi dans Athènes, que, malgré le grand nombre d'orateurs, de bavards et de donneurs de conseils qu'elle renfermoit, le

(*a*) Demosth. *de Corona*, p. 334.
(*b*) *Ibid.* Diod. *ad ol.* 110, 1, p. 141.
(*c*) Demosth. p. 337.

héraut demanda envain à plusieurs reprises, si quelqu'un vouloit monter à la tribune, il ne s'en présenta aucun pour proposer quelqu'expédient dans des circonstances si difficiles. Enfin Démosthène, vers lequel le peuple avoit tourné les yeux comme vers son libérateur, Démosthène se leva, et avec son éloquence supérieure à la crainte comme à toutes les autres passions, il représenta qu'il falloit mettre bas toute crainte et toute incertitude; qu'afin de fortifier le parti des Athéniens à Thèbes et dans la Béotie, il falloit envoyer toute l'infanterie et la cavalerie à Eleusis, et faire partir des ambassadeurs pour Thèbes et les autres villes, afin de les engager à réunir leurs forces contre l'ennemi commun (*a*). Démosthène, animé par le patriotisme et par son intérêt particulier (31), montra dans cette occasion, un courage et une activité dont ses ennemis ne l'avoient pas cru capable; et par ces deux motifs, joints à son éloquence, il fit plus que n'avoient espéré les Athéniens, et que Philippe n'avoit craint de sa part. Forcé de combattre à Athènes la trahison des orateurs corrompus, les caprices du peuple, et les vices de la cons-

(*a*) Demosth. p. 338.

titution (32); ayant contre lui dans les autres villes, la corruption, les menaces et les promesses de Philippe, la lenteur dans les projets et dans leur exécution, les préjugés, les petites jalousies, et les inimitiés de tant de peuples (*a*); il triompha par tout de l'or et des ambassadeurs de Philippe (*b*); il réveilla encore une fois dans la postérité dégénérée des vainqueurs de Marathon et de Platée, l'amour de la liberté, éteint depuis si long-tems, et fit lever presque toute la Grèce contre le roi de Macédoine.

Les habitans de l'Eubée et de l'Achaïe, les Corinthiens, les Thébains, les Béotiens, les Mégariens, les Leucadiens et les Corcyréens, envoyèrent des sommes considérables, une grande quantité de citoyens courageux, et une troupe soldée composée de deux mille cavaliers et de quinze mille fantassins (*c*); de sorte que Démosthène se vantoit avec raison, d'avoir entouré et fortifié Athènes, avec des flottes et des armées considérables (*d*).

Cette levée générale de bouclier, effraya d'autaut plus Philippe, qu'il s'y attendoit peu,

---

(*a*) Demosth. p. 348.

(*b*) *Ibid.* p. 346.

(*c*) *Ibid.*

(*d*) *Ibid.* p. 355.

et qu'il avoit eu du dessous dans quelques petits combats (*a*). Il prit le parti d'offrir la paix aux Grecs réunis. Mais Démosthène, contre l'opinion de Phocion, s'y opposa; soit qu'il eût été gagné par l'or de la cour de Perse, ou qu'il eût trop de confiance dans le courage de la jeunesse de la Grèce, qui ne demandoit qu'à se battre (*b*); soit enfin qu'il craignît que Philippe ne parvînt bientôt à dissoudre par la ruse et la corruption, cette ligue imposante de tant d'états de la Grèce (33). D'après les instances de cet orateur, les Grecs forcèrent enfin Philippe à une bataille auprès de Chéronée. Elle fut décisive; et les Grecs, malgré leur courage, y furent entièrement défaits (*c*). Dans cette bataille périt non-seulement la jeunesse la plus brillante; mais encore la liberté, la puissance et la gloire de la Grèce (34). La nouvelle n'en fut pas plutôt portée dans les villes (35), qu'elle y excita des cris lamentables, et un désespoir tumultueux (*d*). Les Athéniens crurent ne pouvoir se sauver qu'en donnant la liberté aux esclaves, le droit de

(*a*) Demosth. p. 344.

(*b*) Plut. *in Dem.* p. 724.

(*c*) Æsch. *adv. Ctesiph.* p. 295.

(*d*) Voy. la description de Lycurgue, p. 127, 128.

cité aux étrangers, et en rendant l'honneur à ceux qui avoient été déclarés infames (*a*). Quantité des plus riches citoyens se sauvèrent avec ce qu'ils avoient de plus précieux, parce qu'ils craignoient à chaque instant, de voir le vainqueur irrité aux portes de la ville (*b*).

Mais Philippe, par respect pour les grandes actions des ancêtres des Athéniens et pour l'ancienne gloire de leur ville, ou craignant peut-être le jugement de la postérité, les traita avec beaucoup plus d'indulgence qu'on n'avoit lieu de l'attendre, d'après la conduite qu'il avoit tenue avec les ennemis qu'il avoit vaincus, d'après la haine qu'il avoit toujours eue pour ce peuple, et sur tout d'après les dangers que les Athéniens venoient de lui susciter (36). Il fit rendre les derniers honneurs à ceux qui avoient péri dans le combat, fit porter leurs ossemens à Athènes par Antipater, pour qu'ils fussent déposés dans les tombeaux de leurs pères, rendit les prisonniers sans rançon, et donna des vêtemens à la plupart d'entr'eux (37).

(*a*) *Ibid.*

(*b*) C'est ce que fit Léocrate; contre lequel Lycurgue prononça un discours.

Cependant il leur ôta la domination de la mer et des îles, et par conséquent la plus grande partie de leurs revenus. Sans les humilier autant qu'avoient fait les Spartiates, il appesantit tellement le joug sur leur ville, qu'elle ne put jamais recouvrer ses anciennes forces ; et qu'elle s'affoiblit toujours de plus en plus (*a*).

Après la bataille de Chéronée, Philippe fit dans la Grèce tout ce qu'il voulut. Il s'empara des villes, les ravagea, les détruisit à son gré ; et se fit nommer généralissime des forces de la Grèce contre les Perses (*b*). Il avoit déjà réglé le nombre de fantassins, de cavaliers et de vaisseaux que chaque ville devoit fournir contre les Barbares, et il étoit sur le point de passer en Asie (*c*), où il avoit envoyé d'avance ses plus habiles généraux ; lorsque, dans une fête, où il s'étoit fait placer lui-même à côté des Dieux, il fut égorgé comme une victime offerte à la liberté, en présence de toute la Grèce qu'il avoit invitée. Le coup fut porté par Pausanias, jeune homme hardi,

(*a*) Paus. I, c. 25, p. 59. *Ed Kuhnii.*

(*b*) Diod. p. 150, *ad ol.* 110, 4, Just. IX, 5.

(*c*) *Ibid.* et Plut. IV, *in Phoc.* 320.

qu'Attale avoit traité de la manière la plus extravagante, et qui ayant souvent demandé justice à Philippe, ne recevoit pour réponse que des délais ou même des railleries (*a*).

Ainsi périt Philippe, au milieu d'une carrière, dont la partie qui lui restoit à parcourir, auroit probablement été beaucoup plus brillante que celle qu'il avoit déjà parcourue. Il fut assurément le plus grand capitaine, et le roi le plus heureux de son siècle, mais aussi le plus méchant homme. A tous les vices et tous les défauts d'un barbare, tels qu'une ivrognerie et une impudicité brutales, une fausseté et une perfidie scélérate, une dissimulation artificieuse, une cruauté affreuse, un brigandage insatiable, une audace téméraire, et une prodigalité aveugle; il joignoit tous les talens et les agrémens d'un Grec policé. Ses ennemis même ne pouvoient lui disputer une affabilité flatteuse, une douce familiarité, une sensibilité bienveillante au bonheur et au malheur de ses amis, une éloquence digne d'un démagogue d'Athènes, la prudence et l'expérience d'un grand général, une activité infatigable, et cette passion inquiète, étrangère

(*a*) *Ibid.* et Diod. 151, *ad ol.* 111, 1.

aux petites ames, de procurer à son peuple la puissance et la gloire. Aussi Démosthène disoit de lui avec autant d'esprit que de justesse, qu'il s'étoit laissé volontiers crever un œil, estropier la main et la jambe, et enlever toutes les parties de son corps que le sort exigeoit de lui, afin de vivre avec plus de gloire, et de rendre célèbres, chez toutes les nations, son nom et celui de son peuple (*a*).

En même-tems qu'il perdoit la Grèce par ses vices (38), ses vertus faisoient de son peuple, jusqu'alors le plus méprisé de tous les peuples barbares voisins de la Grèce, la nation la plus riche, la plus courageuse, et la plus puissante de l'univers. Il commença par attirer dans les plaines (*b*), les Macédoniens pauvres, vêtus de peaux de bêtes, vivant avec leurs bestiaux, et errant sur les montagnes avec de petits troupeaux; il leur apprit à construire de grandes villes et des palais somptueux; et les rendit vainqueurs de tous les peuples auxquels ils avoient été soumis jusqu'alors. Par l'exploitation de ses mines d'or, et plus encore par la conquête de la Thrace et des villes Grec-

(*a*) *De Corona*, p. 322.

(*b*) Alex. *ap. Arrian.* VII, 9, *de exped. Alex.*

ques situées sur les bords de la mer, il augmenta le commerce et les richesses de ses sujets; attira dans son royaume les fabriques, les manufactures, les sciences et les arts, et fit pour ainsi dire de la Grèce, une dépendance de la Macédoine, qui avoit été auparavant tributaire d'une seule ville de cette contrée (39).

Mais quand même un homme tel que Philippe n'eût pas existé, quand même il n'eût pas détruit ou subjugé les villes de la Grèce; aucune de ces villes, sans en excepter Athènes, la plus puissante d'entr'elles, n'auroit pu se maintenir au degré de puissance, de lumières et d'opulence dont le roi de Macédoine les avoit fait descendre. La constitution et le peuple lui-même étoient si corrompus; cette corruption avoit tellement infecté toutes les classes, tous les sexes et tous les âges, que la perte et l'anéantissement de ces villes paroissoient inévitables. Le pouvoir suprême et toutes les prérogatives qui en dérivent étoient entre les mains d'un peuple vil, ignorant et corrompu (*a*), qui pilloit le trésor public, ses concitoyens et ses alliés, et qui faisoit

(*a*) Arist. *de Rep.* VI, 2, 698, etc. 4, p. 710.

toujours

toujours quelque gain, soit qu'il délibérât, soit qu'il jugeât, soit qu'il se divertît, soit qu'il dansât dans les jeux ou les spectacles, soit enfin qu'il vainquît ou qu'il prît la fuite devant l'ennemi (*a*). Cette vie de brigand lui inspira une fainéantise invincible. De sorte que ce même peuple qui, sur le théâtre brilloit avec des habits dorés, erroit dans les places publiques sous les haillons de la misère, et souffroit à la maison toutes les horreurs de l'indigence (*b*). Une troupe de misérables de cette espèce étoit trop accablée du poids de sa propre misère, pour être susceptible d'un patriotisme ardent, et capable de former des projets et des entreprises de quelqu'importance; de sorte qu'elle s'occupoit moins du bonheur et de la prospérité de l'état, que des moyens de se procurer sa nourriture journalière, et de gagner quelques oboles; que des moyens de soutenir une constitution, sans laquelle elle seroit nécessairement morte de faim (*c*).

(*a*) Xenoph. *de Rep. Ath.* c. 1, p. 575.

(*b*) *Ibid. de Prov.* c. I. Isocr. I, 338 et 353, *in Areopagitico*, p. 424, 425, *de Pace*.

(*c*) Isocr. l. c. I, p. 354. Xenoph. *de Rep. Athen.* c. I, p. 572. Demosth. *in Philipp.* I, p. 14, *de Rep. ord.* p. 68, *edit. Volfii*.

Les vices et la misère des pauvres entraînèrent nécessairement la corruption et le malheur des riches et des principaux citoyens (40). Ceux-ci étoient obligés non-seulement de souffrir toutes sortes d'humiliations et d'injures publiques sur les théâtres (*a*), mais aussi de flatter les derniers des mendians, de se détourner de leur passage, de leur céder leurs places (*b*). Malgré tous ces sacrifices, ils étoient encore forcés de donner de bonne grâce leurs biens pour les plaisirs ou le profit du peuple ; car la moindre apparence d'épargne étoit punie comme vol et brigandage (41).

D'après cela, il n'est pas étonnant que plusieurs gens opulens cachassent leurs richesses, et n'en fissent pas l'usage qu'ils auroient pu en faire pour leur avantage et celui de leurs concitoyens ; il n'est pas étonnant qu'ils ne prêtassent point leur argent, ou qu'ils ne le prêtassent qu'à des intérêts énormes ; parce qu'ils craignoient qu'on ne leur en fît un crime, et sur tout parce que les riches créanciers ne pouvoient jamais obtenir justice contre des

(*a*) Xenoph. *de Rep. Ath.* II, p. 585.
(*b*) *Ibid.* l. c. p. 458.

mendiâns, de quelque manière qu'ils se fussent engagés (*a*).

Quoique ces oppressions fissent tomber l'industrie, le commerce, les manufactures et le crédit, et augmentassent toujours de plus en plus la misère des pauvres (*b*); on les poussa cependant encore plus loin. Souvent on enlevoit tout d'un coup et impunément les biens des riches, soit à la ville, soit dans les îles; souvent on les chassoit de leur patrie, ou on les mettoit à mort; lorsqu'on ne trouvoit aucun autre moyen d'entretenir la populace affamée, et de lui payer le prix qui lui étoit assigné pour sa présence aux assemblées publiques, aux tribunaux ou aux spectacles (*c*). Le peuple et ses flatteurs regardoient, dit Isocrate, la fortune des riches, comme la propriété de l'état, et cette dernière comme sa propriété (42). Toutes les dignités de l'état étoient ouvertes à chaque citoyen, sans égard au mérite ou à la fortune; presque toutes même étoient distribuées par le sort; excepté celles dont les fonc-

(*a*) Isocr. I, 327, 328, *in Areop.*

(*b*) *Ibid.*

(*c*) Xenoph. *de Rep. Ath.* I, p. 575, 577. Plat. *de Rep.* VIII, 212, *edit. Mass.* Isocr. *de Pace*, I, p. 425.

tions exigeoient nécessairement certaines connoissances et certains talens particuliers, ou qui entraînoient de grandes dépenses (43).

D'après ces dispositions, le peuple s'emparoit de toutes les places lucratives (*a*); qui se trouvoient ainsi toujours occupées par des hommes ignorans, par des ames vénales et ouvertes à la corruption, qui regardoient leurs dignités comme des occasions de s'enrichir, et qui s'appliquoient sur tout à découvrir de nouvelles sources de richesses inconnues à leurs prédécesseurs, ou dont ils n'avoient pas su profiter (*b*). Les places mêmes, comme celles de généraux, qui étoient plus honorales que lucratives, et qui se conféroient, non par le sort, mais par élection, n'étoient point données aux plus dignes, mais à celui qui payoit le plus (*c*). Il arriva de là que la double corruption, celle des corrupteurs et celle des corrompus, devint si générale et si évidente, que des scélérats osoient l'avouer (*d*); et que lorsqu'elle étoit

---

(*a*) *De Rep. Ath.* I, p. 570.

(*b*) Isocr. l. c.

(*c*) *Ibid. de Pace*, I, 386, 387.

(*d*) Tel que Timarque. Æsch. p. 186.

découverte, on ne punissoit point les coupables, ou l'on recevoit l'accusation avec des éclats de rire, ou l'on se contentoit de prononcer une amende de quelques drachmes ou de quelques mines; tandis que les lois condamnoient le corrupteur et le corrompu à la mort, ou à l'infamie, ou à une amende décuple de la somme reçue.

Quoique la plupart des dignités de l'état fussent conférées à des hommes du peuple, cependant la crainte et la jalousie, inséparables de la tyrannie populaire, comme de toutes les autres tyrannies, avoient restreint autant qu'il étoit possible le pouvoir des magistrats et le tems de leurs fonctions (44). On permettoit rarement que la même personne occupât plusieurs fois la même place (45); et le peuple s'emparoit insensiblement des affaires les plus importantes, souvent aussi des moins importantes, sur tout de celles qui avoient pour objet les divertissemens publics (46). De là résultèrent d'abord la confusion, la multitude des affaires et la lenteur dans les décisions (47); puis la corruption du peuple et des membres du conseil, de la part de ceux qui s'intéressoient à la décision de certaines affaires; de là résultoit enfin la nécessité de multiplier les assemblées du peuple, ce qui augmentoit la fainéantise de la populace, et épuisoit de plus en plus l'état; obligé de payer sa présence aux assemblées (*a*).

Démosthène, dans plusieurs de ses discours, reprocha aux Athéniens de mettre dans leurs délibérations et leurs résolutions, une négligence et une lenteur qui faisoient toujours manquer les momens et les occasions favorables (*b*); il leur reprocha d'être le seul peuple qui ne délibérât jamais sur une affaire que lorsqu'elle étoit faite (*c*); et de montrer autant de nonchalance et de froideur dans l'exécution, que de vivacité et d'emportement dans leurs assemblées (*d*). Tous ces vices étoient incorrigibles dans un état où tout étoit décidé par une populace sans expérience, et poussée en sens contraire par ses démagogues; où cette populace confioit l'exécution de ses décrets à des hommes sans expérience, souvent corrompus; où les citoyens les plus sages et les plus probres avoient à combattre sans cesse contre les traîtres qui flattoient le peuple, et

(*a*) Xenoph. l. c. et Arist. VI, 5, p. 726. *de Rep.*

(*b*) *In Philipp.* I, p. 19.

(*c*) *De Pace*, p. 21.

(*d*) *De Chersoneso*, p. 37, 38.

à craindre, s'ils parvenoient à les vaincre, les calomnies et les fausses accusations (*a*).

L'autorité même du sénat, dont les membres étoient ordinairement pris parmi le peuple, et dont les sentimens étoient plus démocratiques que ceux de tous les autres conseils, cette autorité étoit sensiblement diminuée. Non-seulement on faisoit, contre les réglemens de Solon, des projets et des lois qui n'avoient point été proposés au sénat; mais on délibéroit aussi de nouveau sur des affaires dejà décidées; afin de faire naître des occasions plus fréquentes de s'assembler, et de gagner quelques oboles (48). Mais dans les derniers tems de l'ochlocratie, on vit sur tout tomber la considération des conseils qui avoient été établis, dans le dessein de réprimer les entreprises de la tyrannie populaire. Les Aréopagites et les Archontes devinrent presque inutiles et sans activité, après que le peuple eut ôté aux premiers la grande surveillance sur les mœurs, et aux uns et aux autres une grande partie de leur jurisdiction (49).

L'abolition de la magistrature des mœurs fut un effet de la corruption de la constitution;

(*a*) Demosth. *de Corona*, p. 346.

et cette abolition devint à son tour la cause des plus grands déréglemens, d'une confusion, d'un mêlange et d'une égalité totale des états, des sexes et des âges (*a*). Les fils et les pères, les femmes et les maris, les jeunes et les vieux, les esclaves et les hommes libres, les citoyens et les étrangers, les grands et les petits, avoient et s'arrogeoient tous des droits égaux (*b*). Plusieurs esclaves étoient vêtus avec beaucoup plus de luxe et de magnificence que les citoyens pauvres; et il étoit défendu aussi sévèrement de punir un esclave, que de frapper un Athénien libre (50).

La populace, non contente de s'être soumis les riches alliés et tous les magistrats; finit par opprimer les lois mêmes, afin de n'avoir plus aucune puissance au-dessus d'elle (51). Elle fit consister sa liberté à faire tout ce qu'elle vouloit (52); elle prit les désordres pour la démocratie, l'anarchie pour la liberté, l'impudence dans les mots et dans les discours pour de la franchise, le pouvoir de faire tout

---

(*a*) Isocr. l. c. p. 335. Xenoph. *de Rep. Athen.* I, p. 573, 74. Plat. *de Rep.* VIII, p. 206. Arist. *de Rep.* VI, c. 4, p. 717.

(*b*) *Ibid.*

ce qui plaît, pour le souverain bonheur (*a*). Sa volonté étoit la loi suprême, et ses résolutions avoient plus de poids, que les principes les plus anciens et les plus sacrés (*b*). Comme, dans les assemblées générales, le peuple, tel qu'un enfant gâté, approuvoit souvent ce qu'il avoit blâmé, et le blâmoit de nouveau dès qu'il avoit quitté l'assemblée (53); ses lois ou les résolutions qui passoient pour telles étoient aussi contradictoires, que les fantaisies subites et éphémères qu'il manifestoit dans différens tems (*c*). On ne peut en citer un exemple plus frappant que les lois qu'il fit sur l'équipement des vaisseaux, dont les plus riches citoyens étoient forcés de se charger. Tantôt on décidoit que quatre cents personnes (*d*) seroient chargées d'équiper et de monter les vaisseaux nécessaires; tantôt on confioit ce soin à douze cents personnes (*e*);

(*a*) Isocr. I, 321. Plat. VIII, 200, 202.

(*b*) *Ibid.* et Arist. VI, 2, p. 699. Την εκκλησιαν κυριαν ειναι παντων, et Demosth. *contra Leptinem*, p. 373.

(*c*) Isocr. II, 255, *in Panath.* et Demosth. l. c. *contra Lept.*

(*d*) Xenoph. *de Rep. Ath.* c. 3, p. 589.

(*e*) Περι συμμοριων. Demosth. pag. 72 et suiv. et *pro Corona*, p. 327, 328.

d'autres fois on exigeoit que deux, quatre, dix ou seize personnes équipassent un vaisseau (*a*). Parmi toutes ces lois contradictoires, il s'en trouvoit qu'on auroit presque cru proposées et portées dans un hôpital de fous. Telle est la loi d'Eubulus, qui défendoit, sous peine de mort, d'employer à d'autres usages, et particulièrement à la paie des troupes, l'argent que l'on distribuoit au peuple, pour les sacrifices, pour la paix, et pour sa présence aux spectacles (*b*). Une autre loi non moins déraisonnable, est celle qui forçoit des personnes dont les fortunes étoient tout à fait différentes, de contribuer également pour l'équipement des vaisseaux de guerre. Cette loi auroit ruiné entièrement et les citoyens qui n'avoient qu'une fortune médiocre et la marine des Athéniens, si Démosthène ne l'eût fait abolir, pour en substituer une plus sage (54).

Une chose presque plus funeste encore que le mépris du peuple pour les lois, ce fut le pouvoir de juger arbitrairement, qu'il s'étoit attribué

(*a*) Demosth. *contr. Mid.* p. 406, et Ulp. *ad hunc locum.*

(*b*) Demosth. p. 11, *in Philipp.* III. Petit. *leg. Att.* p. 385, et Meurs. *Lect. Att.* v. 12.

insensiblement. Non-seulement il évoquoit à Athènes toutes les causes des alliés ; mais il portoit aussi toutes celles pendantes aux autres tribunaux, devant le tribunal le plus nombreux, composé de membres pris dans son sein, ou du moins il permettoit les appels à ce tribunal ; il alla même jusqu'à décider dans les assemblées générales, si certaines plaintes étoient fondées ou non (*a*). Le peuple s'étant emparé ainsi d'un pouvoir judiciaire sans bornes, et contraire à toutes les lois anciennes, se trouva maître de la vie, de l'honneur et de la fortune des riches et des alliés, força les uns et les autres à le flatter, à s'humilier devant lui, et occasionna une multitude de plaintes calomnieuses. Il estimoit les plus vils délateurs, comme ses bienfaiteurs et ses protecteurs, parce qu'ils accusoient les alliés, tantôt d'être les amis des Spartiates, tantôt de favoriser l'oligarchie, et que par là ils assuroient d'autant plus d'argent aux mendians que l'on payoit pour siéger dans les tribunaux (*b*).

(*a*) Xenoph. *de Rep. Ath.* I, p. 375. Æsch. *contra Timarch.* p. 182. Demosth. *contra Midiam.* p. 383, Plut. IV, 716, *in Demosthene.*

(*b*) Xenoph. *Mem. Socr.* II, 9. Lysias, pag. 148. Isocr. Περὶ Ἀντιδόσεως, II, p. 385, 387, *imp.* 412—15.

Les délateurs profitoient de leur grande autorité pour tirer de grosses sommes des innocens ; car la conduite la plus irréprochable ne mettoit pas à l'abri des peines les plus graves (*a*). La loi salutaire qui condamnoit à une amende de mille drachmes (*b*) les accusateurs qui n'auroient pas pour eux la cinquième partie des suffrages, ou qui se désisteroient de leur accusation, ne put les réprimer ; parce que souvent les lois n'étoient point exécutées, et qu'un innocent accusé, étoit aussi souvent condamné qu'absous.

Les Athéniens étant accoutumés dès leur enfance à mépriser leurs magistrats, et s'en faisant même un honneur ; l'indiscipline et la désobéissance les auroient rendus peu propres à la guerre, quand même ils auroient eu plus de force et de courage qu'ils n'en avoient en effet (*c*). Les simples soldats, négligeant les ordres de leurs chefs, se rendoient dans d'autres rangs et d'autres postes que ceux qui leur avoient été assignés : sou-

---

(*a*) *Ibid.*

(*b*) Demosth. *adv. Theocr.* pag. 508, dans l'oraison *pro Corona*, pag. 328, ne porte cette peine qu'à 500 drachmes.

(*c*) Xenoph. *Memor. Socr.* III, 5, p. 152, 153.

vent même ils quittoient le camp et l'armée, sans que les chefs pussent les en faire punir (*a*).

A cette désobéissance étoit jointe une mollesse et une nonchalance non moins funestes. Car autant ils étoient redoutables dans les assemblées générales et dans les tribunaux, autant ils étoient lâches et méprisables lorsqu'il s'agissoit de marcher contre l'ennemi (*b*).

Quoique le peuple eût fait construire pour son usage, les gymnases les plus superbes (*c*), les Athéniens négligeoient entièrement tous les exercices du corps, et faisoient tous leurs efforts pour empêcher les riches de s'appliquer aux exercices militaires, afin de n'avoir rien à craindre de leur force et de leur adresse (*d*). L'extinction du patriotisme, le défaut d'exercice et la mollesse de leurs corps, les rendirent incapables de combattre, comme leurs ancêtres, pour la défense de la patrie; et cette dégénération physique fut cause d'une chose peu naturelle et inouïe jusqu'alors, c'est qu'on

---

(*a*) *Ibid.* et Plut. *in Phoc.* IV, 314, 334, 37.

(*b*) Demosth. *de Chersoneso*, p. 37, 38.

(*c*) Xenoph. *de Rep. Ath.* c. 2, p. 582.

(*d*) *Ibid.* III, 5, pag. 152, *de Rep. Athen.* I, c. pag. 574.

préféra les armées d'étrangers soldés, aux armées composées de citoyens (*a*).

Les Athéniens n'avoient pas le courage d'aller au-devant de l'ennemi près des portes de leur ville; et s'ils osoient le faire, c'est qu'ils se trouvoient mêlés avec des Barbares, tels que des Phrygiens, des Lydiens, des Syriens ou autres, qui formoient toujours la plus grande partie de leurs armées (*b*). Communément les corps pesamment armés étoient composés d'étrangers, et on ne pouvoit faire que des rameurs ou des matelots, des citoyens pris parmi ce même peuple qui maltraitoit tous les autres Grecs, et qui se croyoit digne de les gouverner (*c*).

Avec si peu de dispositions et tant d'éloignement pour la guerre, Démosthène eut besoin de toute sa finesse et de toute sa prudence pour ne pas soulever les Athéniens en leur proposant de fournir entr'eux le quart d'une armée de deux mille fantassins et de

(*a*) Jason. ap. Xenoph. *Hell.* VI, c. 1, p. 357.

(*b*) *De Prov.* c. 2. Xen. p. 597, et Isocr. *de Pace*, I, p. 398.

(*c*) Isocr. *de Pace*, I, pag. 385. Du tems de leurs pères, c'étoit encore tout le contraire. *Ibid.* et Thuc. I, c. 121.

deux cents cavaliers (*a*). Dans un autre endroit, cet orateur plaisante sur la modestie des Athéniens, qui attribuoient toutes leurs victoires à la sagesse et au courage de leurs généraux; et ne se glorifioient point du succès de leurs armes, auxquels ils n'avoient en effet aucune part (*b*).

La multitude d'hommes soldés auxquels les Athéniens confioient la défense de leur domination et de leur ville, occasionna aussi des troubles funestes, et fut une des principales causes de la décadence des états de la Grèce, et de la dépopulation de ces états. Combien de villes ne durent pas être bouleversées par des séditions, ou par des forces ennemies, avant que, dans un petit pays tel que la Grèce, qui depuis si long-tems avoit tant souffert de ses guerres opiniâtres, on trouvât un assez grand nombre de fugitifs errans, pour qu'il fût plus aisé d'en composer des armées, que des citoyens établis dans le pays (*c*); et pour que ces mêmes fugitifs aient pu devenir redoutables et aux Grecs et aux Barbares (55)?

(*a*) *In Philipp.* I, p. 17.
(*b*) *De Rep. ordinanda*, p. 70.
(*c*) Isocr. *ad Philipp.* I, p. 278.

Ces aventuriers n'avoient ni patrie ni immeubles, et rarement une famille ; ou lorsqu'ils en avoient une, ils ne faisoient point difficulté de laisser leurs femmes et leurs enfans dans un endroit, et d'en prendre d'autres dans une autre contrée (*a*). Ils vendoient leurs services à ceux qui les payoient le plus ; de sorte qu'ils passoient du côté de l'ennemi contre lequel ils s'étoient engagé de se battre, dès qu'ils espéroient une paie plus forte de ce dernier (*b*). Par tout ils exerçoient les plus grandes violences, sans distinction d'amis ou d'ennemis ; et ils forçoient ceux qui les entretenoient, et nommément les Athéniens, à commettre des injustices semblables envers leurs alliés, afin de pouvoir suffire à la solde de ces traîtres, et de ces ennemis communs de tous les états de la Grèce (*c*). Nous sommes tellement dégénérés des vertus de nos ancêtres, s'écrient Isocrate (*d*) et Démosthène (*e*), que, dans la plus grande

---

(*a*) Isocr. II, p. 522. Æginet. *imp.* I, p. 363, 364, *de Pace.*

(*b*) *Ibid.* et Demosth. *adv. Timocr.* pag. 446—452. Plut. *in Pelop.* II, p. 378.

(*c*) Isocr. l. c.

(*d*) *Ibid.* l. c.

(*e*) *De Rep. ord.* p. 7.

détresse,

détresse, nous prodiguons le dernier reste des biens de la cité et des alliés, à de misérables vagabonds ; et que nous nous réjouissons, en apprenant qu'ils ont pillé les peuples alliés avec nous ; au lieu que nos pères, dans le tems de leur plus haute puissance, lorsque la citadelle étoit pleine d'or et d'argent, sacrifioient leur sang et leurs vies, non-seulement pour la défense d'Athènes, mais aussi pour celle de ses alliés (56).

La corruption n'avoit pas infecté seulement le peuple et les magistrats pris dans son sein, mais elle avoit atteint également les généraux, et les orateurs ou démagogues que l'on choisissoit librement parmi les meilleurs citoyens. Tous, à l'exception de Phocion et de Lycurgue, étoient alors extrêmement corrompus. Depuis qu'Athènes eut recouvré la domination de la mer, jusqu'au tems qui précéda la bataille de Chéronée, on vit paroître parmi les Athéniens plusieurs généraux qui, à ce qu'il semble, s'acquirent une plus grande réputation guerrière que Phocion. Tels furent sur tout Iphicrate, Timothée, Chabrias et Charès. Mais parmi tous ces généraux, aucun, si ce n'est Phocion, ne pouvoit être comparé aux plus anciens héros des Athéniens, ou seulement à Agésilas, à Epaminondas ou à Pélopidas. Leur plus grand mérite consistoit à former leurs guerriers à une facilité extraordinaire dans les exercices militaires de toute espèce, ou à surprendre l'ennemi par quelque manœuvre nouvelle (*a*). Les inventions même qui firént tant de réputation à Iphicrate, servirent plutôt à corrompre qu'à perfectionner l'art militaire ; on pouvoit les regarder comme des preuves certaines de la décadence des forces, du courage et de l'éducation militaire des Grecs (57). Il rendit le bouclier et la cuirasse plus petits et plus légers, l'épée et la lance plus longues qu'elles ne l'étoient auparavant ; et changea ainsi l'infanterie pesamment armée, en troupes légères, qui ne pouvoient pas résister à la phalange Macédonienne. Iphicrate et tous les autres généraux de ce siècle, à l'exception de ceux que je viens de dire, aimoient plus leur plaisir que la patrie ; et évitoient, par cette raison, autant qu'ils pouvoient, de rester à Athènes, afin de pouvoir se livrer plus tranquillement à leurs passions (*b*). Iphicrate vivoit ordinairement en Thrace, Timothée à Lesbos, Charès à Sigée, et Chabrias

---

(*a*) Corn. Nep. *in Iphicrate.*

(*b*) Athen. XII, 8, p. 532. Corn. Nep. *in Chabriae vita*, c. 3.

dans d'autres villes (*a*). Lorsque ces généraux étoient envoyés en quelqu'endroit en qualité d'ambassadeurs, ils songeoient moins à nuire à l'ennemi, qu'aux moyens de s'enrichir aux dépens des alliés (*b*). Dès que ceux-ci apprenoient que les Athéniens avoient mis un de leurs généraux à la tête de quelqu'entreprise, ils fermoient leurs portes et leurs ports, et mettoient en sureté leurs femmes, leurs enfans, leurs esclaves et leurs troupeaux, comme s'ils eussent eu à craindre l'invasion de l'ennemi le plus dangereux (*c*). Le brigandage de ces généraux et des troupes indisciplinées dont ils étoient entourés, inspiroit tant d'effroi aux villes alliées, qu'elles aimoient mieux recevoir l'ennemi qui les assiégeoit, que les troupes auxiliaires d'Athènes (*d*). Cependant, en offrant de grosses sommes à ces brigands, ils consentoient quelquefois à ne pas détruire le commerce de ces villes, à ne pas piller leurs vaisseaux, à ne pas s'en emparer (*e*). Il n'est

---

(*a*) *Ibid.*

(*b*) Demosth. *de Rep. ord.* p. 68. Diod. XV et XVI, p 78, 98, 107, 186. Plut. IV, 406, *in Phoc.*

(*c*) Plut. IV, 313, 317.

(*d*) Isocr. *Panath.* II, 254.

(*e*) Demosth. *de Chersoneso*, p. 38.

donc pas étonnant que la plupart d'entr'eux aient été accusés et condamnés à Athènes, à cause de leurs exactions et de leurs oppressions (58).

Les dix orateurs qui, dans les derniers tems de la liberté étoient choisis chaque année comme les chefs et les conseillers du peuple, et qui recevoient une drachme toutes les fois qu'ils parloient (*a*), ressembloient parfaitement aux généraux, et étoient tout à fait dignes du peuple qu'ils conduisoient. Cet usage d'élire chaque année dix orateurs du peuple, ne remonte ni jusqu'à Solon, ni jusqu'aux tems anciens, ainsi que l'a cru l'auteur de la législation d'Athènes, qui avoit plus d'érudition que de critique (*b*). Il est certain qu'il ne commença qu'après la paix d'Antalcidas; mais avant la fin de la guerre des alliés. Plusieurs auteurs anciens parlent comme d'une chose nouvelle, de la distinction des généraux et des orateurs : distinction qui n'existoit pas du tems de Périclès, de Nicias, d'Alcibiade, de Thrasibule et de plusieurs autres; ils la regar-

(*a*) Petit. *de leg. Att.* p. 259 et suiv.

(*b*) Æschines se trompe aussi (p. 274, *contra Ctes.*) lorsqu'il donne Solon pour auteur de la loi sur les orateurs.

dent comme un signe certain de la décadence de l'état, et de la corruption des nouveaux démagogues (*a*); et voilà pourquoi Plutarque dit, en parlant de Phocion, que, contre l'usage de son siècle, il avoit tâché de réunir en lui les talens de général, avec ceux d'orateur (*b*). Ainsi les lois sur les orateurs que l'on trouve dans Dicæarque (*c*) et dans Æschine (*d*), étoient des choses nouvelles, de même que la dignité d'orateur elle-même; mais peut-être qu'elles auroient corrigé une partie des abus de l'institution, si elles eussent été exécutées exactement. Ces lois portoient que les orateurs publics seroient mariés, et qu'ils posséderoient des immeubles dans l'Attique. Elles excluoient de la place de démagogue quiconque avoit maltraité ou abandonné ses père et mère; ceux qui avoient refusé de servir leur patrie à la guerre, ou qui avoient jeté leur bouclier dans la mêlée; ceux enfin qui avoient dissipé l'héritage de leurs pères, qui s'étoient livrés à la satisfaction

---

(*a*) Isocr. I, 389, *in Pace*, et Arist. *de Rep.* c. 5.

(*b*) *In Phoc.* IV, p. 306.

(*c*) *Adv. Demosth.* p. 101.

(*d*) *Advers. Timarch.* p. 174, 175.

des voluptés contraires à la nature, ou avoient abusé de l'innocence des autres (*a*). Quand quelqu'un savoit qu'un orateur s'étoit rendu coupable de quelque crime de cette espèce, il avoit le droit de l'accuser, et de demander qu'il fût destitué (*b*). D'autres lois donnoient même au sénat le pouvoir de condamner les orateurs à une amende qui ne pouvoit surpasser cinquante drachmes, lorsqu'ils avoient parlé deux fois de la même chose aux mêmes personnes, ou qu'ils portoient une fausse accusation, ou qu'ils s'étoient comportés d'une manière peu décente (*c*).

Comme le peuple n'aime pas plus que les autres tyrans à entendre des vérités désagréables, et à éprouver des contradictions ou des oppositions dans ses mauvaises entreprises, celui d'Athènes ne choisissoit ordinairement pour ses orateurs, que des gens incapables de lui faire éprouver ces désagrémens. Par ce moyen, la conduite des affaires publiques se trouvoit entre les mains des hommes les plus méprisables, d'hommes aux-

---

(*a*) *Script. cit.*

(*b*) *Ibid.*

(*c*) *Ibid.*

quels personne n'eût voulu confier le soin de ses affaires domestiques. On préféroit des hommes furieux, intempérans et dissipateurs, à des hommes sages, tempérans et généreux envers l'état ; parce qu'on regardoit les premiers comme les plus grands amis de la démocratie (*a*).

Comme les démagogues savoient que le peuple chassoit de la tribune tous ceux qui s'opposoient à ses desseins, ou qui le blâmoient avec franchise ; ils louoient sa vanité ; et le traitant comme un enfant gâté, ils ne lui présentoient pas les conseils les plus utiles, mais ceux qu'ils savoient devoir lui plaire davantage. Ils accusoient les riches et les principaux citoyens, pour partager leurs biens avec les membres des tribunaux ; ils conseilloient la guerre, lorsqu'ils savoient que le peuple desiroit de pouvoir piller les amis et les ennemis (59). Cependant quoiqu'ils flatassent impudemment le peuple, et qu'ils fussent les esclaves de tous ses caprices et de toutes ses fantaisies ; ils avoient les mêmes avantages dont jouissoit ordi-

(*a*) Isocr. p. 367, 389.

nairement les favoris des princes. Ils gouvernoient à leur gré ce même peuple, qui attendoit et recevoit d'eux du pain et des divertissemens; souvent ils le traitoient comme un vieillard imbécile ou tombé en enfance; et ils lui faisoient approuver ou rejeter tout ce qu'ils jugeoient à propos (*a*).

De cette manière, les orateurs, semblables aux tyrans, pouvoient tuer, bannir ou piller, selon leur bon plaisir (*b*); et ils décidoient les affaires les plus importantes, parce que les rois et les états ne s'adressoient plus au peuple, mais aux orateurs qui le conduisoient (*c*). Ils étoient si accoutumés à se laisser corrompre, que Phocion et Lycurgue sont les seuls qui furent inaccessibles aux présens, et qui n'acquirent point de la fortune aux dépens de leur probité (*d*). Pour eux, la guerre étoit une paix, et la paix une guerre; de sorte que leur intérêt particulier étoit sans cesse en opposition

---

(*a*) Demosth. p. 71, *de Rep. ord.* et AEsch. *contra Ctes.* p. 309.

(*b*) Plat. *in Gorg.* p. 310, 11.

(*c*) *Ibid.* AEsch. l. c.

(*d*) Isocr. I, 379 et 423, *de Pace.* Demosth. p. 458, *adv. Timarch.* p. 458.

avec le bien général ; ce qui tournoit toujours au détriment du dernier (*a*).

Ils se laissoient corrompre par les généraux pour les favoriser, ou seulement pour ne pas leur nuire (*b*) ; et ils forçoient les principaux d'entre les citoyens et les alliés, à les combler de présens, pour obtenir d'eux seulement qu'ils ne les rendroient pas suspects au peuple (*c*). Par ces extorsions non moins illégales que celles des généraux, les orateurs amassoient en peu de tems de grandes fortunes (*d*) ; ils faisoient bâtir des palais qui surpassoient en magnificence les temples des Dieux ; prodiguoient l'argent pour des courtisanes, pour des habits et des meubles somptueux, pour des parfums, pour des esclaves bien faits, ou doués de talens agréables, pour des repas magnifiques : choses dont ils regar-

---

(*a*) *Philippi Maced. Regis Epist. inter.* Demosth. op. p. 64.

(*b*) C'est pour cela que Charès, dans toutes ses campagnes, laissoit de grosses sommes pour les démagogues.

(*c*) *Ibid.* Voy. dans Plutarque l'exemple d'Harpalus. *In Phocione*, IV, 331.

(*d*) Isocr. I, 423, *de Pace*. Demosth, pag. 458, *advers. Arist.*

doient la possession et la jouissance comme la félicité suprême (a).

Après avoir lu le tableau des mœurs et de la constitution des Athéniens, que je viens d'esquisser ; on sentira aisément que dans un état si profondément corrompu, et où toutes les parties se dévoroient l'une l'autre ; la liberté, le commerce, les manufactures, la prospérité, les sciences et les arts ne pouvoient rester long-tems dans l'état florissant où ils étoient auparavant.

(a) On trouve les preuves de ces observations dans mon traité sur le luxe des Athéniens.

Fin du Chapitre premier.

CHAPITRE SECOND.

Des disciples de Socrate, à l'exception de Platon.

I.

XÉNOPHON.

PAR le moyen des sophistes et sur tout de Socrate, la philosophie avoit poussé des racines si profondes, qu'elle ne pouvoit être détruite tout à coup, ni par le supplice injuste du dernier, ni par la corruption et la foiblesse extrême des Athéniens, ni même par les décrets menaçans du peuple (*a*). On vit ici, ce qu'on a remarqué dans une multitude d'autres circonstances, c'est que, lorsque l'esprit humain a une fois reçu une forte impression, tel qu'un corps mis en mouvement,

---

(*a*) Quelques historiens racontent qu'après la mort de Socrate, on chassa tous les philosophes d'Athènes. *Diog.* II, pag. 106.

il s'avance encore pendant quelque tems, quoique la force mouvante ait cessé d'agir depuis long-tems. Toutes les sciences se conservèrent à Athènes pendant plusieurs générations; et elles firent même des progrès nouveaux, quoiqu'elles trouvassent beaucoup plus d'obstacles que d'encouragemens. Les élèves même des écoles qu'Euclide avoit établies à Mégare, et Phédon à Elis, retournèrent à Athènes; comme si la philosophie eût été un fruit propre au sol de l'Attique, et qui ne pouvoit réussir dans aucun autre climat.

Socrate avoit des auditeurs de tous les états et de toutes les contrées de la Grèce; et dont en grande partie les noms n'ont pas été probablement conservés (*a*). La plupart de ces auditeurs, qui étoient en même-tems ses amis, se contentèrent de suivre dans leur conduite les principes de leur maître; d'autres les développèrent dans leurs écrits ou dans leurs discours; ou du moins, les instructions qu'ils avoient reçues de Socrate, les avoient mis en

---

(*a*) Les noms qui sont restés se trouvent dans Xénophon. *Mem. Socr.* I, c. 2, p. 10 et 28, c. 4, p. 43, IV, 1 et 8. Plat. *Apol.* p. 9, 13, et Phed. p. 22, et ap. Diog. II, *imp.* 8, 121 et suiv.

état d'en instruire d'autres. Ces derniers se partagèrent en plusieurs branches très-différentes les unes des autres. Quelques-uns restèrent fidèles aux principes de Socrate ; d'autres les outrèrent ou les falsifièrent ; d'autres encore les corrompirent ou les abandonnèrent entièrement (60).

Parmi les disciples de Socrate qui ne dévièrent point de ses principes, aucun n'eut une ame plus grande et plus noble ; aucun ne lui ressembla autant par le langage, le caractère, et par toutes ses vertus et ses foiblesses, que Xénophon d'Athènes. Cet excellent homme avoit déjà passé la plus grande et la plus belle partie de sa vie dans la société intime de Socrate, et dans un loisir tranquille mais honorable, lorsque, pour la première fois, il trouva l'occasion de développer sur le plus beau théâtre où brilla jamais de son tems aucun philosophe et général de la Grèce, les talens extraordinaires que Socrate avoit formés en lui, et les vertus qu'il avoit exercées jusqu'alors dans l'obscurité (61). Proxénus, illustre fugitif de Thèbes, et attaché depuis long-tems à Xénophon par les liens de l'hospitalité, le pria de se rendre à Sardes, parce qu'il vouloit le faire connoître au jeune Cyrus, frère du roi de Perse régnant, et gouverneur de l'Asie antérieure, comme un homme dont l'amitié lui étoit plus chère que sa patrie (*a*). Xénophon répondit à l'invitation de son ami, d'après le conseil d'Apollon de Delphes ; et il suivit le jeune prince en qualité d'ami, dans son expédition de l'Asie intérieure, sans savoir qu'il alloit combattre contre le roi de Perse (62). Il ne l'apprit point qu'avec les autres Grecs, lorsqu'ils étoient déjà dans la Cilicie, et qu'il étoit beaucoup plus sûr de suivre Cyrus, que de l'abandonner malgré lui (*b*). Après la mort de ce prince, et l'assassinat des principaux chefs de l'armée Grecque, que les Perses avoient attirés dans leur camp sous la foi des promesses les plus sacrées, et qu'ils mirent à mort malgré ces promesses ; les compagnons de Cyrus se trouvèrent dans la position la plus désespérante où jamais armée se soit trouvée. Ils étoient au milieu d'un pays ennemi, environnés d'armées innombrables, sans chef, sans guides, sans subsistances, sans cavalerie pour en aller chercher et pour poursuivre l'ennemi ; et ce qu'il y avoit de plus terrible, éloignés de leur pays de plus de dix mille

(*a*) Anabas. III, 1.

(*b*) *Ibid.*

stades, ne pouvant y parvenir qu'à travers des montagnes presqu'impraticables, des déserts ou des pays inconnus, et une quantité de peuplades sauvages toujours en guerre avec les autres hommes, et combattant autant pour leurs cabanes et leur nourriture, que pour défendre leur vie. La présence de tous ces dangers, et la crainte de ne plus revoir leurs père et mère, leurs femmes, leurs enfans et leurs foyers, avoient tellement abattu les Grecs, qui, peu auparavant avoient vaincu les Perses sous les ordres de Cyrus; que la plupart d'entr'eux, sans songer à prendre leurs armes, sans allumer du feu, sans établir de postes, étoient dispersés çà et là; et attendoient au point du jour, que la faim ou le fer de l'ennemi vînt leur donner la mort. Xénophon fut le premier qui ranima leur courage abattu par le désespoir; et forma le projet de vaincre tous les obstacles à force de courage et de fermeté (*a*). Quoiqu'il ne fût que volontaire, et presque point connu à l'armée, il rassembla les capitaines de l'armée de Cyrus; et inspira d'abord à eux seulement, puis au reste de l'armée, l'espoir de retourner dans leur

---

(*a*) *Ibid.*

patrie. Il les avertit de se tenir en garde contre les conditions que pourroient leur proposer les Perses, et leur proposa des mesures dont l'exécution ne permettoit aucun retard (*a*). Par sa sagesse et son courage, il arracha bientôt les Grecs aux poursuites des Perses, aussi lâches qu'efféminés; et les fit triompher de tous leurs autres ennemis, dont la faim étoit sans contredit le plus dangereux. La prudence sut leur faire éviter les surprises de leur ennemi, et ils dressèrent à ceux qui les poursuivoient des pièges dans lesquels ils se trouvèrent pris. Xénophon se montroit toujours le premier, soit qu'il fallût gravir des montagnes escarpées, ou passer des fleuves à la nage, attaquer l'ennemi ou l'arrêter dans sa marche. Au milieu des dangers et des peines, il aidoit les uns, soutenoit les autres, excitoit les lâches, punissoit l'indiscipline et le brigandage, et encourageoit les foibles par l'exemple de sa persévérance (63). Souvent il exposa sa vie pour arrêter les excès et les injustices des soldats furieux (*b*); et fidèle aux principes de son

---

(*a*) *Ibid.*

(*b*) IV, 6, 311, et *Cleonis*, *epist. de conserv.* Xen. Byzant.

maître,

maître, il étoit toujours plus occupé du salut de la troupe qu'il conduisoit, que de ses propres intérêts (*a*); de sorte qu'il revint de l'Asie si dépourvu de tout, que, sans quelques événemens qui rétablirent sa fortune, il auroit été obligé de vendre son cheval pour se rendre dans ses foyers (*b*). Ce grand caractère le fit respecter des soldats, qui le regardoient comme leur père et leur bienfaiteur, et le choisirent pour leur général. Mais il refusa constamment cette place, pour ne pas attirer la haine des Spartiates sur lui et sur sa patrie (*c*). Cependant Xénophon eut plusieurs fois à combattre, soit contre la jalousie des autres chefs, soit contre les fureurs subites des simples soldats, qui n'obéissoient que pendant la présence de l'ennemi et du danger; et qui, dans les tems de sécurité, étoient disposés à faire périr leur conducteur pour avoir exercé à leur égard une sévérité que commandoient impérieusement la nécessité et leur propre salut (*d*). En joignant ces difficultés à toutes les autres, il ne faut pas être grand connois-

(*a*) VII, 6 et 7, p. 431, 450—51.

(*b*) *Ibid.* p. 456.

(*c*) VI, 1, p. 327. VII, 437.

(*d*) L. c. et V, c. 8, p. 315.

seur dans l'art militaire, pour sentir pourquoi la retraite des Grecs des bords du Tigre et de l'Euphrate, fut regardée dans toute l'antiquité comme le plus beau chef-d'œuvre de la science du général ; et l'on n'est point étonné qu'Antoine admirât tant cette savante retraite, lorsqu'étant en danger d'être battu par les Parthes avec une armée dix fois plus nombreuse que celle de Cyrus, il s'écria plusieurs fois de suite : *ô les dix mille Grecs !*

La trahison d'un devin auquel Xénophon s'étoit confié, fit échouer le noble projet qu'il avoit conçu, de fonder une nouvelle ville sur les bords de la mer Noire, pour y devenir le législateur, et y faire le bonheur de ceux dont il avoit été jusque-là le chef et le sauveur (*a*). Mais ni cette trahison ni d'autres intrigues ne purent lui ravir la confiance de sa troupe. Afin de lui procurer de quoi subsister, pendant l'hiver qui approchoit, il la mena à Seuthès, alors roi de Thrace. Il reconquit et agrandit le royaume que ce prince avoit reçu de ses pères ; puis il fit passer son armée au service de Thimbro, et enfin à celui d'Agésilas, auquel il apprit, par son exemple et

(*a*) V, 6, p. 293 et suiv.

ses instructions, et l'art des vertus et celui des combats (*a*). L'amitié des Spartiates et des chefs qui lui étoient dévoués, valut à Xénophon une partie considérable du butin qui venoit d'être fait en Phrygie, de sorte qu'il eut de quoi vivre à son aise, et faire du bien aux autres (*b*).

Mais environ vers ce tems, les Athéniens l'exilèrent, à cause des liaisons étroites qu'il avoit eues avec Cyrus, et de celles qu'il avoit avec les généraux Spartiates. Cette disgrace l'engagea à rester en Asie aussi long-tems qu'Agésilas, et à suivre ce roi à Coronée, où les Thébains furent vaincus (*c*). Peu de tems après, Xénophon s'établit à Scillonte, petite ville que les Lacédémoniens avoient bâtie à vingt stades environ d'Olympie. Là il acheta, avec une partie du butin qu'il avoit consacrée à Diane, des terres considérables, y éleva en l'honneur de la Déesse, un temple qui ressembloit à celui d'Ephèse, et y célébroit chaque année une fête, à laquelle étoient invités tous les habitans de la ville et une

---

(*a*) Anabas. *in fine*. Cicer. *de orat*. III, 34.

(*b*) Xenoph. l. c. p. 462.

(*c*) V, 3, p. 270.

grande quantité d'étrangers (*a*). Mais il fut obligé de quitter cette retraite chérie, et de se retirer à Corinthe, parce que Scillonte fut attaquée et presqu'entièrement détruite par les Eléens

Xénophon ne croyoit pas, comme Socrate, qu'un Génie l'accompagnoit par tout; mail il crut, comme son maître, que la volonté des Dieux se manifestoit dans les songes, ou par d'autres signes, tels que les éternuemens, et sur tout dans les entrailles des victimes. Il se flattoit lui-même de n'être pas sans habileté dans cette dernière espèce de divination; et il fit dépendre ses résolutions les plus importantes des mouvemens qu'il remarquoit dans les victimes sacrées (64). Mais ni dans ses ouvrages, ni dans la vie de Socrate, on ne trouve rien qui puisse faire croire que cette superstition l'ait détourné de faire quelque bien, ou porté à des actions ou à des entreprises mauvaises ou imprudentes. Dans son systême, les avertissemens des Dieux, de même que le démon de Socrate, étoient toujours d'accord avec les lumières de la saine raison (65).

(*a*) *Ibid.*

Xénophon, pendant le court espace de sa vie active, fit probablement plus d'heureux que tous les autres amis de Socrate ; et l'on peut dire aussi que ses écrits furent plus utiles à ses contemporains, que ceux de tous les autres disciples de ce philosophe. Il écrivit sur toutes les branches de connoissances utiles aux jeunes gens et aux hommes faits ; il fit connoître aux Grecs les constitutions de leurs états, l'histoire et les événemens de leur tems ; et leur donna des préceptes et des exemples sur la manière de former le corps et l'ame, et de devenir aussi heureux que Socrate, en suivant les principes de la sagesse et de la vertu. Il leur enseigna aussi l'art de gouverner leur patrie et leurs familles, de vaincre leurs ennemis, et de former les citoyens dans l'art de la guerre. Assurément plusieurs de ses ouvrages ont perdu pour nous la plus grande partie de leur intérêt et de leur utilité ; mais il n'en est pas moins vrai qu'il faut regarder Xénophon comme un écrivain beaucoup plus instructif que Platon ; ou avouer du moins, qu'il inspire bien plus fortement la vertu que ce dernier.

Le style de Xénophon n'a pas des beautés si grandes ni si variées que celui de Platon ; mais aussi il n'a point les défauts du dernier.

Il répond parfaitement à la peinture de l'éloquence de Socrate, faite par Alcibiade, dans le banquet de Platon; de sorte que l'on peut avec raison le regarder comme un modèle de l'éloquence de son maître. Ce style est pur et beau; noble et tranquille; comme l'ame de celui qui l'employoit. Quelquefois aussi il s'élève, mais jamais assez pour former des inégalités sensibles, ou s'approcher de celui des poètes; quoiqu'assez souvent Xénophon emploie des expressions poétiques (66). Son harmonie affectoit si délicieusement les oreilles des Grecs, qu'on donnoit à Xénophon le nom d'*Abeille*, ou *Muse Attique*; et que l'on disoit que les Muses parloient par sa bouche; que les Grâces avoient formé son langage; et que la Déesse de la persuasion habitoit sur ses lèvres (*a*). Cette aménité naturelle du langage de Xénophon, à laquelle l'art ne sauroit atteindre (67), n'est pas plus sensible à nos oreilles, peu faites aux agrémens d'une langue morte, que les grâces particulières aux discours de Lysias, par lesquelles Denys d'Halicarnasse distingua les vrais ouvrages de

(*a*) Voy. les témoignages des anciens dans Hutchinson, p. 14.

cet orateur, de ceux qu'on lui attribuoit faussement. Si je voulois blâmer quelque chose dans le style de Xénophon, ce seroit quelques froides plaisanteries qu'il met dans la bouche de Cyrus l'ancien ou de ses compagnons; et quelques traces des expressions figurées de Gorgias, que je trouve dans son Agésilas. Cet éloge est une espèce de mêlange de narration historique, et de déclamation oratoire. Xénophon veut, dans ce morceau, prendre le ton oratoire; mais il ne peut atteindre à la pompe et à la rondeur des périodes; ce qui le fait tomber, sur tout vers la fin, dans une suite d'antithèses, que l'on ne trouve en aussi grand nombre dans aucun des ouvrages de Platon.

Ses *Economiques*, et sur tout son *Hiéron*, sont les plus parfaits de ses ouvrages philosophiques et politiques, si l'on en excepte l'histoire de Cyrus l'ancien. Dans les premières, il a rassemblé complètement, et dans le meilleur ordre, toutes les connoissances nécessaires à un père de famille de la Grèce; et dans l'autre il peint les peines de la vie d'un tyran qui semble si digne d'envie, et les avantages d'un gouvernement doux, conforme aux lois. Ces deux peintures sont faites avec des couleurs si vives, que je ne crois pas qu'on puisse rien ajouter d'important à l'une ou à l'autre. Ses *Choses mémorables* sont beaucoup plus importantes, quant à la matière, que les deux ouvrages que je viens de nommer. Quelques morceaux particuliers, et sur tout la fable de Prodicus, sont travaillés de main de maître; mais on desireroit trouver plus d'ordre et de liaison dans l'ensemble. Dans ses *Considérations sur la constitution des Athéniens*, Xénophon ne fait, à la vérité, à ses concitoyens, aucun reproche qu'ils ne méritent (68), quoiqu'il semble quelquefois prendre le ton de la plaisanterie; mais dans la description du gouvernement et des mœurs des Spartiates, qu'il oppose à ceux des Athéniens; on voit que, pour mortifier ces derniers, il ne peint pas les Spartiates corrompus de son tems, qu'il n'expose pas tous les défauts de leur constitution tyrannique; mais qu'il décrit les lois et les hommes du siècle de Lycurge: il se contente seulement de remarquer en peu de mots, presqu'à regret, et comme ne pouvant se dispenser de le faire, que les Spartiates de son tems ne ressemblent plus à ceux des premiers tems de la République (*a*). Le vrai

---

(*a*) C. 14.

chef-d'œuvre de Xénophon, c'est son histoire de Cyrus l'ancien; que l'on peut appeler *sa République;* ou que du moins il vouloit opposer à la République de Platon. Cet ouvrage ne peut, selon moi, être bien apprécié que par des hommes habiles dans la science du gouvernement et de l'art militaire. Quant à moi, je ne hasarderai point de critique sur l'ouvrage d'un grand capitaine, auquel deux des plus grands héros de Rome, Scipion, conquérant de Carthage, et Lucullus, vainqueur de Mithridate, avouent qu'ils ont autant d'obligation, que Cicéron et Démosthène convenoient en avoir à Platon. Quand même les actions et les aventures que Xénophon raconte de Cyrus, ne seroient pas contredites par les récits de tous les autres historiens; quand même plusieurs auteurs célèbres, n'assureroient pas que Xénophon n'a point puisé le sujet de son ouvrage dans des mémoires historiques; mais qu'il a voulu donner le modèle d'un prince parfait; il suffiroit de la conduite irréprochable qu'il fait tenir à Cyrus depuis son enfance jusqu'à la fin de sa vie; il suffiroit de l'accord parfait qui se trouve entre les discours, les principes et les actions de ce prince avec les préceptes de Socrate, pour me convaincre que le Cyrus de Xénophon n'est ni le premier roi d'un peuple barbare, ni le vainqueur de l'Asie ; mais un personnage imaginé par l'auteur, et formé sur le modèle de Socrate. Plusieurs auteurs célèbres pensent cependant que l'ouvrage de Xénophon est une véritable histoire ; ce qui prouve, selon moi, avec quel art et quelle vraisemblance ce roman est composé. Et en effet, on ne sauroit disconvenir que Xénophon ne développe une plus grande richesse d'imagination dans cet ouvrage, que Platon dans *sa République ;* quoique le premier n'emploie pas un aussi grand nombre d'images, de comparaisons et d'allégories. Xénophon place son héros dans toutes les positions possibles, comme adolescent, et comme jeune homme ; comme homme fait et comme vieillard ; comme fils et comme père ; comme ami et comme ennemi ; comme allié et comme conquérant ; comme roi et comme général : voulant montrer, dans toutes ces positions, comment il faut se conduire, en suivant les lois de la sagesse et de la vertu. Il arrive de là que l'on retrouve presqu'en entier dans l'histoire de Cyrus, les choses mémorables de Socrate ; et outre cela, plusieurs autres traits de la sagesse de ce philosophe, qu'il avoit oublié de rapporter dans les choses mémorables. Xénophon paroît avoir travaillé les épisodes avec un soin particulier. Non-seulement ils sont distribués de manière à réveiller et à augmenter l'intérêt du lecteur pour le héros et les principaux événemens ; mais ils sont aussi plus instructifs et mieux écrits que les autres parties de l'ouvrage.

Parmi ses ouvrages proprement historiques, l'histoire de l'expédition et de la retraite des Grecs ont un mérite si supérieur à la continuation des livres de Thucydide, que, si je n'étois persuadé du contraire, je regarderois cette supériorité comme une preuve de l'opinion de quelques anciens, qui pensent que cette continuation n'est pas de Xénophon, mais d'un nommé Thémistogène de Syracuse. Dans ces premiers ouvrages, la narration est beaucoup plus vive, et le style beaucoup plus chaud, que dans l'histoire Grecque. Les caractères sur-tout y sont dessinés avec un art que l'on ne trouve point dans ce dernier ouvrage, et l'on ne peut s'empêcher de reconnoître dans l'auteur un grand connoisseur du cœur humain (*a*). Assurément il est aisé de

---

(*a*) Lisez le portrait de Cyrus, I, 9. Anab. II, 6, et ceux de Cléarque, de Proxénus et de Ménon, p. 122, 126.

concevoir que Xénophon ait écrit avec chaleur des événemens qu'il avoit vus se passer sous ses yeux, des actions auxquelles il avoit eu part, des discours qu'il avoit tenus lui-même ; qu'il les aits écrits avec plus de chaleur que les actions et les discours des gens qui lui étoient inconnus. Cependant on a toujours lieu d'être surpris de trouver dans son histoire Grecque si peu de notions sur les révolutions arrivées dans les mœurs, dans la constitution, et dans le bien-être des peuples de la Grèce ; d'y trouver si rarement les causes et les effets des événemens, et d'y voir les événemens et les actions rassemblés comme dans une chronique ou un journal ; propre seulement à offrir les matériaux d'une histoire (69).

II.

EUCLIDE ET PHÉDON.

Philosophes Mégariens ; Dialecticiens ou Eristiques, Eléens et Erétriens.

Euclide, Phédon et Aristippe, qui vécurent long-tems avec Socrate, mais qui marchèrent moins sur ses traces que sur celles des sophistes, ne ressemblèrent ni à Xénophon ni à son maître.

Les deux premiers s'appliquèrent à l'*Eristique*, ou art de la dispute, et le dernier à la morale des sophistes. Comme ces trois philosophes se distinguèrent peu de ceux dont ils suivirent les principes ; on a peu de chose à dire d'eux, après avoir donné l'histoire des sophistes (70).

Euclide, malgré les préceptes de Socrate (*a*), abandonna précisément les recherches que ce dernier regardoit comme les plus propres à rendre les hommes plus sages et plus heureux ; et rejeta de même sa méthode d'instruction par des exemples et des comparaisons (*b*). Dans les comparaisons, disoit-il, ou l'on trouve des choses qui se ressemblent en effet, ou l'on n'en trouve point. Dans le premier cas, il vaut mieux laisser les choses telles qu'elles sont, que de les expliquer par celles qui leur ressemblent. Dans le second, le but de la comparaison est totalement manqué ; et la comparaison elle-même est superflue. Euclide réunit les subtilités des sophistes avec les subtilités des Eléatiques, et parloit comme ceux-ci d'une unité ; ou du moins il disoit, qu'on ne pouvoit appeler bon, que ce qui est un et

---

(*a*) Diog. II, 30.
(*b*) *Ibid.* II, 107.

toujours semblable et égal à soi-même ; soit qu'on lui donnât le nom de Dieu, ou de sagesse, ou quelqu'autre que ce puisse être (*a*). On n'a donc fait aucun tort, ni à lui ni à ses disciples, auxquels on a donné le nom de philosopes Mégariens, en leur donnant celui d'Eristiques, que les sophistes avoient déjà porté (71) ; et en les regardant plutôt comme des sectateurs de Xénophane et de Parménide, que de Socrate (*b*). Plus tard on les appela aussi Dialecticiens (*c*) : nom qu'ils croyoient mériter d'autant mieux ; qu'ils s'appliquoient non-seulement à l'art de faire des questions comme Socrate, mais aussi à celui de faire des réponses. Mais cette dénomination ne leur resta pas affectée particulièrement ; car les Stoïciens sont aussi souvent appelés Dialecticiens (*d*).

Les sciences inutiles d'Euclide soutinrent toujours, dans la Grèce, la grande réputation que les sophistes leur avoient acquise. Le philosophe de Mégare attira aussi à lui un grand

---

(*a*) Cicer. *Ac. quaest.* IV, 42. Diog. II, 106.

(*b*) Diog. II, 106. Cicer. *Ac. quaest.* IV, 42.

(*c*) Diog. l. c.

(*d*) Cicer. *Ac. quaest.* IV, 42. Menag. ad p. 108, S. II, Diol.

nombre de disciples, qui, ne continuant point d'enseigner dans cette ville, se répandirent dans les autres villes de la Grèce, et même hors de cette contrée. Les principaux furent Eubulide, disciple d'Euclide, Diodore et Stilpon ; tous deux contemporains d'Euclide, et qui purent par conséquent prendre de ses leçons (*a*) ; et Alexinus (*b*). De tous ces hommes, Stilpon fut le seul dont l'ame, supérieure aux futilités de cette philosophie, ne put se contenter de la dialectique d'Euclide (*c*). Il rendit pendant quelque tems Mégare, le siége de la philosophie, dans la Grèce ; son éloquence séduisit les philosophes les plus célèbres, qui devinrent ses auditeurs ; et dont plusieurs mêmes devinrent ses disciples, après avoir été pendant long-tems maîtres eux-mêmes. Il ne flatta aucun des rois qui recherchèrent son amitié (*d*) ; et lorsque le fils d'Antigonus détruisit la ville de Mégare, la perte de ses biens n'en fut pas une

---

(*a*) Menag. II, 109—120. Ils étoient contemporains de Démétrius-Poliocertes et de Cratès. *Ibid.* 115, 117.

(*b*) Il vécut entre les 125—135es. olympiades. Fabric. ad. I, p. 108. Sext. *adv. Mathem.*

(*c*) II, 113, 120.

(*d*) Plut. X, p. 603.

pour lui. De même qu'Euclide et ses disciples avoient englouti une partie de la fausse philosophie des sophistes de la Grèce ; de même leur dialectique fut absorbée par celle des Stoïciens. Les Mégariens subsistèrent à peine pendant quatre générations. Ils disparurent lorsque Chrysippe eut écrit sa dialectique, et que les Stoïciens se furent emparés exclusivement de cette science.

Euclide et ses successeurs firent précisément ce que les Sophistes avoient fait. Ils rendirent ridicule les premiers principes des autres philosophes, et même les Dieux et la religion du peuple (72). Ils s'occupèrent pendant toute leur vie à l'invention et à la solution de quelques misérables sophismes, avec lesquels ils se détruisirent les uns les autres (73) ; cherchèrent à jeter des doutes sur les phénomènes et les expériences les plus claires (74) ; ils tâchèrent même de renverser nos idées les plus importantes, et les manières les plus simples et les plus utiles de former des jugemens et de tirer des conséquences (75).

Stilpon combattit les idées et les conclusions générales, à peu près comme le firent les nominaux dans le onzième siècle et les suivans. L'idée générale d'homme, disoit-il, n'indique ni cet homme-ci, ni cet homme-là,

ni

ni aucun homme quelconque considéré individuellement ; cette idée n'est donc qu'une fiction (*a*). Ce qu'on me montre ici, disoit-il encore, n'est point des choux ; car il y a mille ans, il existoit des choux, ainsi, ce qu'on me montre, ne sauroit être ce qui existoit dans ce tems là (*b*). Eubulides attaqua les idées relatives avec des armes bien plus dangereuses encore (*c*). Trois grains de froment, disoit-il, sont-ils peu ou beaucoup ; forment-ils un tas, ou n'en forment-ils pas un? Si l'on répondoit négativement ; il répétoit la question en augmentant successivement le nombre des grains, un à un, jusqu'à ce que l'on convînt que ce nombre formoit une quantité considérable ou un tas. Alors il en concluoit qu'un seul grain ou une seule unité changeoit peu en beaucoup, ou faisoit un tas (*d*). Il employoit ces sortes de questions, non-seulement avec les idées et les mots de *peu* et de *beaucoup ;* mais il les appliquoit aussi à toutes les autres idées relatives, comme les richesses et la pauvreté, la clarté et l'obscurité, la grandeur et la petitesse ; et

(*a*) Diog. II, 119.

(*b*) *Ibid.*

(*c*) II, 109.

(*d*) Cicer. *Acad. quaest.* IV, p. 29.

de tout cela il concluoit que la nature nous a refusé la connoissance des bornes des choses. Chrysippe employoit, pour échapper au sorite, un moyen bien insuffisant. Il se taisoit lorsqu'il voyoit approcher les bornes entre la richesse et la pauvreté; la grandeur et la petitesse, etc.; puis il sautoit tout à coup d'une idée à l'autre, en passant par-dessus celles sur lesquelles il avoit gardé le silence (76). La meilleure manière de résoudre le sorite, auroit été, d'expliquer la nature des idées relatives; et de montrer qu'aucune idée de cette nature ne présente quelque chose de déterminé, que lorsque l'idée à laquelle elle a rapport est connue et énoncée.

Les philosophes Mégariens croyoient détruire la justesse de tous nos jugemens, en observant qu'on ne pouvoit rien affirmer ou dire d'un sujet, si ce qu'on affirmoit n'étoit pas exactement la même chose que ce dont on l'affirmoit. Ainsi, selon eux, on pouvoit dire: l'*homme est homme*, le *bon est bon*, *courir est courir*; mais l'on ne pouvoit pas dire, l'*homme est bon*, le *cheval court*, etc. (*a*). En prononçant ces dernières propositions, disoient-ils,

---

(*a*) Plut. *adv. Colat.* X, p. 603—606.

on affirme de l'homme et du cheval ce qui est différent d'eux. Car si *bon* et *homme*, *courir* et *cheval* étoient la même chose, pourquoi ne pourroit-on pas dire aussi que l'*homme* est la même chose que *nourriture* et *médecine*, et *cheval* la même chose que *chien* ou *lion*? Les Mégariens empruntèrent ces sortes d'argumens des sophistes, et Socrate s'étonnoit déjà que des gens âgés fussent assez simples pour admirer des raisonnemens de cette espèce, et regarder comme des savans ou des philosophes ceux qui les avoient inventés (*a*). Mais peut-être ces philosophes retournèrent-ils d'abord le sophisme, en disant que tout ce dont on affirmoit divers prédicats, devoit être aussi divers. Qu'ainsi, quand on dit, *Socrate est sage*, *Socrate est vertueux*, *Socrate est gros*; il faut qu'il y ait autant de Socrates divers, que de qualités qui lui sont attribuées (*b*).

Les philosophes Mégariens opposoient aux principes de l'art de penser (77) et aux règles justes du raisonnement, une quantité de sophismes plus ridicules que difficiles à résoudre. Je n'en rapporterai qu'un

---

(*a*) *In Sophist.* p. 109.

(*b*) Simpl. *in Phys. ausc.* Arist. 26, fol. a.

seul exemple (*a*). Personne, disoient-ils, ne peut rien opposer au raisonnement suivant : *Si tu dis qu'il fait jour à présent, et que tu dises la vérité, il fait jour ; or tu assures qu'il fait jour, et tu dis la vérité ; donc il fait jour.* Le raisonnement suivant, ajoutoient-ils, est parfaitement semblable à celui-là : *Si tu dis que tu mens, et que tu dises la vérité, tu mens ; or tu dis que tu mens, et tu dis la vérité ; donc tu mens.* Ou il faut, continuoient-ils d'un air triomphant, accorder aussi cette conséquence ; ou il faut renoncer à l'art de raisonner, et au principe qui dit que toute proposition est vraie ou fausse (78).

C'est par ces subtilités et par d'autres semblables, que les philosophes Mégariens obligèrent les défenseurs de la vérité, et particulièrement Aristote et les Stoïciens, et parmi ceux-ci Chrysippe, à inventer les lois du raisonnement, et les moyens de résoudre les sophismes. Mais ces efforts mêmes firent beaucoup de tort à la vraie philosophie. Car par là, la dialectique des Grecs dégénéra en une collection de subtilités insupportables, avec les-

---

(*a*) Cicer. et Sext. l. c. On trouve les autres dans Ménage, *ad Diog.* II, 108.

quelles on pouvoit, à la vérité, se défendre en cas de besoin, contre les Eristiques, mais qui ne furent presque plus d'aucune utilité, dès que les extravagans qui les avoient rendues nécessaires eurent disparu ; et qui ne contribuèrent en rien ni à la formation des facultés intellectuelles, ni à la recherche de la vérité, ni à l'étude de soi-même et de ses semblables (79).

Les philosophes Eléens et Erétriens différèrent si peu des Mégariens, que je n'aurois pas besoin de les citer, si plusieurs auteurs ne les citoient comme composant des sectes particulières. Phédon, chef de la première, et Ménédème, fondateur de la seconde, étoient tellement d'accord avec Euclide et ses successeurs, qu'il seroit difficile de citer quelque article de doctrine qui leur soit propre. Les Eléens et les Erétriens attaquoient, comme les Mégariens, l'art de juger et de raisonner (*a*). Ils n'admettoient qu'une vertu unique, mais connue sous plusieurs noms (*b*) ; et faisoient consister cette vertu unique dans la pénétration, ou dans une disposition particulière à découvrir

(*a*) Diog. II, 139. Simpl. *in Arist. Phys.* fol. 20, a.
(*b*) Plat. VII, *de virt. mor.* p. 734.

la vérité (*a*). Avec une telle disette de vérités nouvelles ou d'idées qui leur fussent propres, il n'est pas étonnant que ces deux petites écoles n'aient subsisté que pendant trois générations au plus, et qu'elles aient disparu avant celle de Mégare (80).

III.

ARISTIPPE ET SES SUCCESSEURS.

Aristippe de Cyrène fut un disciple de Socrate, plus indigne encore de son maître qu'Euclide, dont on vient de parler. Le philosophe de Mégare jeta seulement l'obscurité et la confusion dans les esprits de ses concitoyens ; mais Aristippe corrompit leurs mœurs. Le premier abandonna la doctrine de son maître ; le second tâcha de le rendre ridicule (*b*). Tout homme attaché à la philosophie d'Aristippe, devoit cesser d'aimer sa patrie ; et il n'étoit pas possible de suivre ses principes, sans renoncer à ceux de la vertu.

Aristippe regardoit comme une folie, de s'inquiéter des affaires de la patrie, tandis

(*a*) Cicer. *Ac. quaest.* IV, 421.

(*b*) *Mem. Socr.* III, 8.

qu'on a tant de peine à se procurer ce dont on a besoin soi-même (*a*). Il lui sembloit ridicule de se priver de plusieurs choses agréables pour remplir les vœux d'un peuple inconstant, ou gagner la faveur d'une populace qui souvent fait périr ses plus grands bienfaiteurs ; ou les traite comme un maître dur traite ses esclaves ; ou qui du moins, exige de ses chefs des satisfactions de toutes les espèces, sans souffrir qu'ils participent aux biens qu'ils lui procurent (*b*). Aristippe ne vouloit être ni roi, ni chef du peuple, ni esclave ; il renonçoit même à tous les droits de citoyen, pour être dispensé d'en remplir les devoirs, souvent désagréables (*c*). De même que les Sophistes, il parcouroit toutes les villes de la Grèce, ne s'arrêtant dans chacune d'elles, qu'autant que ses intérêts ou ses plaisirs l'y retenoient. Etranger par tout, il tâchoit de jouir par tout des agrémens de chaque ville, sans partager avec les citoyens, les charges au prix desquelles ils les achetoient. Il ne cherchoit point son bonheur dans le bonheur de ses semblables ; et ne vou-

(*a*) *Mem. Socr.* II, 1.
(*b*) Xenoph. II, 1, p. 67.
(*c*) *Ibid.*

loit point par des services et des sacrifices en leur faveur, se procurer des plaisirs durables dans cette vie et dans l'autre. Tous ses soins ne tendoient au contraire, qu'à jouir du présent, sans inquiétude sur l'avenir et le passé ; qu'à se procurer tous les plaisirs possibles ; qu'à satisfaire tous ses sens de la manière la plus agréable (81). Il évitoit tous les exercices pénibles, toutes les privations qui augmentent les forces du corps, et le rendent propre à servir la patrie. Il est égal pour ma peau, disoit-il, si elle est déchirée par des coups, de mon consentement ou sans mon consentement ; lorsque j'éprouve la faim ou la soif, les veilles et l'épuisement, le chaud et le froid, d'autres désagrémens ou d'autres dangers, je souffre également, soit que je consente à souffrir, soit que je n'y consente pas (*a*). A la vérité, il ne se livroit point à ses desirs et à ses passions, de manière à en devenir l'esclave, et à être obligé ensuite de leur obéir malgré lui ; et c'est là l'unique principe de la philosophie de Socrate, avec lequel il corrigea la morale des Sophistes. Ainsi il pouvoit jouir de Laïs sans se laisser enivrer par ses charmes,

(*a*) *Ibid.*

et sans risquer d'en devenir la victime (*a*). Il fut insensible aux attraits de trois jeunes courtisannes dont Denys lui avoit fait présent, et qui étoient si belles, qu'elles auroient pu disputer, sur le mont Ida, le prix de la beauté aux trois Déesses : il les renvoya sans effort (*b*). Il jetoit l'or et l'argent, lorsque ces richesses causoient trop d'embarras ou à lui, ou seulement à ses esclaves (*c*) ; et il perdit des biens considérables, sans écouter les consolations d'un de ses amis, qui possédoit moins de fortune qu'il ne lui en restoit (*d*). Il se moquoit de ceux qui, ayant assez pour vivre à leur aise, desiroient toujours davantage ; il les comparoit à des fous, ou à des malades qui mangent et boivent continuellement, sans pouvoir jamais se rassasier (*e*). Cependant il supportoit les plus grandes humiliations, et flattoit les tyrans, soit pour partager leurs plaisirs,

---

(*a*) Diog. II, 75. Ἔχω Λαΐδα, ἀλλ' οὐκ ἔχομαι. *Vide ibi Comment.*

(*b*) Diog. 67.

(*c*) *Ibid.* et Horat. *serm.* II, 3.

(*d*) Plut. *de animi tranq.* tom. VII, p. 836.

(*e*) VIII, p. 79, *de divitiarum cupid.* Mais Plutarque a probablement attribué ici à Aristippe, une pensée d'Antisthène.

soit pour en obtenir de quoi s'en procurer (*a*). Si donc Aristippe évitoit également les excès et les privations pénibles (82) ; il n'avoit en cela d'autre but que de prolonger davantage la jouissance des plaisirs des sens, dans lesquels il faisoit consister son bonheur suprême. Car il préféroit les plaisirs de l'amour et de la table, à la possession des habits et des meubles les plus précieux, à celle des parfums exquis et des autres délices de la vie ; il les préféroit à tous les plaisirs que peuvent procurer la recherche de la vérité et l'exercice de la vertu (83). Cette sagesse intéressée qui le préservoit de l'intempérance, lui enseignoit aussi à supporter avec fermeté les malheurs inévitables ; à ne jamais regretter le passé, et à ne point porter dans l'avenir des regards inquiets, propres à causer des peines anticipées (84). Cette même sagesse lui inspiroit sans cesse de se soustraire le plutôt possible aux injures et aux calomnies (85) ; et de mettre bientôt fin à toutes les inimitiés, parce qu'elles ne peuvent être entretenues sans dangers ou sans désagrémens (86). Autant il méprisoit l'art que Socrate appeloit royal, l'art de gou-

(*a*) Diog. 67, 78, et *ib.* Menag.

verner les hommes et de les rendre heureux; autant il estimoit et il entendoit l'art de mener une vie agréable (*a*); de se conformer aux personnes et aux circonstances : art important et nécessaire pour ceux qui veulent tirer des hommes, le parti qu'Aristippe vouloit en tirer (*b*). Avec ces qualités, aucun philosophe de la Grèce ne plut tant à Denys qu'Aristippe; et les ennemis même de ce philosophe étoient obligés de convenir qu'il savoit aussi bien porter la robe de pourpre que la besace (87). Il possédoit une source inépuisable de bons mots, ou de tournures propres à justifier ou excuser les fautes qu'il se permettoit contre la bienséance, ou les bassesses qu'il supportoit. Quand on lui reprochoit qu'il souffroit patiemment que Denys lui crachât au visage, il répondoit : les pêcheurs ne craignent pas de se salir pour prendre quelques poissons; pourquoi ne me laisserois-je pas salir pour faire une bonne pêche (*c*)? Si on lui reprochoit de vivre en homme voluptueux et dis-

---

(*a*) Lucian. l. c.

(*b*) Diog. II, 62. Horat. *lib. I*, *Epist.* 17.

Omnis Aristippum decuit color, et status et res.

(*c*) Diod. p. 67.

sipateur ; dans les grandes fêtes, disoit-il, n'honore-t-on pas les Dieux par la magnificence et les profusions ? On a tort, disoit-il encore, de me traiter de dissipateur lorsque je paye cher des poissons ou des oiseaux ; ce sont ceux qui ne les achètent point qui méritent le reproche d'avarice et d'épargne sordide (*a*). Un de ses disciples rougissoit un jour pour lui, en le voyant entrer dans une maison de débauche ; ce n'est pas d'y entrer qu'il faut rougir, lui dit-il, mais de ne pas pouvoir en sortir (*b*). Enfin, quand on lui reprochoit de faire payer ses instructions, comme les Sophistes ; ou d'avoir dansé devant Denys comme les autres flatteurs de ce tyran ; il répondoit au premier reproche, qu'il n'en agissoit point ainsi pour ses propres intérêts seulement, mais pour montrer aux hommes l'usage qu'ils pouvoient faire de leur argent ; et au second, qu'il ne rougissoit point de cette action, parce qu'Eurypide avoit dit : qu'un homme sage ne cesse point d'être sage, même lorsqu'il porte le thyrse (88). Ainsi l'on peut, à la vérité, regarder Aristippe comme un

---

(*a*) Diog. p. 68, 75.

(*b*) L. c.

homme du monde qui avoit de l'esprit, ou comme un philosophe voluptueux, autant que la volupté peut s'allier avec la philosophie; mais dire que sa volupté pouvoit s'accorder avec la vertu et l'amour de la patrie; c'est ne connoître ni l'histoire de ce philosophe, ni les hommes (89).

Il n'est pas étonnant qu'un homme dont la vie et la doctrine étoient si conformes aux mœurs corrompues du siècle où il vivoit, ait eu des disciples; mais ce qui doit le paroître, c'est qu'il n'ait pas eu un plus grand nombre de disciples célèbres, que ceux dont les noms nous ont été conservés par les anciens. A peine trouve-t-on dans les auteurs les noms de douze sectateurs d'Aristippe, ou philosophes du plaisir, comme on appeloit ses successeurs (*a*). On ne sait pas exactement le tems où chacun d'eux a vécu; et l'on ignore de même, dans quel ordre ils se sont succédés (90). Un seul de ses disciples modéra les principes de son maître; les autres les poussèrent toujours plus loin, à proportion que la corruption des mœurs augmentoit chez les Grecs. Mais cette guerre qu'ils firent aux mœurs et à la religion, accéléra

(*a*) Diog. l. c. Cicer. III, 33, *de offi.*

leur perte. Car les peuples mêmes, et les siècles les plus corrompus de l'antiquité ne toléroient point des leçons publiques d'immoralité et d'irreligion. De même que les Stoïciens avoient fait disparoître les disputes des philosophes de Mégare, de même Epicure fit oublier la philosophie d'Aristippe, qu'il pilla, ainsi que celle de Démocrite; ou du moins qu'il rendit moins repoussante, en la couvrant d'un voile.

Aristippe rendit aux Grecs l'art d'être heureux, qu'il se flattoit d'enseigner, ainsi que les Sophistes, beaucoup plus facile que ne l'avoit fait aucun des premiers. Il rejeta avec Socrate, non-seulement toutes les subtilités de la dialectique, et toutes les rêveries des physiciens (*a*); mais il se moquoit aussi de ceux qui prétendoient embrasser toutes les connoissances (*b*), il méprisoit les arts des Grecs (*c*), et rejetoit les mathématiques et toutes les autres sciences par l'invention et la propagation desquelles les Sophistes avoient acquis tant de considération et de gloire (*d*).

(*a*) Euseb. XV, 12. Mellag. et Clit. ap. Diog. p. 92.

(*a*) Diog. p. 71.

(*c*) *Ibid.* p. 79.

(*d*) Arist. *Met.* lib. II, c. 2. Il donne lui-même à Aristippe le nom de Sophiste.

Sa philosophie toute entière consistoit en cinq articles ; savoir, du bien et du mal ; des sensations et des passions ; des actions ; des causes ; et enfin de la louange (*a*). Dans l'article des causes, il se trouvoit vraisemblablement quelques considérations sur la religion et la mort ; car aucun auteur n'a attribué aux philosophes Cyrénaïques, des assertions physiques proprement dites. Le cinquième article contenoit quelques pensées sur la nature de nos sensations : et ces pensées sont incontestablement les plus justes qu'il ait énoncées, et celles qui distinguent le plus particulièrement ce philosophe et ses successeurs.

Nos sensations, disoient ces philosophes, (91)
sont les *critères*, ou *règles de la vérité et de l'erreur ;* il n'y a qu'elles qui ne puissent pas nous tromper. Parmi les objets, au contraire, qui produisent en nous ces sensations, il n'en est aucun dont nous puissions bien connoître la nature ou les qualités (*b*). Nous pouvons, sans craindre de nous tromper, dire que nous éprouvons les sensations de la douceur, ou de la blancheur ; mais nous ne

(*a*) Sext. VII, II, 15.
(*b*) *Ibid.* VII, 191.

pouvons pas décider, si l'objet qui nous procure ces sensations est doux ou blanc, ou s'il a quelque qualité contraire aux sensations qu'il nous fait éprouver. Ces mêmes sensations peuvent également être excitées en nous par des objets qui ne sont ni doux ni blancs; de même que les personnes qui ont quelqu'incommodité dans la vûe, ou quelque trouble dans l'esprit, voient tous les objets obscurs, ou rouges ou doubles. Ces personnes ont assurément les sensations de quelque chose de pâle, ou de rouge, ou de double; mais elles se trompent, si elles croient que l'objet qui les affecte est en effet ou pâle, ou rouge, ou double. Si donc on appelle nos sensations, des apparences sensibles; elles sont toutes vraies. Mais si l'on entend par sensations, les causes qui les produisent, elles sont toutes fausses; ou du moins elles sont telles que nous ne pouvons ni reconnoître ni prouver leur vérité. Nos sensations ne prouvent autre chose qu'elles-mêmes et leur existence; et ce qui est hors de nous, et qui occasionne nos sensations, est peut-être quelque chose de réel; mais il est tel que nous ne pouvons l'apercevoir. Ainsi nous ne pouvons point nous tromper à l'égard de nos propres sensations; mais à l'égard de leurs causes et de leur nature, nous nous trompons tous, puisqu'il puisqu'il nous est impossible de décider lesquelles des diverses sensations que nous font éprouver ces objets, selon les différences de leur éloignement, de leur position, etc.; sont conformes ou non conformes à leur nature. Les hommes n'ont point de règle commune, (*criterium*) quoiqu'ils se servent des mêmes mots pour exprimer leurs sensations. Tous appellent une chose douce et blanche, mais cette douceur et cette blancheur ne sont pas les mêmes pour tous; chacun les éprouve d'une manière qui lui est propre, ou a un sentiment qui n'est qu'à lui. Nul ne peut juger si la sensation de blancheur qu'il éprouve, est la même que celle qui est éprouvée par un autre; parce que personne ne peut se procurer la sensation d'un autre, ni lui communiquer la sienne. Comme donc il n'y a point de sensations communes; c'est-à-dire, comme il n'y a point de sensations auxquelles plusieurs hommes participent; il y a de la témérité à vouloir décider, si ce que nous voyons d'une certaine manière, est vu par les autres de la même manière. Car peut-être suis-je conformé de manière à recevoir, à la vue d'un objet, la sensation de la couleur blanche; et qu'un autre ayant une conformation différente, éprouve une sensation différente à l'occasion du même objet. De l'exemple des malades qui, selon les diverses dispositions de leur sens, éprouvent des sensations différentes, à la vue des mêmes objets, on peut conclure ; qu'une diversité semblable dans les sens de plusieurs personnes qui se portent bien, produira de même une diversité de sensations à l'occasion du même objet. On peut donc dire, avec raison, que nous donnons aux choses les mêmes noms ; mais que chacun reçoit de ces choses des impressions différentes (*a*).

Aristippe et ses disciples regardoient les sensations, non-seulement comme les règles de la vérité ; et comme les fondemens de nos connoissances véritables ; mais aussi comme les règles ou les juges qui nous font distinguer le bien et le mal, le bonheur et le malheur (*b*). Toutes nos sensations sont ou agréables ou désagréables, ou indifférentes, c'est-à-dire ni l'un ni l'autre. Aristippe, fils d'Areté, comparoît les dernières à une eau paisible ; les agréables à une eau mollement agitée, les désagréables à une mer soulevée par les tem-

(*a*) Outre Sextus, voyez aussi Cicéron aux endroits cités.

(*b*) Cicer. l. c. Sext. VII, 190. Diod. II, p. 86.

pêtes (*a*). L'état des sensations indifférentes, continuoient ces philosophes, état dans lequel on n'éprouve ni plaisir ni douleur, ressemble à celui d'un homme endormi ; et il n'est point desirable en lui-même. L'absence de la douleur ne produit pas plus le plaisir, que l'absence du plaisir ne produit la douleur. Le plaisir présent, au contraire, est l'unique et le souverain bien ; de même que la douleur présente est l'unique et le souverain mal (*b*). C'est ce que la nature elle-même nous dit à haute voix. Car, depuis notre enfance, nous fuyons la douleur plus que toute autre chose, nous recherchons le plaisir par un penchant invincible ; et nous sommes satisfaits dès que nous l'avons trouvé et que nous en avons joui. Le plaisir est toujours un bien ; quelqu'honteux que puissent être les objets ou les actions qui le procurent (*c*). Des plaisirs passés sont trop obscurcis, et des plaisirs à venir, trop incertains, pour que l'on puisse regarder comme de vrais plaisirs, le souvenir des uns, ou l'espoir des autres (*d*). Il n'y a que les

---

(*a*) Euseb. *praep. evang.* XIV, 18.

(*b*) Diog. II, 88, 89.

(*c*) *Ibid.*

(*d*) Diog. l. c. et Athen. XII, 11.

émotions douces et présentes de notre nature, qui méritent le nom de plaisirs, et qui soient desirables pour elles-mêmes. Toutes les autres choses que l'on nomme des biens, ne peuvent passer pour tels, que parce qu'elles nous procurent des plaisirs présens, ou qu'elles éloignent de nous la douleur. Le bonheur lui-même, n'est l'objet des vœux et des recherches des hommes, qu'à cause des plaisirs particuliers dont il est composé. Tous les plaisirs sont de trois espèces. Les plaisirs du corps; les plaisirs de l'ame, tels que ceux que nous éprouvons à l'occasion de notre prospérité ou de celle de notre patrie; et enfin les plaisirs mêlés, comme ceux que nous ressentons à la représentation des tragédies, ou des imitations heureuses des plaintes de ceux qui souffrent (*a*). A ces trois sortes de plaisirs sont opposés trois sortes de douleurs; et entre ces plaisirs et ces douleurs, ceux du corps surpassent infiniment ceux de l'ame. C'est ce qu'on a senti, lorsqu'on a puni les malfaiteurs par les douleurs du corps, et non par celles de l'ame (*b*). Les amis, les richesses et même les vertus, n'ont de prix et

(*a*) Diog. 90.

(*b*) *Ibid.*

ne méritent d'être recherchés, qu'à cause de leur utilité (*a*). S'ils ne nous procuroient aucun plaisir, s'ils n'éloignoient pas de nous la douleur ; ils ne mériteroient pas plus nos recherches que leurs contraires. Il est extrêmement difficile de lier tellement les plaisirs les uns aux autres, qu'il en résulte un bonheur non interrompu. Les sages eux-mêmes ne sont donc ni également parfaits, ni toujours heureux ; de même que les fous ne sont ni toujours sans vertus, ni toujours malheureux. Le sage, aussi bien que le fou, est exposé à la tristesse causée par les maux présens, et à la crainte des maux à venir ; car ces sentimens sont inséparables de la nature animale. Mais le premier diffère du second, en ce qu'il n'est ni tourmenté par les vaines terreurs de la mort et de la superstition ; ni maîtrisé par les passions déraisonnables que produisent des idées et des jugemens faux. Quoique le sage soit convaincu qu'il n'y a dans la nature ni juste ni injuste ; que le mérite ou le démérite des actions humaines est uniquement déterminé par la diversité des usages et des lois des nations diverses ; il ne s'abstient pas

---

(*a*) *Ibid.*

moins de transgresser les lois, afin de ne pas s'exposer à la honte et à la punition, auxquelles n'échappent point ceux qui les violent (92).

Ces principes, parfaitement dignes d'un précepteur de volupté, et qui n'étoient autre chose qu'une répétition de la morale des Sophistes, furent restreints, à divers égards, par Annicéris (*a*) et ses disciples; de manière cependant qu'ils se contredisoient comme Epicure, lorsqu'il vouloit concilier sa volupté avec la vertu. Le plaisir, disoient-ils, est assurément le plus grand de tous les biens, il est le ressort et le but de toutes nos actions; cependant le sage sacrifiera volontairement ses plaisirs et ses avantages, pour ses amis, pour ses parens, pour sa patrie; il souffrira pour eux des peines, et il n'en sera pas moins heureux, malgré la privation de ces plaisirs. A la vérité, l'amitié n'est pas desirable pour elle-même; cependant il ne faut pas la rompre aussitôt qu'elle cesse d'être utile; il faut au contraire la continuer à cause de l'ancien attachement; quand même elle exigeroit de nous des sacrifices et des peines. Du reste, ces philosophes étoient

(*a*) Diog. II, 96, 97, et Men. p. 99.

d'accord avec Socrate et avec les Cyniques ses adversaires, lorsqu'ils enseignoient que la raison et la réflexion ne suffisoient pas pour nous garantir des craintes de la mort et de la superstition; mais qu'il falloit encore à l'ame un exercice continuel, propre à lui donner de la force et de la fermeté.

Les principes qu'Aristippe n'avoit osé présenter sous leur véritable forme, et qu'Annicéris avoit tâché d'adoucir, furent avancés par Hégésias et Théodore, avec une nudité si révoltante, qu'ils sembloient devoir exciter une horreur générale. Le plaisir, disoit Hégésias (*a*), est le souverain bien de l'homme, et l'intérêt personnel le ressort de toutes ses actions. Le sage ne fait jamais rien que pour lui-même, parce que les services qu'il rendroit aux autres ne pourroient être récompensés. La reconnoissance, l'amitié et la bienveillance ne sont que des mots vides de sens, lorsque ces choses ne produisent aucune utilité. Rien de sa nature, n'est agréable ou désagréable; c'est la rareté ou la nouveauté qui fait que les mêmes objets plaisent à quelques-uns, et la satiété qui les rend dégoûtans

(*a*) Diog. II, 94—96.

pour d'autres. Les richesses et la naissance, la liberté et la réputation, n'augmentent pas plus le bonheur, que leurs contraires ne le diminuent. Le bonheur lui-même est une chose absolument impossible ; parce que le corps est sujet à une multitude de maux, auxquels l'ame prend part. L'espoir même d'un meilleur avenir ne sauroit consoler les malheureux ; car l'avenir est si incertain, qu'il peut aussi bien augmenter que diminuer les peines. En conséquence, le sage s'occupe plus à se garantir de la douleur, qu'à se procurer des plaisirs ; et il y parvient sur tout, en tâchant de conserver de l'indifférence pour les objets qui procurent des plaisirs. Hégésias rassembla dans un ouvrage toutes les adversités de la vie humaine, et il les exposa à ses auditeurs avec tant d'éloquence, que plusieurs, désespérant de pouvoir jamais jouir du bonheur et de la vertu, s'ôtèrent la vie. D'après cela, il reçut ordre d'un des Ptolémées de cesser ses plaintes sur la vie humaine ; et il fut nommé par ses contemporains l'orateur ou le panégyriste de la mort (93). Il adopta aussi un des principes de Socrate, savoir, que personne ne faisoit le mal volontairement ; qu'ainsi il ne falloit haïr personne à cause de ses fautes, mais pardonner aux méchans, et tâcher de les corriger.

Théodore porta encore plus loin que les précédens la licence des principes et des mœurs (*a*). Il réunit ce qu'Euclide et Aristippe avoient séparé ; la morale des Sophistes avec leur dialectique ; et défendit les plus grands crimes et les actions les plus honteuses, avec des sophismes semblables à ceux que les philosophes de Mégare avoient employés, pour détruire l'art du raisonnement. Il tiroit vanité de ne pas plus craindre les Dieux de la terre que ceux du ciel ; de fouler aux pieds la religion, la vertu et la fortune ; de mépriser tout ce qui faisoit l'objet du respect et de l'admiration des autres hommes ; et de ne rien redouter de ce qui fait ordinairement frémir la nature humaine. Il railloit les rois qui menaçoient de le faire mourir (*b*) ; et se moquoit de ses concitoyens et des Athéniens qui l'avoient chassé de leurs villes, parce que, selon lui, il étoit trop grand pour qu'ils pussent le porter plus long-tems ; de même que Jupiter, lorsqu'il

---

(*a*) Diog. II, 97, 104.

(*b*) Cicer. *Tuscul. quaest.* I, 43, V, 40. *Vide Stobaeum ex Phavor. serm.* p. 600.

se débarrasa de Sémelé (*a*). Il regardoit comme une chose ridicule ou déraisonnable, de mourir pour sa patrie. Ce n'est pas une ville seule, disoit-il, c'est le monde entier qui est la patrie du sage ; et un sage ne doit pas donner sa vie pour une troupe de fous, qui ne valent pas ce sacrifice. L'adultère, le vol, le sacrilège ne sont point des actions honteuses en elles-mêmes. Ce n'est que le jugement des fous qui les a déclarées telles ; et le sage ne fera aucune difficulté de se permettre toutes ces actions, dès qu'il pourra en tirer quelqu'utilité, et éviter le châtiment. L'amitié n'est qu'un mot ; car les fous n'en sont pas susceptibles, et les sages n'en ont pas besoin, parce qu'ils se suffisent à eux-mêmes. Si nous usons de toutes les choses, selon leur utilité, pourquoi n'emploierions-nous pas aussi bien pour nos plaisirs, un beau garçon qu'une belle fille (*b*) ? Et s'il est permis de racheter un ami de l'esclavage, pourquoi ne le seroit-il pas de racheter aussi une amante ? Le fils de Phocion ayant entendu ce sophisme, procura aussitôt la liberté à une belle courtisanne, qui avoit

---

(*a*) Diog. l. c.

(*b*) *Ibid.*

servi jusqu'alors dans une maison de débauche (94).

Théodore, non content de corrompre les mœurs de ses concitoyens, voulut aussi renverser la religion du peuple. Il fut obligé de quitter Athènes, parce qu'il s'étoit moqué des mystères, ou du moins des prêtres qui en étoient les gardiens (*a*); et on l'appela athée, parce que, dans un ouvrage particulier, il avoit attaqué les Dieux des Grecs et leur culte. Cet ouvrage est peu cité par les auteurs anciens (*b*). Théodore fut assurément le premier qui déclara une guerre ouverte aux Dieux de ses pères. Car, avant lui, les auteurs avoient seulement manifesté des doutes sur la nature des Dieux; et les Sophistes n'avoient communiqué leur incrédulite que dans des entretiens secrets. Probablement Théodore n'auroit pas eu non plus la hardiesse d'attaquer publiquement les Dieux de son pays; s'il n'eût pas trouvé, dans les cours corrompues des rois, une protection puissante contre la rage impuissante du peuple, humilié par tout, et contre celle de ses prêtres.

(*a*) Diog. p. 100.

(*b*) Cicer. *de nat. Deor.* I, 23. Sext. IX, 51, 55, et *ib*. Fabr. Diog. II, 97.

Bion le Borysthéniste, son disciple, le surpassa encore par ses railleries sur la religion. Mais il eut le sort de bien des esprits forts; lorsqu'il vit approcher la mort, il se repentit de sa hardiesse, et eut recours à tous les moyens que la superstition des Grecs avoit inventés pour chasser les maladies (95). Evemère, son second disciple, continua la guerre que Théodore avoit faite aux Dieux, par son fameux ouvrage, intitulé : *Histoire sacrée*; qui lui valut aussi le titre d'athée (*a*). Evemère s'efforça de prouver que les divinités de tous les peuples, et sur tout celles des Grecs, avoient été des rois puissans ou distingués, des héros ou des législateurs, qui, pour augmenter et affermir leur autorité, s'étoient attribués eux-mêmes des qualités divines, ou auxquels, après leur mort, la reconnoissance de ceux qu'ils avoient rendus heureux, avoit élevé des autels. Quoiqu'Evemère eût décrit la naissance, la mort et les funérailles des Dieux des Grecs, à peu près de la même ma-

---

(*a*) Cicer. *de Nat. Deor.* I, 42. Sext. IX, VI, 34, 51. Plut. *de Iside*, VII, 420 et suiv. et *ips. Evemeri fragment. ap.* Diog. II, vol. *excerpt.* p. 633, ed. Wessel, et *ap. Colonnam in frag. Ennii.*

nière qu'ils étoient figurés dans les mystères des divinités, auxquelles on avoit consacré des fêtes relatives à ces événemens (*a*) ; son opinion étoit cependant contraire et aux anciennes relations de sa nation, et à l'histoire et aux religions d'une multitude d'autres peuples, et même à toute vraisemblance (*b*). Il eut recours aux fictions, comme on n'en peut douter, lorsqu'on a seulement lu les actions d'Uranos, de Chronos et de Zeus, dont il prétendoit avoir trouvé les tombeaux dans une colonne d'or du temple de Jupiter de l'île Panchée (*c*). C'est une chose remarquable que la plupart des Pères de l'église aient pris sous leur protection un Théodore et un Evemère, comme des ennemis courageux de la superstition ; et qu'ils aient même donné des louanges à ces hommes abominables, comme s'ils eussent eu les mêmes desseins qu'eux. L'un et l'autre nioient non-seulement l'existence des Dieux des Grecs, mais aussi celle de la divinité ou des natures divines (*d*). Mais quand même ils n'eussent

(*a*) Cicer. l. c.

(*b*) Sext. IX, p. 34.

(*c*) Diod. l. c.

(*d*) Fabr. ad Sext. l. c.

fait que renverser la religion de leurs pères, sans en subtituer une meilleure, on auroit toujours eu raison de les accuser d'impiété.

IV.

ANTISTHÈNE ET LES AUTRES CYNIQUES.

Lorsqu'on passe de l'histoire des philosophes de Mégare et Cyrénéens, à celle d'Antisthène et de ses successeurs, on se trouve soulagé d'un sentiment pénible et décourageant; parce qu'on retrouve dans la philosophie de ces derniers des traces de celle de Socrate.

Antisthène fut un des plus chauds admirateurs de Socrate; son ame avoit toute la force nécessaire pour supporter tout le poids de la doctrine de son maître (*a*). Plus austère que Socrate, plus sévère que lui envers les folies et les vices de ses contemporains; il possédoit autant l'art de gagner les hommes et de s'insinuer dans leur ame (*b*); et s'il n'eut pas un aussi

(*a*) Diog. VI, 1 et suiv.

(*b*) Théopompe même lui rend ce témoignage. ap. Diog. VI, 14, et Socrate, *Sympos.* Xenoph. c. 4, p. 61, 62.

grand nombre de disciples que les autres amis de ce philosophe (a); il ne faut pas en chercher la cause dans des défauts de caractère, mais dans les grandes dispositions qu'il exigeoit de ceux qui se présentoient à lui. Antisthène enseignoit déjà du vivant de Socrate (b), et on l'appela le philosophe Cynique, parce qu'il se tenoit ordinairement dans le gymnase, qui portoit le nom de Cynosarge (96). Il avoit les mêmes intentions et les mêmes principes que Socrate, quoiqu'il outrât quelquefois les derniers, et qu'il prît d'autres moyens pour parvenir à l'exécution des premières. Il rejetoit tous les arts et toutes les sciences, à l'exception de cette partie de la philosophie qui enseigne à l'homme à être heureux; il s'éloigna des affaires publiques (c), et vécut dans le célibat; probablement afin d'être plus indépendant, et parce qu'il pensoit qu'il étoit plus important de travailler à corriger tous les hommes, que de mettre au monde quelques enfans, d'un caractère douteux, ou de lutter sans cesse contre une populace déraisonnable (97). Du reste il étoit d'accord avec Socrate,

---

(a) Diog. p. 4.
(b) Xenoph. l. c.
(c) VI, 103, 104.

en ce qu'il reconnoissoit l'existence d'un créateur unique du ciel et de la terre; mais aussi plusieurs divinités du peuple (*a*) ; en ce qu'il disoit que la vertu seule pouvoit rendre l'homme heureux ; qu'il n'avoit pas besoin d'avoir beaucoup de science , mais beaucoup d'exercice dans la vertu , et de force dans l'ame (*b*) ; et que la richesse et la pauvreté ne consistoient pas dans une quantité plus ou moins considérable des biens de la fortune ; mais dans les vertus de l'ame (*c*).

Je vois plusieurs hommes , dit Antisthène dans Xénophon , qui possèdent des trésors superflus , et qui cependant sont si pauvres , qu'ils s'exposent à toutes sortes de peines et de dangers pour en acquérir de plus considérables encore. J'ai remarqué non moins fréquemment qu'entre plusieurs frères , qui ont reçu des portions égales de l'héritage de leurs pères , l'un a autant et plus qu'il n'a besoin , tandis que l'autre est toujours dans le besoin. Les tyrans eux-mêmes pillent et renversent des édifices et des villes, pour remédier à leur pauvreté. Je plains tous ces hommes,

(*a*) Vell. ap. Cicer. *de Nat. Deor.* I, 13.

(*b*) Diog. VI, p. 11, 105.

(*c*) Xenoph. l. c. §. 34 et suiv.

comme

comme atteints d'une maladie dangereuse. Ils ressemblent, selon moi, à ces gens qui mangent ou boivent continuellement, sans pouvoir jamais se rassasier. Quant à moi, je possède tout ce dont j'ai besoin ; je ne suis donc point pauvre, si ce nom ne convient qu'à ceux dont les besoins surpassent les moyens (98). J'ai toujours assez à manger et à boire pour apaiser ma faim et ma soif ; assez pour me vêtir, de manière à me garantir aussi bien du froid que le riche Callias. Lorsque je suis dans ma petite maison, il me semble que les murs sont des surtouts chauds, et le toit une couverture épaisse. Mon lit est si doux, que j'ai autant de peine à le quitter que s'il étoit garni de coussins et d'excellens matelas. Enfin, si je trouve mon corps disposé à vaquer aux besoins de l'amour, je me contente du premier objet qui se présente à moi ; de sorte que les personnes dont je demande les faveurs, m'en savent gré, et me comblent de caresses, parce que personne ne se présente plus pour en être aimé : tout cela me paroît si agréable, que je ne desire point de plaisirs plus grands ; et qu'un seul me cause plus de satisfaction qu'il ne m'en faut (99). Le grand avantage des richesses dont je suis fier, c'est que, quand même on m'ôteroit tout ce que je possède, il n'y a pourtant rien d'assez mauvais, pour qu'il ne pût pas suffire à me faire vivre. Cependant c'est cette frugalité qu'on me reproche, et que l'on regarde comme un mépris des dons de la nature (*a*). La terre, dit-on, produit de son sein fertile, non-seulement tout ce qui est nécessaire à nos besoins, mais encore tout ce qui sert à nos plaisirs; et tu ne prends pas plus de part à tous ces présens, que la brute la plus insensible. Tu bois de l'eau comme les animaux; de même que les chiens, tu manges ce que tu trouves, et tu dors dans le premier endroit qui s'offre à toi. Enfin, tu portes des vêtemens comme ceux des derniers mendians. Si ta tempérance étoit une vertu, la divinité auroit tort de nous avoir donné des moutons couverts de laine, des vignes fertiles, de l'huile, du miel, et une quantité innombrable d'autres choses agréables et propres à nous fournir des mets de plusieurs espèces, des boissons agréables, des lits délicats, de belles habitations. Les ouvrages même de la nature sont des présens des Dieux. Il seroit désagréable d'être privé de tous ces biens par les autres; mais il est bien plus triste encore d'en être privé par

(*a*) Lucian. l. c. p. 542.

soi-même. Toute cette conduite peut passer pour une véritable extravagance.

A tout cela, je réponds par une comparaison (*a*). Si un riche donnoit gracieusement à manger à une grande quantité d'hommes de tout pays et de tout âge; et qu'un seul de ces convives, plein de force et de santé, dévorât tout ce qui seroit servi, non-seulement pour lui, mais aussi pour tous les autres, et même pour des gens foibles et malades; regarderois-tu ce glouton comme un homme sage et tempérant? Et si, à cette même table, il se trouvoit un autre homme, qui, sans faire attention à la grande diversité de mets qui s'y trouvent, ne prendroit que ce dont il auroit besoin pour apaiser sa faim, ne le regarderois-tu pas comme un homme meilleur et plus tempérant que le premier? — La divinité ressemble à ce riche, qui offre abondamment de quoi vivre aux malades et aux pauvres; non pour que nous dévorions tout; mais afin que chacun en use selon ses besoins. Les riches ressemblent à cet homme gourmand et insatiable. Ils attirent tout à eux; ils ne se contentent pas de ce que produisent dans leur voisinage, la

(*a*) Lucian l. c.

terre et l'air, les fleuves et les mers, ils font venir tous les objets de leurs plaisirs des bouts de la terre, et préfèrent les productions étrangères à celles du pays; les choses chères à celles qui coûtent peu; les choses rares à celles que l'on trouve aisément. Quand je veux me réjouir, je ne vais point au marché pour acheter des choses précieuses; je puise, sans rien débourser, mes plaisirs en moi-même. Je sais, qu'attendre le tems de la jouissance, contribue beaucoup plus à donner des plaisirs, que d'acheter des choses précieuses; comme, par exemple, de boire des vins exquis, sans avoir soif. Cette tempérance me préserve aussi de tout mauvais desir et de toute action injuste. Car moins on a de besoins, moins on desire le bien des autres. Mais plus on veut porter de préjudice aux autres, plus il faut se donner de peine et en causer à ses semblables. Les gourmands et les voluptueux sont obligés d'acheter par une multitude d'incommodités, de travaux et de dangers, les instrumens et les objets de leurs passions; c'est au prix du sang et de la vie d'un grand nombre d'hommes qu'ils peuvent se procurer leurs trésors si desirés, leurs vêtemens précieux, leurs maisons et leurs meubles somptueux. Les seuls travaux nécessaires pour rechercher, pour transporter, pour travailler les choses qu'ils desirent, plongent plusieurs hommes dans le malheur. L'ardeur avec laquelle on recherche à l'envi toutes ces choses, aigrit les amis contre les amis, les enfans contre leur père et mère, les femmes contre leurs maris. Et tout cela a lieu, quoique les habits précieux ne tiennent pas plus chaud, que les maisons dorées ne garantissent pas mieux du froid, que les lits d'ivoire n'invitent pas plus au sommeil, que les vases d'or et d'argent n'apaisent pas mieux la soif, ni les mets les plus recherchés la faim, que les habits, les maisons, les meubles et les mets les plus ordinaires; quoiqu'ils contribuent au contraire à corrompre et ruiner le corps.

Enfin un autre avantage de la tempérance et de la sobriété, qu'il ne faut pas oublier, c'est que les vertus me rendent plus libre et plus indépendant que les hommes voluptueux et intempérans. Je ne suis gêné ni par mes passions, ni par mes besoins, ni par des affaires, ni par d'autres hommes. Jamais je ne suis contraint de faire ce que je ne voudrois pas faire, ou de m'abstenir de ce que je voudrois faire. Je jouis d'un doux loisir, je puis voir tout ce qui est curieux, entendre tout ce qui est digne d'être entendu; et ce que je prise plus que tout cela ; je puis m'entretenir tous les jours avec Socrate, qui estime les hommes par ce qu'ils valent, et non par leurs richesses. C'est cette vie libre et dégagée de besoins que plusieurs croient n'être pas la vie d'un homme, mais d'une brute. D'après de tels raisonnemens, les Dieux seroient bien plus malheureux que les brutes, car ils n'ont absolument besoin de rien. Mais si l'on examine bien ce que signifie avoir besoin de beaucoup, ou de peu de chose, et qu'on parvienne à le connoître ; on trouvera que les enfans ont plus de besoins que les hommes faits, les femmes que les hommes, les malades que ceux qui se portent bien, et en général toutes les créatures plus imparfaites, plus que celles qui le sont moins. Voilà pourquoi les Dieux, qui sont les plus parfaits de tous les êtres, n'ont absolument besoin de rien ; et ceux-là ressemblent par conséquent le plus aux Dieux, qui ont le moins de besoins.

Les changemens mêmes des saisons, et les intempéries de l'air ne troublent point la tranquilité de mon âme, et ne gênent point ma liberté. Je supporte le froid et le chaud, et je me contente des choses même les plus dures que le ciel m'envoie, parce que j'y suis accoutumé, ou que j'y suis préparé. Les hommes riches et fortunés murmurent de tout ce qui leur arrive, ils ne peuvent supporter le présent, et desirent sans cesse l'avenir. En hiver, ils desirent l'été, et en été l'hiver. Quand ils ont froid, ils desirent la chaleur, quand ils ont chaud, ils desirent le froid. Ils sont comme les malades, toujours de mauvaise humeur, et sensibles à tout. Toute la différence qu'il y a, c'est que chez ceux-ci, la cause de la mauvaise humeur vient de la maladie de leur corps; au lieu que chez les premiers, elle vient de leur ame et de la corruption de leurs mœurs. Presque jamais ils n'agissent d'après des principes, mais d'après la coutume et les desirs présens; assez semblables à ceux qui se laissent entraîner par un torrent. De même que ceux-ci sont forcés de suivre la violence des eaux; de même ceux-là sont forcés d'obéir à la violence de leurs passions. Il leur arrive la même chose qu'à un homme qui, étant monté sur un cheval fougueux qui l'emporta dans sa course, répondit à quelqu'un qui lui demandoit où il alloit? — Où il plaira à ce cheval de me porter. Qu'on demande à des hommes riches et intempérans, où ils veulent aller actuellement; s'ils sont de bonne foi, ils répondront, où il plaira à nos desirs de nous mener : tantôt où nous conduira la soif du plaisir; tantôt où l'ambition, tantôt où l'avarice, où la crainte, où la colère; où toute autre passion. Ils ne montent pas un seul cheval indompté, mais plusieurs; et ils seront jetés par ces chevaux dans des précipices, qu'ils ne verront que lorsqu'ils seront dans le fonds.

Antisthène ne se contentoit pas d'enseigner cette doctrine, il l'exerçoit lui-même, et tâchoit de la montrer dans son extérieur. A ce dernier égard, il se distinguoit autant des autres hommes que des autres philosophes; et l'on pourroit dire en plaisantant, pour donner une idée de la mise d'Antisthène et de ses successeurs, que les Cyniques étoient un *ordre mendiant* de philosophes. Dans leur manière de se vêtir, ils avoient pour but de reprocher aux Grecs dégénérés, leur mollesse, leur luxe et leurs débauches; de leur montrer avec combien peu de chose la nature humaine peut être satisfaite; de leur rappeler les vertus mâles de leurs ancêtres, et de s'annoncer eux-mêmes comme des hommes envoyés par les Dieux sur la terre pour annoncer la vérité et la vertu, et leur rendre témoignage; pour surveiller leurs semblables; pour venger les vices et les extravagances; pour délivrer les hommes de l'esclavage des passions (100). Antisthène, de même que Socrate et que les héros de l'antiquité, parmi lesquels il avoit sur tout pris Hercule pour modèle, avoit toujours les pieds nuds. Il desiroit que ses pieds devinssent aussi durs que la corne des chevaux; de même qu'il n'avoit pas plus besoin de coussins que les lions, et de mets délicats que les chiens (*a*). Il rejeta la robe de dessus (ριτων) que portoient les autres Grecs, s'enveloppoit dans un morceau d'étoffe (τριβων), qu'il retroussoit souvent sous son bras droit, et qu'il comparoit à la peau de lion que portoit Hercule; et ce vêtement lui servoit aussi de couverture pendant la nuit (*b*). Il laissoit croître ses cheveux et sa barbe, parce qu'il croyoit que la divinité avoit donné ces deux choses à l'homme comme un ornement, de même que la crinière aux lions et aux chevaux; et que l'usage de les couper, qui commençoit à devenir général dans la Grèce, étoit un outrage fait à la nature de l'homme (*c*). Afin de rappeler toujours aux Athéniens qu'il faisoit aux monstres du monde moral, une guerre aussi terrible, qu'Hercule

(*a*) Luci. Cyn. l. c. p. 540—547.
(*b*) *Ibid.*
(*c*) *Ibid.*

aux monstres du monde physique (*a*), il portoit à la main un bâton, ou plutôt une massue, instrument dont les Grecs ne se servoient point pour s'appuyer en marchant, ou comme d'un ornement; mais qu'ils regardoient comme une arme qui menaçoit la liberté ou la sureté (*b*). Enfin, il attachoit autour de son corps un sac de peau, dans lequel il portoit un livre, une tasse pour puiser de l'eau, et quelques alimens grossiers (*c*). Sa seule nourriture ordinaire étoit du pain et des fruits cruds; rarement des légumes cuits, et très-rarement de la viande (*d*). Puisque les joueurs de flûte et les comédiens, disoit-il, ont des vêtemens particuliers, pourquoi l'honnête homme ne se distingueroit-il pas aussi de la foule des hommes corrompus, par un vêtement que l'homme vicieux abhorre le plus, et qui lui fait en même-tems les plus grands reproches (*e*).

Une chose qui ne distinguoit pas moins Antisthène et les autres Cyniques, que l'habil-

---

(*a*) *Ibid.*

(*b*) Menag. ad p. 13. Diog. VI.

(*c*) *Ibid.*

(*d*) *Ibid.*

(*e*) Lucian. *in Cynico*. I, p. 48.

lement qu'ils portoient, c'étoit une franchise sans bornes, qu'ils regardoient comme le plus beau joyau du sage, et la prérogative essentiellement attachée à leurs fonctions de juges des mœurs. Ils poussoient l'usage de cette prérogative beaucoup plus loin que Socrate, et même que les poètes de l'ancienne comédie. Ils attaquoient en tout tems, dans tous les lieux et sans distinction de personnes, tous les hommes vicieux et déréglés qu'ils rencontroient; de même qu'ils donnoient des conseils à tout le monde, ou s'offroient comme médiateurs dans tous les différens. Il leur falloit pour cela, non-seulement de la pénétration, de l'éloquence et de la probité, mais aussi un esprit vif et prompt; afin de faire rougir les méchans et les vicieux qui les contredisoient, et de les forcer enfin à se taire. Si le sel Attique étoit le plus piquant de toute la Grèce, on peut dire aussi que le sel Cynique étoit le plus mordant de toute l'Attique. Plusieurs blâmoient cette franchise des Cyniques, parce qu'elle s'attaquoit à tout; que, par cette raison, elle manquoit souvent le but, et que leur blâme et leurs railleries perdoient beaucoup de leurs forces. Mais si les philosophes Cyniques ne corrigeoient personne par leurs railleries, ils obligeoient du moins très-souvent les vices et les ridicules à se cacher ; et en comprimant leur triomphe, ils empêchoient qu'ils ne se répandissent aussi généralement et aussi promptement qu'ils auroient pu le faire, avec une tolérance entière. Cependant cette franchise leur attira souvent de mauvais traitemens ; ce qui fit qu'Epictète mit au nombre des vertus Cyniques, l'insensibilité aux outrages, et même aux coups (*a*). Un vrai Cynique, disoit-il, doit paroître au vulgaire aussi insensible qu'une pierre ; il doit pouvoir souffrir qu'on frappe sur lui comme sur un âne ; et comme le père et le frère de tous les hommes, il n'en doit pas moins aimer ceux qui le maltraitent.

Le plus grand et le plus célèbre ami d'Antisthène fut Diogène de Synope ; qu'Epictète et Sénèque représentent comme le modèle le plus parfait de la vertu Cynique (*b*) ; mais dont la tradition et les auteurs que suivit Diogène-Laerce, racontent des choses si contradictoires, que si tout ce qu'on a raconté et

(*a*) III, 22, 457, 71.

(*b*) *In Arrian. Diss.* III, 22 et 24, IV, 8, 11. Senec. *de Tranquill. anim.*

débité de lui étoit vrai ; il auroit été en même-tems le plus sage et le plus honnête homme, le fou le plus méprisable, et le scélérat le plus odieux (*a*). La quantité de bruits et de fables que l'on a répandus et soutenus sur Diogène, plus que sur tout autre philosophe Cynique, prouve qu'il fut celui de tous les philosophes de son école qui excita le plus d'attention ; et tout ce que l'on peut conclure des relations qui ne font honneur ni à son esprit ni à son cœur, ainsi que des lettres (*b*) et des tragédies (*c*) qu'on lui a attribuées, c'est qu'il a eu des admirateurs imbéciles qui lui ont attribué, dans de bonnes intentions, des choses qui doivent le rendre ridicule aux yeux des gens raisonnables ; ou que des plaisans oisifs se sont fait un plaisir d'amuser leurs contemporains aux dépens d'un homme, que la plupart ne regardoient que comme un homme singulier ; ou enfin que des gens vicieux ou ridicules, blessés par ses reproches, ont voulu le décréditer à force de calomnies. Ce n'est donc point partialité, mais c'est suivre les lois de la saine

(*a*) Diog. VI, 20—81.
(*b*) Arrian. VI, 1.
(*c*) Julian. *orat.* VII, p. 210.

critique et de la justice, que de préférer les jugemens et les relations des hommes sages et honnêtes ; à des récits anonymes et contradictoires ; et de rejeter comme des fables qui ne méritent aucune croyance, ses prétendus blasphèmes contre la divinité, son commerce avec Laïs, qui d'ailleurs offre des difficultés chronologiques insurmontables (*a*), ses actions honteuses et contraires à toutes les règles de la bienséance et de la pudeur ; enfin ses principes odieux sur la liberté de commettre les plus grands crimes (*b*). Diogène eut un sort singulier ; mais dans toutes les circonstances, il se conduisit toujours comme un citoyen de l'univers ; qui ne cessa jamais d'être soumis à la divinité ; et de travailler au bonheur des hommes, qu'il regardoit comme ses frères. Il tomba entre les mains d'une bande de pyrates, qui le vendirent comme esclave (*c*) ; et il fut conduit devant Philippe comme un observateur suspect ; tandis que le fils de ce roi alloit lui rendre visite comme à un sage (101).

(*a*) Brucker I, 881.

(*b*) Cicer. *de Nat. Deor.* III, 34. Diog. VI, 29, 46, l. c. 72, 73, et *ib.* Menag.

(*c*) Epict. l. c. p. 501.

Il n'avoit ni patrie ni fortune, ni femme ni enfant, ni maison (102), ni esclave; ce qui lui donnoit occasion de se comparer en plaisantant à un homme pursuivi par les Furies (*a*). Mais en même-tems il se vantoit, comme Socrate, d'être plus heureux que le grand roi de Perse (*b*); et Sénèque croyoit qu'on pouvoit aussi peu douter de son bonheur, que de la félicité des Dieux immortels (*c*). Il étoit inaccessible à la tristesse et à la crainte; toujours libre et gai, il n'avoit jamais le malheur de rencontrer quelqu'objet, qu'il auroit dû éviter; ou de ne point obtenir ce qu'il avoit desiré (*d*). Il n'étoit mécontent ni des Dieux ni des hommes; il ne craignoit et n'admiroit aucun de ceux que les autres avoient coutume de craindre ou d'admirer; et il conversoit avec chacun comme s'il eût été son maître (*e*). Quoiqu'il bornât ses desirs autant qu'il étoit en lui, et qu'il soutînt sa vie par les alimens les plus simples, la tempérance et la

---

(*a*) Diog. VI, 38. Arr. p. 640, 644, *imp.* 455.
(*b*) Arrian. p. 459. Cicer. *Tuscul. quaest.* V, 32.
(*c*) *De tranq.* c. 8.
(*d*) Arrian. p. 501.
(*e*) *Ibid.*

sobriété donnèrent à son corps tant de force et de beauté ; que ces qualités lui attiroient l'attention de plusieurs, et qu'il prouvoit par là combien son genre de vie étoit salutaire (*a*). Enfin, il joignoit au plus grand amour des hommes, et au caractère le plus doux et le plus aimable, l'esprit le plus fin et le plus pénétrant (*b*) ; et il fut non-seulement celui de tous les anciens philosophes de la Grèce qui fut le plus fertile en bons mots et en reparties heureuses ; mais aussi celui qui entendît le mieux l'art de présenter des leçons de sagesse et de vertu, sous le voile de la plaisanterie. Il fréquentoit plus le peuple qu'Antisthène, et blâmoit les fautes du gouvernement, comme celles des particuliers. Il n'y avoit aucun état, aucune classe d'hommes dont il n'eût critiqué et tourné en ridicule les vices dominans (*c*). Il n'épargnoit pas même la superstition ou les préjugés sacrés des Grecs ; et il se moquoit de ceux qui négligeoient les travaux de leur profession, ou les occupations de la journée, pour aller demander à des devins imposteurs l'explication

(*a*) Arrian. l. c. p. 466, 467.

(*b*) *Ibid.* et p. 501.

(*c*) Diog. VI, 27, 28, 51.

d'un

d'un vain songe ; ou qui faisoient des sacrifices aux Dieux pour demander la continuation de leur santé, en détruisant eux-mêmes cette santé par les excès auxquels ils se livroient dans les fêtes du sacrifice. Enfin il se moquoit de ceux qui croyoient que les brigands et les voleurs pouvoient, à force d'aspersions, d'ablutions et d'initiations dans certains mystères, s'assurer la faveur des Dieux et une vie heureuse après la mort de leur corps ; et qu'Agésilas et Epaminondas étoient obligés de se vautrer dans les bourbiers du Tartare, parce qu'ils avoient négligé toutes ces cérémonies religieuses (*a*). Après avoir passé sa vie dans le service de la divinité, et dans une lutte continuelle contre les préjugés, les folies et les vices ; il mourut dans un âge avancé ; en tâchant de rendre sa vie instructive pour ses semblables. Lorsqu'il sentit approcher sa fin, il se plaça sur le chemin qui conduisoit à Olympie, et invitoit ceux que la curiosité menoit aux jeux, de s'arrêter quelques instans pour s'instruire et se fortifier dans la vertu, en considérant un vieillard luttant contre un accès subit de maladie (*b*).

(*a*) Diog. 24, 39, 42, 43.

(*b*) Arrian. p. 458.

Diogène eut plus de successeurs que l'on n'auroit lieu de le croire, d'après la mollesse et la corruption générale des mœurs de son tems (*a*). Parmi ses imitateurs, on distingue sur tout Onésicrite, qui accompagna Alexandre et écrivit son histoire, et Cratès de Thèbes. Le dernier est représenté par des auteurs dignes de foi, comme un digne ami de Diogène ; ainsi l'on peut, sans difficulté, regarder comme une fable, qu'il jouit en public des plaisirs de l'amour conjugal, dans les bras d'Hipparquie ; quoiqu'il soit vraisemblable (*b*) que cette belle femme devint amoureuse de Cratès, qui avoit autant de laideur que de probité, et que ni les représentations ni les menaces ne purent l'empêcher de s'unir avec lui (103). Après Cratès, l'école cynique continua jusqu'à la naissance de Jésus-Christ, et plus long-tems encore (*c*). Mais les derniers Cyniques, ou ne conservèrent que l'extérieur de l'ordre, comme Ménippe, célèbre par ses parodies, et par ses usures honteuses, et qui se pendit de désespoir de ce qu'on lui avoit volé son trésor (*d*) ; ou

(*a*) Diog. VI, 84.
(*b*) *Ibid.* 85.
(*c*) *Ibid.* 95.
(*d*) *Ibid.* 99, 100.

ils dégénérèrent en tragiques enthousiastes, comme Ménédème (*a*), qui couroit çà et là, vêtu comme les Furies sur le théâtre; afin, disoit-il, d'observer les actions des hommes; et de les dénoncer au souverain des demeures souterraines. Les vrais Cyniques devoient posséder trop de vertus et de talens, ils devoient s'imposer trop de privations, s'exposer à trop de peines, pour pouvoir subsister dans des états tels que ceux de la Grèce après Alexandre. (104).

(*a*) Diog. VI, 102.

Fin du Chapitre second.

CHAPITRE TROISIÈME.

Histoire de Platon et de sa philosophie.

PLATON ne fut pas le plus grand homme d'entre tous les amis de Socrate ; mais il fut assurément celui qui eut le plus d'agrément dans l'esprit, de profondeur et de subtilité dans les recherches, de grâces dans le style ; il fut celui qui réussit le mieux à former des grands hommes ; et son académie en a produit un plus grand nombre, que toutes les autres écoles socratiques ensemble. Si l'on peut comparer la philosophie de Socrate à un tronc robuste d'où sortirent une quantité de branches qui s'étendirent sur toute la Grèce ; on peut comparer les ouvrages de Platon à une source abondante, où puisèrent tous les philosophes qui le suivirent ; même ceux qui se séparèrent de lui, ou qui le combattirent par les raisonnemens ou le ridicule.

Quoique Platon vécût dans un tems où Athènes étoit l'unique siége des arts et des sciences ; quoiqu'il fût celui de tous les philosophes qui eût le plus d'admirateurs et de lecteurs, sur tout parmi les historiens et les orateurs ; et qu'aussitôt après sa mort, plusieurs hommes célèbres aient écrit sa vie ; nous ne sommes cependant pas mieux instruits sur sa personne, son caractère et les événemens de sa vie ; que nous ne le serions sur ceux de Socrate, si les ouvrages de Platon et de Xénophon n'étoient point parvenus jusqu'à nous. Toutes les relations qui concernent la personne de Platon, sont en petit nombre ; elles sont de plus contradictoires ou équivoques, et mêlées de plusieurs fables dégoûtantes.

Platon naquit à Athènes, dans le tems où commença la malheureuse guerre du Péloponèse entre les Athéniens et les Spartiates (105). Sa famille étoit une des plus nobles de l'Attique ; on la faisoit remonter jusqu'à Solon et Codrus, et même jusqu'aux Dieux (*a*). Plusieurs écrivains distingués et entr'autres Speusippe, un des successeurs de Platon à l'académie, osèrent répéter, d'après la tradition, que Platon n'étoit point fils d'Ariston, mais d'Apollon ; et que sa grandeur future, et particulièrement son éloquence, avoient été an-

(*a*) Diog. III, 1.

noncées par des signes merveilleux (106). On lui enseigna avec soin tous les arts dans lesquels les jeunes gens les plus distingués d'Athènes étoïent instruits, pour former leur corps et leur esprit. Il étoit fort jeune encore, lorsqu'il composa des poésies de différens genres, et même des tragédies ; et il étoit sur le point de disputer le prix aux autres poètes tragiques, lorsqu'il fit connoissance avec Socrate. Depuis ce moment, il abandonna la poésie, et se déclara même l'ennemi de ce genre de littérature (*a*). Il vécut et étudia pendant huit ans avec Socrate (*b*) ; et après sa mort, il fit un voyage en Egypte, alla voir à Cyrène, Théodore le mathématicien, Euclide à Mégare, et en Italie ceux des derniers Pythagoriciens qui avoient encore quelque réputation ; pour puiser dans toutes ces contrées et dans le commerce de ces hommes célèbres, des connoissances utiles ; de même qu'il en avoit puisé dans les entretiens de Socrate ; et auparavant dans ceux de Cratyle, disciple d'Héraclite (107). De retour dans sa patrie, il acheta un petit jardin, qui touchoit à l'académie : gymnase embelli par Cimon,

(*a*) Diog. l. c.

(*b*) *Ibid.* p. 6. Il avoit vingt ans lorsqu'il fit connoissance avec ce philosophe.

dans un des fauxbourgs d'Athènes. Il se mit à enseigner dans ce gymnase ; ce qu'il continua toujours de faire jusqu'à un âge très-avancé ; et presque jusqu'au tems où les Athéniens, après avoir été vaincus par Philippe, obéirent à ses successeurs (108).

Il paroît que Platon avoit l'imagination plus ardente encore que Socrate ; quoiqu'il ne fût pas sujet, comme ce dernier, aux extases, à l'enthousiasme et aux superstitions. Mais il n'avoit point cette finesse d'observation, toujours active chez son maître ; il n'avoit pas, comme lui, cet esprit toujours juste et impartial, qui ne se laissoit ni éblouir par les passions, ni égarer par l'imagination ; cet esprit qui, toujours tranquille, considéroit un objet sous tous ses rapports, et qui ne tiroit pas une conséquence sans l'avoir éprouvée dans le creuset de l'expérience (109) ; cet esprit qui, par conséquent, s'écartoit rarement du sentier de la vérité pour s'égarer dans le labyrinthe de l'erreur ; et qui changeant pour ainsi dire la nature de ses sens, les plus grands ennemis de son ame, les rendit ses serviteurs les plus fidèles, en les accoutumant à trouver beaux ou laids, agréables ou désagréables, presque tous les objets qu'il avoit jugés bons ou mauvais, utiles ou nuisibles.

Platon avoit dans l'esprit plus de profondeur que de justesse et de clarté ; moins de pénétration que de subtilité : qualité qui, très-souvent, s'étoit trouvée réunie avec une imagination ardente ; quoiqu'elle n'en paroisse pas susceptible. Cependant Platon ressembloit plus à Socrate par les qualités de son esprit, que par son humeur et son caractère. A la vérité, nous ne connoissons ce dernier que par quelques traits assez obscurs ; mais ils suffisent pour nous convaincre que Platon, considéré comme homme, étoit très-éloigné de la perfection de Socrate. Il n'avoit pas son affabilité, sa franchise ; mais au contraire quelque chose de sombre, de réservé, de rebutant. C'est pour cela sans doute que l'on disoit : qu'il avoit entièrement banni de son académie le Dieu des ris et de la gaieté (*a*). Peut-être étoit-ce son caractère rude et amer qui lui donnoit un air d'orgueil et de mépris pour les autres (*b*) ; et le disposoit à l'envie, à la jalousie et à toutes les foiblesses que produisent ces passions (110). Il est certain du moins que toute l'antiquité a cru qu'il n'avoit

---

(*a*) Diog. III, 26. Ael. III, 35.

(*c*) Diog. *de Plat.* VI, p. 756, *edit. Lipsiens.*

vécu en bonne intelligence avec aucun des amis et des disciples distingués de Socrate ; qu'il les avoit la plupart attaqués sans les nommer ; et que ceux-ci, à leur tour, ne l'épargnoient point, soit en public, soit en secret (*a*). Les récits sur ses voyages en Sicile, et son séjour auprès de l'ancien ou du jeune Denys, sont trop contradictoires et trop incertains, pour pouvoir servir à porter un jugement fixe sur les motifs qui les lui firent entreprendre. Mais quand on pense que Platon fut l'ennemi le plus irréconciliable des tyrans ; qu'il blâmoit lui-même les philosophes qui fréquentoient les maisons des riches (111) ; qu'il ne pouvoit ignorer que l'on regardoit ou comme des méchans, ou comme des flatteurs et des esclaves, tous ceux qui s'approchoient des usurpateurs du pouvoir suprême ; quand on pense enfin que les voyages de Platon en Sicile furent blâmés presque généralement, et que ses admirateurs n'ont rien avancé d'important pour l'excuser ou le justifier ; on peut avancer, je crois, que Platon fit une chose que n'eût jamais fait Socrate, qui refusa constamment à Archélaüs de se rendre

(*a*) Diog. III, 34–36, et *ib.* Men. *id.* ad II, 57. Hutch. *de Xenoph. Dissert. prim.* p. 11.

auprès de lui (112). On ne peut rien lui reprocher non plus, à cause des poèmes qu'on lui attribue sur les beaux garçons et sur les courtisannes ; car ces poèmes sont très-suspects (*a*). Mais il ne faut pas omettre qu'il n'étoit pas marié, comme Socrate, et qu'il ne laissa à sa patrie aucun citoyen né de lui en légitime union. Si Platon ne put atteindre à la tempérance, à la frugalité et à l'égalité de caractère qui distinguoient son maître, on peut dire cependant qu'il possédoit toutes ces vertus à un degré assez éminent pour servir, à cet égard, d'exemple inimitable à la plupart de ses concitoyens. Lorsqu'il s'étoit mis en colère, il se punissoit plus lui-même que ceux qui l'avoient offensé (*b*). Quoiqu'il comptât parmi ses disciples et ses amis les rois les plus riches, les plus grands généraux et les hommes d'état les plus distingués ; il mourut cependant dans la pauvreté ; et l'on peut conclure de là, ainsi que de l'avidité insatiable des Sophistes, qu'il n'enseigna pas pour de l'argent comme ces derniers (113). Il détestoit les festins dissolus des Syracusains, comme corrompant le corps et

---

(*a*) Diog. III, 29 et suiv.

(*b*) Plut. VII, 178.

l'ame. Dans ceux qu'il donnoit à l'académie, les jours des plus grandes fêtes, le souvenir de ses amis contribuoit plus au plaisir que les jouissances sensuelles (*a*). Il s'éloignoit, par les mêmes raisons que Socrate, des affaires et des emplois publics. Il comparoit le peuple d'Athènes, tantôt à un vieillard décrépit qui retombe dans la foiblesse et le radotage des enfans (114); tantôt à un troupeau de bêtes féroces, dont on ne pouvoit approcher sans risquer d'en être dévoré; tantôt à un champ stérile, qui ne produisoit que de mauvaises herbes, parmi lesquelles les plantes utiles étoient toujours étouffées (*b*). C'étoit une folie à ses yeux, de s'opposer, sans utilité, aux desseins d'une populace effrénée, et de se perdre ainsi, sans pouvoir servir ni ses amis ni sa patrie; c'étoit une scélératesse et une injustice de se joindre à cette populace, pour prendre part à ses brigandages, ou d'employer la violence pour opérer le bien. Il croyoit beaucoup plus raisonnable, au milieu du tourbillon violent qui entraînoit presque tous ses concitoyens dans l'injustice, de se tenir à l'abri d'un

---

(*a*) Cicer. *Tuscul. quaest.* V, 35.

(*b*) *De Rep.* VI, vol. II, p. 38.

mur épais, de considérer de loin le tumulte et les fureurs des méchans, et de se conserver pur de tout crime; afin de pouvoir attendre avec un esprit tranquille, et des espérances d'autant plus agréables, la fin de cette vie mortelle, et le commencement d'une meilleure vie (*a*).

Comme philosophe, il eut cela de commun avec Socrate, qu'il poursuivoit sans cesse les Sophistes dans ses écrits; et qu'il conserva et défendit presque tous les principes de son maître. Mais à l'égard de sa méthode, de son langage, de l'étendue et des objets de sa philosophie, il s'éloigna autant de Socrate, que la plupart de ceux qui se déclarèrent ses adversaires. Il ne s'entretenoit pas comme Socrate, dans tous les tems, dans tous les lieux, et sur toutes sortes d'objets, avec ceux qui venoient le trouver ou qui le rencontroient; mais, de même que les Sophistes, il enseignoit dans un endroit particulier, sur certains objets et pour certaines personnes. Son langage n'étoit pas une production de la simple et pure nature; mais un enfant de l'art, qui paroissoit sous autant de formes diverses, et avec des parures

---

(*d*) Plat. et Cicer. l. c.

aussi variées qu'une coquette qui cherche plus à éblouir par des charmes empruntés, qu'à attacher par ses qualités personnelles. Ses discours ne couloient pas paisiblement comme les eaux d'un clair ruisseau sur un sable pur ou sur un gazon verd; ils rouloient comme un grand fleuve, qui tantôt se précipite en vagues élevées, tantôt se répand au-dessus des bords et des digues, tantôt aussi se retire dans la profondeur de son sein, comme s'il vouloit s'absorber lui-même. Cependant le style de Platon n'en eut pas moins un grand nombre d'admirateurs et d'imitateurs; et ce fut sur tout à cause de son éloquence qu'on lui donna les noms de grand, de divin, de dieu ou de prince des philosophes (*a*). Plusieurs ont poussé si loin l'admiration qu'ils avoient pour lui, qu'ils disoient : le roi des Dieux lui-même parleroit comme Platon, s'il vouloit se servir du langage des hommes (*b*). Mais les plus grands connoisseurs de l'antiquité grecque, sans méconnoître les bonnes qualités du style de Platon, lui reprochoient plusieurs défauts, qu'on

---

(*a*) Voy. entr'autres Cicer. *de orat.* I, 11.

(*b*) Dionys. VI, p. 102, *de Admirab. vi decendi, in Demosth.*

ne peut lui passer sans partialité, et qui sont précisément les contraires des qualités que l'on admiroit le plus dans celui de Socrate. Selon eux, aucun philosophe ou orateur ne surpassa ou n'égala Platon, dans l'art de charmer les oreilles de ses lecteurs par les sons mélodieux du langage; dans l'art de donner une harmonie délicieuse, non-seulement aux périodes entières, mais aussi aux moindres membres dont elles sont composées (*a*). Lorsque Platon, dit encore Denys d'Halycarnasse (*b*), suit les traces de son maître, et qu'il s'exprime sans contrainte et sans travail; son langage simple et sans art est plein de douceur et d'aménité. Il est alors plus pur et plus juste, que les discours travaillés des autres; il est facile, clair comme la lumière, et l'on n'y remarque pas la moindre épithète superflue. Quoique çà et là, on y rencontre une légère mousse d'antiquité, il brille cependant de charmes irrésistibles, et le lecteur s'y attache avec volupté, comme à l'odeur d'une prairie couverte de fleurs nouvelles. Mais dès qu'il chausse le

(*a*) *De Comp. verb.* VI, 101. Dionys. *de Platone*, ad Cn. Pomp. 757, 59, 60. Diog. III, 37, 38.

(*b*) VI, *de Admir. vi dicendi, in Dem.* p. 965 et suiv. *de Platone*, 758 et suiv.

cothurne de Thucydide, ou qu'il endosse l'armure oratoire de Gorgias, il tombe beaucoup au-dessous de lui-même (*a*); parce qu'il donne trop de soin à la parure de ses ouvrages. Il continua d'écrire ainsi jusqu'à la fin de sa vie; et après sa mort, on trouva un exemplaire de *sa République*, dans lequel il avoit commencé le premier livre de plusieurs manières différentes, pour chercher celle qui seroit la plus harmonieuse (115). Platon mettoit plutôt sa gloire à bien écrire qu'à penser juste; et il ne prenoit pas la peine de cacher, qu'il étoit plus attentif à ses mots et à son style, qu'à la vérité des pensées. Il paroît même qu'il n'étoit pas fâché qu'on lui reprochât de ne pas se servir du langage des hommes, mais de celui des Dieux; et de préférer l'enthousiasme lyrique de Pyndare, ou même la fureur brûlante des Bacchantes, au ton simple et naturel de la prose (*b*). Peu d'écrivains l'égalèrent, comme l'avouent eux-mêmes ses critiques les moins modérés (*c*), dans l'invention heureuse des mots nouveaux; dans

---

(*a*) Dionys. VI, 762, 64, 972, 73, 1032—44, V, 208.

(*b*) *Ibid.* VI, 964, 972, 1032—34.

(*c*) *Ibid.* 1083.

l'art d'employer et de faire ressortir les anciennes expressions énergiques ; peu furent aussi fertiles en images agréables ou sublimes ; en comparaisons, en allégories, en fictions, enfin en descriptions pleines de grandeur et de magnificence. Les deux plus grands orateurs qui aient jamais existé, ont avoué qu'ils lui devoient sur tout une provision inépuisable de mots et de pensées ; et qu'ils ne se formèrent point à la perfection de leur art dans les écoles obscures des Rhéteurs, mais sous les ombrages des allées de l'académie (116). Cependant ils étoient obligés de convenir avec tous ses autres admirateurs raisonnables ; que l'abondance de Platon dégénère souvent en une magnificence et une dissolution barbare et indigne de la philosophie ; que souvent il noie ses pensées dans un déluge de mots sonores, mais vides de sens ; que ses images offrent tantôt des longueurs insupportables, tantôt des ténèbres impénétrables, ou une enflure dithyrambique ; que ses mots nouveaux sont souvent monstrueux, les anciens recherchés et forcés, ses descriptions chargées, ses comparaisons et ses allégories déplacées, ou froides, ou invraisemblabes, ou semblables à des contes de nourrices ; que dans certains momens d'enthousiasme artificiel, il parle

parle des choses les plus simples avec une pompe pyndarique ; et que lorsque cet enthousiasme tombe, il traite les objets les plus sublimes avec une froideur et un abattement révoltans ; que quelquefois même, à force de chercher de belles expressions, ou fatigué par des efforts inutiles, il blesse les premières règles de la langue et du nombre, et se permet des solécismes ou des tournures très-dures (*a*). Tous conviennent que son style tient plutôt de la poésie que de la prose, que du moins, il est entre l'une et l'autre, et qu'à plusieurs morceaux de ses écrits, il ne manque que le rithme pour en faire des odes pyndariques (117). Voilà aussi pourquoi Platon est plutôt un bel écrivain, qu'un grand orateur, et qu'il peut plutôt servir d'exemple dans le premier genre que dans le dernier (*b*). Lorsqu'il monte à la tribune, et qu'il essaie ou de défendre l'innocence, ou de relever la vertu des héros ; on sent d'abord qu'il n'a jamais parlé, ni devant

---

(*a*) Dionys. VI, 957, 64, 972, 1032—*34*, 1038, 1043. Voy. aussi Longin. Περὶ ὕψους, *passim*. On trouve dans Denys d'Halycarnasse des exemples de ces fautes, tirées de tous les ouvrages de Platon.

(*b*) Cicer. *or*. c. 4. Dionys. VI, 102, *5* et suiv. et 1056 et suiv.

des juges, ni dans les assemblées du peuple (*a*). Que l'on compare son apologie de Socrate, et son éloge des guerriers morts pour la patrie, avec des discours de Démosthène sur des sujets semblables; et l'on sera convaincu qu'il y a autant de différence entre les uns et les autres, qu'entre les armes et l'armure d'un homme qui va au combat, et celles d'un homme qui ne veut que se montrer en public; qu'entre des sentimens vifs et vrais, et de vains songes; ou qu'entre des corps endurcis par l'habitude du chaud et du froid, et ceux qui sont corrompus par la mollesse. Les discours de Platon sont seulement beaux; ceux de Démosthène sont utiles et instructifs. Les premiers peuvent être comparés à des prairies agréables, qui recréent pendant quelques momens; les seconds à une campagne fertile, dont l'aspect réjouit la vue, en même-tems qu'elle offre les choses nécessaires aux besoins de la vie (118).

Ceux de ses admirateurs qui le plaçoient au-dessus des héros adorés du peuple, et à côté des Dieux (119), estimoient souvent et imitoient en lui ce qui méritoit le plus d'y

(*a*) *Ibid.*

être blâmé; et dans sa philosophie et ses écrits, ils préféroient aussi précisément les parties et les articles qui méritoient le moins d'être loués. Ainsi ils ne lui donnoient tant de louanges, que parce que ne s'étant pas borné à la doctrine de Socrate, il s'étoit approprié les découvertes d'Héraclite et des autres physiciens, les observations célestes des Pythagoriciens, les vérités des mathématiciens, enfin la sagesse des Egyptiens, et celle même des Juifs, selon plusieurs; et qu'ayant rassemblé tous les membres épars de la philosophie grecque et barbare, il les avoit embellis et réunis pour la formation d'un beau corps (*a*). Mais, selon mon jugement, Platon mérite plus d'être loué pour avoir rapporté les discours de Socrate, et continué ses pensées, que pour avoir mêlé forcément ces dernières avec d'autres pensées qui ne leur convenoient point; que pour s'être appliqué à des recherches dont Socrate s'éloignoit, que pour avoir voulu pénétrer dans une multitude de choses que Socrate regardoit comme impénétrables. Platon ne fit presque aucun pas hors des limites de la philosophie

(*a*) Attic. et Arist. ap. Euseb. XI, 1 et 2. Apol. p. 250, 51. Diog. III, 8.

de Socrate, qui ne l'ait conduit à des subtilités inutiles, ou à de vains songes, ou à des erreurs grossières (120). Comme il adoptoit les opinions d'hommes dont la doctrine et les principes étoient opposés, il étoit presqu'impossible que ses idées ne manquassent pas souvent d'ordre et de liaison ; qu'il ne tombât pas dans des contradictions fréquentes, et que les matières de ses écrits ne fussent pas aussi différentes, que son style et ses principes l'étoient devenus. On ne peut donc pas, comme à l'égard des autres écrivains, juger du sentiment de Platon d'apres un seul passage ; il faut nécessairement, pour cela, lire tous les passages qu'il a écrits sur le même objet. Sans cette précaution, on risqueroit de lui attribuer des opinions qu'il n'a point eues. Mais ce qu'il y a de plus difficile encore, c'est de distinguer dans ses ouvrages ce qui lui appartient de ce qui appartient aux autres, et à qui appartient ce qui n'est pas de lui. Car, de même qu'il met souvent ses propres pensées dans la bouche des autres, de même il s'attribue secrètement celles des autres, et même celles des Sophistes, dont les ouvrages sont perdus. Cependant, d'après les témoignages d'Aristote, d'après quelques indications de Platon lui-même, et par la comparaison de ses écrits avec ceux de Xénophon, on peut, dans plusieurs doctrines importantes, distinguer ce qui est de ce philosophe, ou de Socrate, ou de quelqu'autre.

Platon donna à ses écrits une toute autre forme qu'à ses discours. Dans les derniers, il suivoit la méthode des Sophistes, dans les premiers celle de Socrate. Il n'est pas difficile d'expliquer les motifs de cette différence. Il étoit nécessaire que dans plusieurs de ses compositions, il adoptât la forme du dialogue, par la même raison que l'avoient adoptée les autres disciples de ce philosophe; c'est-à-dire parce qu'il y rendoit les pensées de son maître sans aucun changement, ou seulement avec de très-légers changemens; et parce que Socrate lui-même n'avoit jamais communiqué ses instructions que de cette manière (121). Cette méthode socratique ne pouvoit pas non plus être abandonnée de Platon, pour les ouvrages dans lesquels il exposoit ses propres idées et ses recherches. Il auroit distingué trop visiblement par là ce qui lui appartenoit et ce qui appartenoit à Socrate; il auroit ou détruit les objections de son maître par les siennes, ou affoibli l'impression des dernières par l'autorité du premier. Mais de même que Platon, étoit obligé de donner à ses ouvrages une forme socratique, même lorsque le sujet sembloit s'y refuser ; de même il fut forcé d'adopter dans ses instructions orales, la méthode des Sophistes, même lorsqu'il exposoit des pensées vraiment socratiques. Il ne combattoit pas, comme Socrate, les Sophistes et leurs disciples en leur présence, il ne s'entretenoit pas avec toutes sortes de personnes, dans tous les tems et sur toutes sortes d'objets ; il avoit d'autres desseins, d'autres auditeurs, d'autres objets ; il ne pouvoit donc pas conserver une méthode, qui ne pouvoit absolument servir, que dans les circonstances où Socrate s'étoit trouvé (122).

En imitant les entretiens de Socrate dans ses écrits, Platon eut plusieurs avantages, qui lui auroient manqué s'il se fût contenté de la simple méthode didactique ; mais j'ignore si ces avantages peuvent contrebalancer chez lui les inconvéniens de cette méthode, même lorsqu'il imite heureusement son maître qu'il introduit dans ses dialogues, et qu'il le fait parler d'une manière conforme à ses opinions et à son caractère. Au commencement de ses dialogues, il excite un intérêt plus vif, que l'on ne peut en attendre des écrits instructifs écrits selon la méthode ordinaire. On y remarque souvent avec plaisir, comment l'esprit des jeunes gens occupés de la recherche de la vérité, s'élève peu à peu des idées confuses, imparfaites ou fausses, jusqu'à des idées claires et justes ; ou comment des personnes imaginaires, font un grand nombre d'efforts inutiles, pour attrapper la vérité qui voltige devant eux ; comment, après beaucoup de peines, elles restent épuisées non loin du but. On y voit enfin comment les Sophistes sont attirés dans les erreurs les plus grossières ; d'abord sans le savoir, puis malgré eux. Mais en même-tems, on ne peut pas disconvenir que souvent aussi on ne soit trompé dans ses espérances, par les longueurs qu'entraînent nécessairement des dialogues sur des matières scientifiques, ou par les subtilités propres à Platon, qui rendent difficiles les choses les plus simples ; et que, fatigué de toutes ces choses, on ne se trouve plus souvent encore dans le cas de ne pouvoir distinguer ce qu'on donne ou non pour la vérité, ce qui est ou non l'opinion sérieuse de Platon et de Socrate (123). Ces inconvéniens sont beaucoup augmentés encore, lorsque Platon fait parler ses personnages contre les principes qu'on leur connoît généralement, qu'il les fait se contredire eux-mêmes ; ou qu'ils jettent dans les recherches commencées, des matières qui n'y ont aucun rapport, ou qu'il les fait parler de choses sur lesquelles des personnes raisonnables ne peuvent jamais s'entretenir (*a*). Il se dispensoit lui-même solennellement de toutes les règles du dialogue auxquelles les poètes étoient soumis (124) ; il ne reconnoissoit aucun juge, et ne craignoit point les spectateurs, comme ces derniers ; et il avouoit qu'il ne regardoit pas les entretiens et les recherches philosophiques, comme des maîtres auxquels il falloit obéir, mais comme des serviteurs qui devoient se soumettre à sa volonté.

Déjà les Grecs avoient divisé les dialogues de Platon en plusieurs espèces ; les considérant tantôt relativement à la matière traitée, tantôt au but de l'auteur, tantôt enfin à la manière dont on y procédoit (*b*). Mais je me suis aperçu que toutes ces divisions ne produisent aucun avantage que l'on ne puisse se procurer par la simple lecture du titre de chaque dialogue. L'étroite liaison que l'on a cru apercevoir entr'eux, est imaginaire ; ou du moins, si elle existe, elle contribue

(*a*) C'est ce qui arrive fréquemment dans Theætète et Sophistés.

(*b*) Diog. III, 49—52.

fort peu à faciliter leur explication réciproque (*a*). Mais une chose plus importante à dire aux jeunes gens curieux de la philosophie grecque, c'est qu'au commencement, ils ne doivent pas s'attacher aux dialogues dans lesquels Platon répète ou imite (*b*), ou réfute seulement les subtilités des Eléatiques et des Sophistes, sans dire son opinion (*c*); ou enfin à ceux où il expose ses spéculations particulières, et contraires à la philosophie de Socrate (*d*). Parmi ces dialogues, il y en a très-peu qu'un connoisseur même pût lire, s'il ne lisoit que pour son plaisir; et il y en a quelques-uns que celui qui connoît le mieux la langue, et qui est le plus accoutumé à lire les ouvrages de Platon, ne sauroit comprendre entièrement. Tous ces dialogues détourneroient de l'étude de Platon, les jeunes gens qui ne sont pas entièrement initiés dans les secrets de la langue et de la philosophie des Grecs, soit par les expressions nouvelles et

---

(*a*) Voy. Geddes, l. c. p. 104 et suiv.

(*b*) Comme dans Parménide et Cratylus.

(*c*) Comme dans Ménon, et les autres petits dialogues que j'ai cités.

(*d*) Comme dans son Theætète, Sophistes, Πολιτικός, et plusieurs livres de *sa République*.

inusitées par les autres auteurs, soit par les bisarreries inintelligibles et étrangères au sujet; soit enfin par les rêveries étranges qui s'y rencontrent. Il est donc beaucoup plus prudent de commencer par les dialogues dans lesquels ce philosophe expose les principes de son maître, à la manière de ce dernier (*a*); ou par ceux dans lesquels il dispute le prix aux plus grands poëtes et aux plus grands orateurs de sa nation (*b*); ou enfin par ceux où il traite des parties de sa philosophie, qui ne sont pas entièrement inconciliables avec celle de Socrate (*c*). La plus grande partie de ces dialogues offrent plusieurs agrémens divers dans le style et dans la matière; il ne faut, pour les entendre et les lire avec plaisir, ni des études et des connoissances extraordinaires, ni des efforts considérables. De tous les philosophes Grecs, aucun ne perd autant que Platon par les traductions et les extraits, et par conséquent aussi dans une histoire générale des pensées des philosophes. Chez lui,

(*a*) Comme dans l'apologie, dans Criton, Alcibiade, Gorgias, et la plus grande partie de Phédon.

(*b*) Comme dans l'Epitaphe, le Banquet, le Phèdre, et plusieurs passages de sa République.

(*c*) Par exemple dans son livre des lois.

la pensée et l'expression sont tellement fondues et assorties, qu'il est difficile de les séparer, sans dénaturer la première ou lui faire tort. Le prix des pensées est aussi tellement relevé par l'harmonie de l'expression, qu'on ne sauroit leur ôter ce vêtement, sans les rendre presque méconnoissables, comme il arrive à l'égard de tous les grands poètes et de tous les grands orateurs. Ajoutons à cela, que les pensées qui distinguent le plus Platon de tous les philosophes qui l'ont précédé, et qui ont eu le plus d'influence sur les opinions des générations suivantes, sont précisément les erreurs les plus ridicules; et qu'au contraire on ne peut rassembler et communiquer une quantité innombrable d'observations pures et justes, qui sont dispersées dans ses ouvrages.

Du tems de Platon et avant lui, la philosophie grecque étoit déjà morcelée de la même manière qu'elle fut divisée dans la suite. Mais les bornes de ces grandes parties n'étoient point encore exactement fixées; et on ne leur avoit pas encore donné les noms dont Xénocrate fut l'inventeur, et que conservèrent tous les philosophes qui vinrent après lui (*a*). Parmi

(*a*) Sext. *emp.* VII, 16.

toutes les connoissances que l'on comprit dans la suite sous le nom de dialectique ou de logique, Platon comptoit les inutiles subtilités de l'éristique ou de la sophistique; ainsi que l'art de démontrer et de diviser (*a*). Les recherches que l'on rangea depuis dans la physique, étoient encore appelées par lui, ainsi que par ses contemporains, la science des choses divines ou célestes (*b*), de même l'étique ou la morale de Xénocrate et de ses successeurs, portoit le nom de science des choses humaines ou de sagesse humaine (*c*). Ces diverses parties de la philosophie avoient dans la tête de Platon, un arrangement tout différent de celui que leur donnèrent les autres philosophes. Ceux-ci plaçoient au premier rang la dialectique, puis la physique, et enfin la morale; Platon au contraire commençoit par les recherches sur la divinité, sur la matière et le monde; puis il passoit à sa doctrine des ames et à sa dialectique, et finissoit par ses principes de morale et de politique. Je ne pretends point rassembler les pensées de Platon dans un tout bien lié et non interrompu; mais je

(*a*) Voy. sur tout *Sophist.* 110, 113.

(*b*) V. *Apol. Socr. passim.*

(*c*) *Ibid.*

me flatte de les exposer ici dans un ordre plus commode, que celui qu'elles ont dans ses écrits, ou même qu'elles avoient dans son esprit; sans cependant leur procurer par là d'autre avantage, que celui d'être plus facilement considérées dans leur ensemble.

Nulle part on ne remarque mieux la grande différence qu'il y avoit entre l'esprit de Platon et celui de son maître, que dans la manière dont ces deux philosophes ont exposé leurs pensées sur le monde, sur la divinité et sur la providence; le premier dans son *Timée*, le second dans les *Choses mémorables* de Xénophon. Dans les *Considérations* de Socrate, on voit régner par tout l'ordre et la lumière; les vérités les plus difficiles et les plus sublimes y sont présentées d'une manière claire pour le lecteur d'une intelligence bornée; elles touchent toutes le cœur, en même tems qu'elles convainquent l'esprit. Le *Timée* de Platon, au contraire, est couvert en grande partie de ténèbres impénétrables, ou d'un nuage épais; ce n'est que çà et là qu'on y voit briller des étincelles d'une vivacité éblouissante. Les recherches les plus aisées y sont présentées d'une manière si difficile, qu'on diroit que Platon y a répandu exprès l'obscurité; et les vérités les plus constantes y sont mêlées de suppositions gratuites et d'énygmes qui les rendent incertaines. Toutes les idées de Platon sur l'état primitif de la matière, sur la nature de l'être qui lui donne le mouvement, sur la création des élémens, de l'ame du monde et de l'ame humaine, sont si obscures et si incompréhensibles, qu'il n'y avoit guère que des hommes tels que les nouveaux Platoniciens dont la tête étoit encore plus ténébreuse, que les endroits les plus obscurs du *Timée*, qui pussent se flatter de les comprendre et de les expliquer aux autres. Dans aucun autre dialogue, Platon n'a accumulé avec autant de profusion, des mots surannés ou poétiques; probablement dans le dessein de donner à cet ouvrage l'air saint et respectable des chants ou des autres ouvrages des anciens théologiens. Si c'étoit là son but, il l'a manqué entièrement, du moins à l'égard des lecteurs qui pensent et qui jugent comme moi. Car au lieu d'augmenter le poids et l'impression de ses réflexions par le style qu'il a choisi; il leur a ôté au contraire toute l'énergie démonstrative, par les efforts pénibles qu'il a faits, pour les entrelacer d'expressions solennelles, et d'images pompeuses. Du reste, il faut convenir, que la plupart des pensées qui lui sont propres; quoiqu'elles ne soient pas toujours justes, sont contenues dans le *Timée*.

De quelque côté que nous jetions nos regards autour de nous, dit Platon au commencement du *Timée* (*a*), nous appercevons par tout des choses composées et sujettes au changement; soumises à la destruction, de même qu'elles ont eu un commencement; et qui finissent par la dissolution de leurs parties essentielles. Il est impossible que toutes ces natures variables soient éternelles : il est impossible qu'elles existent sans cause. Il faut donc nécessairement qu'il existe une cause infinie et immuable qui les ait produites. Nous découvrons de plus, par tout où nous portons nos regards, diverses espèces de mouvemens (*b*); un corps en choque toujours un autre, ou reçoit le mouvement d'un autre corps; ce qui force à croire qu'il existe une cause subsistante par elle-même, qui produit tous les mouvemens; et qui se meut elle-même, ainsi que toutes les autres choses du monde (*c*). Cette cause éternelle de tous les mouvemens et de toutes les productions, ne peut être ni un hasard aveugle,

---

(*a*) Pag. 476, 477.

(*b*) *De leg.* X, 605, 607, 609.

(*c*) *Ibid.* et *in Phœdro*. p. 202.

ni une nature dépourvue de raison. Car la beauté merveilleuse des corps célestes, l'ordre de leurs mouvemens, la succession régulière des saisons, l'arrangement de toutes les choses de la terre selon leur but, témoignent l'existence d'un auteur intelligent du monde (125). Il est très-difficile, sans doute, de connoître le père et le créateur du grand tout; il est impossible de le manifester généralement, ou d'annoncer son nom à tous les hommes (*a*). Mais ses œuvres nous autorisent à penser, qu'il possède la sagesse, la puissance, la bonté et toutes les autres perfections, à des degrés beaucoup au-dessus de la portée de notre intelligence (*b*). L'imperfection et le changement, le passé et l'avenir, ne se trouvent point dans cette nature très-parfaite. Elle n'étoit point plus jeune autrefois, qu'elle ne l'est à présent, elle ne deviendra jamais plus vieille; mais elle reste toujours égale à elle-même (*c*). Cette immuabilité est inséparable de la nature très-parfaite. Car parmi les choses passagères, les meilleures et les plus parfaites, sont celles qui éprouvent le moins de change-

(*a*) *In Tim.* p. 477.

(*b*) *Ibid.* et *de Rep.* II, p. 144, 150, *ed. Massey.*

(*c*) *In Tim.* p. 480.

mens,

mens, et qui éprouvent le moins les effets du tems ; comment donc la substance la plus parfaite pourroit-elle être sujette au changement? On ne sauroit penser qu'elle se change elle-même (*a*), c'est-à-dire qu'elle se rende plus ou moins parfaite. Elle ne peut point se rendre plus parfaite, car alors le plus parfait de tous les êtres seroit susceptible d'augmenter en perfections, et alors il ne seroit point le plus parfait. Elle ne peut point non plus se rendre moins parfaite, car aucun être intelligent ne peut chercher à détruire ou à diminuer ses bonnes qualités (126).

Mais Dieu, continue Platon, ne créa point le monde de rien, ou de l'abondance de sa propre nature ; car cette nature ne pouvoit point devenir corps : mais d'une matière première et co-existante avec lui de toute éternité. Platon soutenoit d'abord cette matière éternelle ; sans dire en quoi elle consistoit. Il lui donnoit le nom de matière (*b*), et il disoit qu'originairement cette matière n'étoit ni feu, ni air, ni eau, ni terre ; mais qu'elle étoit propre à devenir tout cela, et à prendre toutes

(*a*) *De Rep.* p. 150.

(*b*) Simpl. *in Phys. Arist.* fol. 2, a.

les formes et toutes les qualités. Il l'appeloit par cette raison, la mère et la nourrice de toutes choses ; le sujet qui recevoit toutes les formes et toutes les qualités. Mais il lui refusoit le nom de corps ; parce qu'avant qu'elle eût pris aucune forme, elle n'avoit aucune des qualités dont les corps affectent nos sens (127). Cette matière première et informe n'étoit point tranquille et immobile ; comme les homoïoméries d'Anaxagoras ; mais elle étoit violemment agitée en tout sens, par un principe de mouvement ou une ame dépourvue de raison qui habitoit en elle. Platon donnoit divers noms à cette ame irraisonnable ; tantôt il l'appeloit l'infinité, ou la privation entière d'harmonie et de raison ; tantôt un être qui n'a ni mesure ni but dans la discorde et l'inégalité ; tantôt le divisible et toujours inégal ; tantôt la nécessité ; tantôt enfin l'ame effrénée et déraisonnable (*a*). Mais nulle part, il n'explique la nature de cette source de désordre (*b*).

(*a*) Voy. mon traité sur cette matière dans la première partie de mes ouvrages philosophiques, p. 40, (en allemand) où l'on trouve tous les passages, toutes les opinions et toutes les explications.

(*b*) Cependant avec quelque précision, *in politic.* p. 120, *in Philip.* p. 160, *de leg.* p. 608.

Il regardoit comme des preuves, et comme des traces de son existence dans le monde actuel, toutes les déviations des lois ordinaires de la nature, tous les vices, toutes les foiblesses, tous les défauts des hommes et des bêtes; toutes les erreurs, toutes les passions violentes, tous les crimes, enfin tous les malheurs dans lesquels l'homme se plonge par la corruption de sa nature. Sans ce principe méchant, différent de la divinité, l'origine du mal dans le monde, lui paroissoit inexplicable; parce qu'il regardoit comme le plus incontestable des principes, qu'il est impossible que la divinité fasse autre chose que le bien, et qu'elle fasse jamais le mal.

Or comme c'étoit la volonté de la divinité, que tout devînt et restât bon, autant qu'il est possible; et que rien ne devînt et ne restât mauvais et imparfait (a); elle s'approcha, à une certaine époque, de la matière déserte et mue en désordre, afin de la mettre en ordre, et d'en produire le monde, d'après les modèles et les images éternels dont je parlerai dans la suite. Le monde devoit nécessairement être le meilleur qui pût être produit avec

(a) *In Tim.* p. 477.

une telle matière ; parce que Dieu est la meilleure des causes, et qu'il est incapable d'envie. Il prit donc cette matière première, et la forma d'abord en feu et en terre, pour en faire une substance solide et visible ; en feu, parce que sans le feu rien n'est visible ; en terre, parce que sans la terre rien n'est sensible au toucher. S'il n'avoit voulu faire du monde qu'une simple surface, un seul être moyen (*a*) auroit suffi, pour réunir le feu et la terre. Mais comme le monde devoit être une substance solide et impénétrable, il falloit deux natures moyennes, pour lier ensemble les deux premiers élémens. Dieu créa pour cela l'air et l'eau ; de manière que le feu est à l'air, comme l'air à l'eau ; et l'air à l'eau, comme l'eau à la terre (*b*). De ces quatre natures, le monde fut composé selon des rapports harmoniques, de manière qu'il devint indissoluble et indestructible par toute autre puissance, que la puissance de celui qui l'avoit construit (*c*). Pour la formation de ces

---

(*a*) Sans lequel deux autres êtres ne peuvent être réunis.

(*b*) Sur la création des élémens, d'après des figures géométriques. V. Tim. p. 486 et 497.

(*c*) Pag. 478. Il est certain que Platon n'a pas bien su lui-même ce qu'il vouloit dire sur ce sujet.

quatre élémens, la divinité employa toute la matière première; et hors du monde qu'elle avoit produit, elle ne laissa rien qui pût devenir du feu, de la terre, de l'air ou de l'eau. Elle en agit ainsi, soit pour rendre le tout aussi complet que possible, soit aussi afin que le monde n'éprouvât ni vieillesse ni maladie; ce qui auroit pu arriver, si certains restes de la matière première l'avoient attaqué à contre-tems, à l'extérieur, et y avoient causé des dévastations (*a*). Après la création des corps premiers, Dieu donna au monde une forme, qui étoit la plus convenable à sa destination, et la plus semblable à lui (128). Il en fit une figure ronde; qui contient en elle toutes les autres figures; et qui par conséquent est plus convenable que toute autre à la substance qui doit contenir toutes les autres substances. Le monde ayant cette forme, et réunissant dans son sein toute la matière première, n'avoit besoin ni d'yeux ni d'oreilles, parce que, hors de lui, il n'y avoit rien à voir ni à entendre. Il n'avoit pas besoin d'instrumens de conservation, parce qu'il ne reçoit point de parties nouvelles, et n'en perd point d'anciennes;

(*a*) *Ibid.*

mais qu'il se suffit à lui-même, souffrant tout de lui-même, agissant en lui-même, et se nourrissant, pour ainsi dire, de ses propres pertes. Le monde avoit moins besoin encore de pieds et de mains, parce que, hors de lui, il n'y a rien à toucher, et que, pour exécuter le mouvement que Dieu lui a communiqué, il n'a point du tout besoin de membres semblables à ceux des animaux.

Malgré tous ces avantages, le monde n'auroit pas été l'ouvrage le plus parfait, si la divinité ne lui eût pas donné une ame raisonnable. Son auteur vit lui-même, que tout ce qui est animé, vaut mieux que ce qui ne l'est pas (*a*). Il prit donc la résolution, de donner au monde un guide raisonnable. Mais comme il étoit impossible que la raison pure et l'esprit fussent immédiatement unis à des corps ; Dieu réunit une de ses perfections divines, son esprit, avec l'ame irraisonnable qui habitoit la matière, et en elle et par elle, il les réunit avec le monde corporel (*b*) ; ou bien il réunit de force, la nature indivisible et toujours égale à elle-même, avec la nature

(*a*) Pag. 477, 478.
(*b*) *Ibid.* 477.

divisible inhérente aux corps, et qui résistoit à cette réunion ; et créa de ce mêlange une ame raisonnable, qu'il plaça au centre du monde, qu'il étendit dans le tout, et qu'il revêtit pour ainsi dire de tous les êtres corporels (129). Alors cette ame divine devint la reine et la directrice du monde ; le monde lui-même fut un animal raisonable, ou une divinité heureuse et immortelle, qui devoit continuer son bonheur dans toute l'éternité, et d'une manière immuable (*a*).

Après avoir produit l'ame du monde, la divinité produisit le ciel et les astres, et avec eux, le tems et toutes ses parties ; savoir, les jours et les semaines, les mois et les années qui n'existoient point auparavant. Il alluma, pour éclairer les habitans de la terre deux grandes lumières dans le soleil et dans la lune, qui étoient les plus près d'eux ; et il les établit, ainsi que les autres corps célestes, pour mesurer le tems (130). Mais tous les astres ne reçurent pas le même mouvement ; car les étoiles fixes seulement ont leur mouvement dans la direction la plus conforme à leur immuable auteur. Le mouvement des

(*a*) Pag. 480.

planètes, au contraire, est un reste des effets de l'ame éternelle qui agitoit la matière sans ordre ni règle : effets que la divinité elle-même, avec sa toute puissance, n'a pu réprimer entièrement. De même que la révolution du cercle que la lune et le soleil parcourent, font un mois et une année ; de même une grande année céleste sera révolue, lorsque tous les corps célestes seront retournés au même point d'où ils étoient partis d'abord, et auront la même position qu'ils avoient au premier moment de leur existence (*a*).

Après que la divinité eut créé et animé les astres, et qu'elle en eut fait des Dieux visibles ; elle produisit les natures divines, invisibles (*b*). A la vérité, dit Platon, il est au-dessus de nos forces, de bien connoître et faire connoître l'origine et la nature de ces natures ; mais il est difficile aussi de refuser sa croyance aux hommes divins qui ont chanté leurs destinées et leurs actions, et qui pouvoient les connoître, puisqu'ils étoient les plus près de leurs auteurs. Le plus sûr est

---

(*a*) *Somn. Scip.* c. 7. Platon donnoit à cette grande année plusieurs milliers d'années.

(*b*) Pag. 481.

donc d'obéir aux lois de la patrie, et de suivre les fils des Dieux, même lors qu'ils ne fournissent pas des preuves suffisantes. En conséquence, Platon raconte l'origine des Dieux des Grecs, comme Homère et Hésiode l'ont chantée ; et il conserve aussi les noms et les divisions des natures divines, tels qu'il les avoit trouvés établis chez sa nation. Il parle avec les anciens poètes, de Dieux, de Démons, de demi-Dieux et de héros (131) ; il n'adopte, outre les astres ou Dieux visibles, qu'une seule classe de substances supérieures, savoir celle des Démons ; classe du sein de laquelle les ames des hommes sont descendues sur la terre, et à laquelle elles retourneront se réunir (132). Il croyoit que ces Démons étoient beaucoup inférieurs aux Dieux pour la force, les connoissances et les autres perfections, et qu'ils avoient beaucoup de différences entr'eux ; mais qu'ils étoient exempts de toute méchanceté et envie de nuire (133). Ils étoient tous, dit-il encore, revêtus de corps légers ou aériens, et répandus au-dessus du ciel et des astres, comme au-dessus de la terre (*a*). Les derniers qui errent invisibles,

---

(*a*) *Ibid.*

sur la terre, étoient appelés par lui, les serviteurs et les messagers des Dieux ; chargés par ces derniers de leur porter les prières et les vœux des hommes, de porter aux hommes les ordres des Dieux ; et de protéger et surveiller tous les habitans de la terre, raisonnables ou irraisonnables (*a*). Enfin, il soutenoit que tous ces Démons étoient les directeurs et les auteurs des prédictions, des pressentimens ; et qu'à eux seuls étoient consacrés les fêtes, les sacrifices et les mystères (134).

Lorsque l'architecte de l'univers eut produit les Dieux visibles et invisibles, il considéra dans son esprit le modèle éternel du plus parfait des mondes, et y trouva encore le modèle ou l'image de trois espèces de créatures, qui devoient être produites dans le monde réel, pour qu'il ne restât pas incomplet (*b*). Ces créatures qui manquoient au complément du monde, étoient les habitans de l'air, de la terre et des eaux. Avant que de les produire, il assembla tous les Dieux visibles et invisibles, et leur tint le discours suivant. « Mes chers fils, quoique tout ce qui a été produit, ne

---

(*a*) *Ibid.* et Eutyphr. p. 6, *de Rep.* vol. II, p. 391, *in fine.*

(*b*) *In Tim.* p. 481, 482.

soit point de sa nature immuable et impérissable, par un effet de ma volonté gracieuse, vous n'éprouverez jamais la mort; car il seroit injuste d'anéantir des êtres faits et composés avec tant de beautés et d'harmonie. Mais il faut qu'il y ait encore, outre vous, trois autres espèces de natures mortelles, sans lesquelles le monde seroit incomplet, et indigne de moi. Ces créatures mortelles ne peuvent point sortir de mes mains, parce qu'alors, elles seroient immortelles, et semblables à vous, mes chers fils (135). Afin donc qu'il n'en soit pas ainsi, chargez-vous de la création de ces animaux, et imitez ma force productrice et mes œuvres. Mais quant à l'affinité qu'ils doivent avoir avec notre nature, je vais vous préparer le travail; puis vous joindrez aux parties essentielles et immortelles, les parties passagères, que vous produirez, que vous éléverez, et que vous reprendrez lorsqu'elles seront mortes. »

Lorsque le Dieu des Dieux eut parlé ainsi; il mêla de nouveau ce qui restoit dans le vase où il avoit formé l'ame du monde, en y joignant cependant une plus grande dose de parties divisibles et inégales; il sema au-dessus des astres, les ames qui résultèrent de ce mélange, et leur fit connoître la nature du tout, et les lois immuables du destin, ou plutôt les résolutions de sa volonté. Aucune d'elles, dit-il, ne pourra se plaindre de son sort ou d'aucun tort; puisqu'elles ont toutes la même origine et le même destin. Car après que chacune aura été disséminée sur les instrumens du tems conformes à sa nature, il se formera d'elle une créature adorant Dieu, savoir l'homme (136). Or comme la nature humaine est divisée en deux sexes (*a*), les ames paroîtront d'abord sous la forme de l'homme, comme étant la meilleure. Aussitôt après cette union avec des corps changeans, leurs parties se perdront et se recouvreront; elles seront liées à un sentiment délicat, cause des mouvemens les plus violens; elles le seront avec la joie et la tristesse, avec la crainte, la colère et d'autres passions violentes; dont la modération et la destruction, les reportera dans leurs demeures primitives, savoir dans les astres; et dont la domination et la victoire leur attirera une seconde punition et une seconde métamorphose. Pour punition de leurs fautes, elles recevront encore une fois la forme humaine, mais seulement dans des corps de femmes; et si cette

(*a*) Pag. 482.

punition ne les corrige pas, elles seront reléguées dans des corps d'animaux, les plus conformes à leurs inclinations vicieuses (137). Ces migrations dans des corps d'animaux laids et immondes, ne cesseront que lorsque les ames se seront purifiées de toutes les impuretés de la matière.

Lorsque la divinité eut fait connoître ces lois aux ames; afin qu'on ne pût pas lui reprocher toutes les foiblesses et tous les vices dans lesquels elles pourroient tomber, elle les sema au-dessus du soleil, de la lune et des autres astres; et ordonna aux Dieux de former des corps mortels, ainsi que les parties et les facultés qui manquoient encore aux ames (138); afin que les hommes qui seroient formés ne manquassent de rien pour passer leur vie aussi agréablement qu'il est possible, et ne pussent point se nuire à eux-mêmes. Les fils des Dieux obéirent aux ordres de leur père; ils empruntèrent du feu, de la terre, de l'eau et de l'air, autant de parties substantielles qu'il étoit nécessaire; ils les joignirent ensemble avec des liens invisibles, mais non indissolubles, pour n'en faire qu'un seul corps, auquel ils unirent fortement l'ame immortelle. Après cela, ils formèrent dans le corps deux ames dépourvues de raison, inséparables de la nature corporelle, et qui, comme leur mère, la maîtresse irraisonnable de la matière, devoient être adoucies, et forcées à l'ordre et à l'harmonie, par le moyen de leur union avec une nature supérieure et meilleure (139). La première de ces ames irraisonnables devint le siége, non-seulement des plaisirs dangereux qui entraînent l'homme à sa perte, et des douleurs cuisantes qui l'éloignent du bien; mais aussi de l'audace et de la crainte, ces conseillères déraisonnables, qui poussent à la colère indomptable, à l'espérance trompeuse, à l'amour tyrannique, à l'ambition effrénée, à l'envie dévorante, et à toutes les passions monstrueuses qui naissent de la même source. Mais afin que l'ame divine, qui habite la tête, ne fût pas souillée par sa communication avec cette ame irraisonnable; les Dieux placèrent la dernière dans la poitrine, et la séparèrent de la première par le cou, comme par une cloison (140). Ils éloignèrent encore davantage de l'ame destinée à diriger l'homme, la seconde ame irraisonnable. Cette mère des desirs violens pour le manger et le boire, pour la jouissance des plaisirs des sens, et même pour les richesses qui servent à les satisfaire, fut attachée par eux dans le bas-ventre, afin qu'elle fût moins en état de pousser des cris, et de faire des révoltes. Elle est d'autant plus dangereuse, que, semblable à une mangeoire, elle reçoit et élabore tous les vivres, et demande par conséquent à être toujours remplie (141). Après que ces deux ames irraisonnables eurent été jetées dans le corps, l'ame raisonnable y fut lancée d'abord comme un tourbillon violent; et toute la nature humaine fut ébranlée par les attaques et les combats les plus vifs. Les impressions étourdissantes produites sur les sens par les objets extérieurs, et portées de là jusqu'à l'ame; les sucs nourriciers qui, dans leur circulation, fermentent comme des fleuves impétueux qui se rencontrent dans leur course opposée, poussèrent l'homme dans toutes sortes de directions, et firent que sa partie la plus noble, sans être entraînée tout à fait, ne pouvoit non plus triompher entièrement de ses ennemis (142).

Il y a beaucoup d'hommes, continue Platon dans ses lois, qui croient à la vérité qu'il y a des Dieux, et que ces Dieux ont produit le monde; mais qui, à la vue de l'impunité et du bonheur constant de tant d'hommes vicieux et d'oppresseurs injustes, doutent que les Dieux se mêlent des hommes et de leurs affaires. Cependant il est aisé de prouver que la divinité embrasse dans sa providence tous les objets grands et importans, aussi bien que ceux qui paroissent petits et de peu d'importance. Certainement elle est l'essence des perfections les plus sublimes ; elle est exempte de tous les défauts ; et particulièrement de ceux que les hommes regardent et punissent comme des vices. Ainsi ni l'ignorance, ni la foiblesse, ni la paresse, ni la volupté, ni l'abattement produit par les plaisirs ou la douleur, et moins encore la méchanceté, ne peuvent empêcher la divinité de gouverner le monde, et de veiller au bonheur de toutes les créatures, et par conséquent à celui de l'homme. Nous autres hommes foibles, nous estimons au-dessus des autres, nous estimons d'autant plus les généraux, les pilotes, les pères de famille ou toute autre personne, qu'ils prennent plus soin, dans les devoirs de leurs places, non-seulement des grandes choses, mais aussi des petites, sans lesquelles les grandes ne sauroient subsister. Comment donc pourroit-on croire que la divinité est moins bonne et agit moins bien que ses créatures? Je ne puis pas non plus, ajoute Platon, en adressant la parole à son lecteur, douter de la providence divine, parce que tu as souffert, et que tu souffres encore des peines que

tu

tu n'as pas méritées. La divinité créa le monde pour la plus grande perfection et le plus grand bonheur du tout; ainsi, tu peux être sûr que la partie de bonheur qui doit te revenir, ne t'échappera point. Mais, tu ne dois pas te répandre en plaintes ou en murmures; tu ne dois pas exiger que le monde n'existe que pour toi seul; et qu'il ne soit occupé qu'à te combler de bonheur, et à éloigner de toi toutes sortes de maux. Au milieu de toutes les adversités que tu éprouves, tu peux toujours te consoler, en pensant que ce que tu souffres, concourra au bien général, et enfin surement aussi au tien. L'histoire et l'expérience t'instruisent de deux lois éternelles de la nature, ou de deux décrets de la divinité, savoir, que la vertu triomphe à la fin du vice; et que chaque ame est abattue ou élevée, et qu'elle se trouve dans un état bon ou mauvais, selon qu'elle se perfectionne, ou qu'elle se corrompt elle-même. De même que tu peux être persuadé que la divinité ne t'abandonnera pas, si tu exécutes sa volonté; de même tu peux croire avec assurance que, dans quelque profondeur que tu tombes, ou à quelqu'élévation que tu sois porté, tu ne peux échapper ni à l'œil ni au bras de la divinité (143).

Une chose qui est presqu'aussi nuisible et

aussi dangereuse que de nier l'existence de la divinité ou de la providence, c'est de croire que les présens, les sacrifices, ou les actions du culte religieux, que l'on fait avec un cœur pervers et corrompu, peuvent nous rendre les Dieux propices. Si l'on croit que la divinité, pour quelques présens, peut s'oublier et trahir le bonheur du monde, on a d'elle une plus mauvaise idée que des bergers, des pilotes et même des chiens, dont aucun n'abandonneroit son vaisseau ou son troupeau, pour quelque misérable gain (*a*). Et que pouvons-nous offrir à la divinité, que nous ne tenions d'elle ? Le véritable service divin ne consiste surement pas dans un commerce fondé sur l'intérêt, ou dans un échange d'offrandes et de présens, contre des bienfaits et du bonheur; mais dans une disposition franche à suivre la volonté de la divinité, et à faire, autant qu'il est possible, son bonheur et celui des autres, par des actions vertueuses (*b*). Si l'on croit, dit encore Platon, avec chaleur, dans *sa République*, si l'on croit, comme l'ont chanté quelques anciens poètes, et comme l'enseignent encore quelques corrupteurs des ames, que

---

(*a*) *De leg.* l. c.

(*a*) *In Eutyphron*, p. 6.

les Dieux sont inconstans, vindicatifs, querelleurs et méchans; qu'ils vivent entr'eux en querelles et en inimitiés; qu'ils peuvent nuire aux hommes; qu'ils ne récompensent pas la vertu, et ne punissent pas le vice; mais qu'ils ne sont avares ou prodigues de leurs grâces, qu'à proportion qu'on est plus ou moins libéral envers eux (*a*) : on les blasphême autant qu'en niant leur existence et leur providence. Dans chaque état bien réglé, il devroit y avoir des lois pour punir ces deux espèces d'hommes, les impies et les blasphémateurs (*b*). On pourroit encore les diviser les uns et les autres en deux classes. Quelques-uns nient à la vérité l'existence de la divinité et de la providence, et se moquent des sermens, des sacrifices et des autres actions du service divin; mais ils n'en abhorrent pas moins toutes les actions méchantes et injustes, et ils vivent aussi bien que les adorateurs les plus zélés de la divinité et de la vertu. D'autres au contraire, en niant les mêmes vérités, tombent dans toutes sortes d'excès et de méchancetés; mais ils cachent leur incrédulité, et abusent même, pour leur avantage, de la crédulité des foi-

(*a*) *Ibid.* et *de Rep.* II, 100 et suiv. 144 et suiv.
(*b*) *Ibid.*

bles; en leur faisant accroire avec une hypocrisie perfide, qu'avec certains sacrifices et certaines cérémonies secrètes, ils peuvent évoquer les ames des morts, apaiser ou fléchir les Dieux, effacer la peine due aux péchés, et procurer une vie heureuse après la mort du corps. Platon croyoit que les incrédules de la première classe devoient être retranchés pendant cinq années de la société de leurs concitoyens, qu'on devoit tâcher, par de sages représentations, de les ramener à la vérité; et que lorsqu'ils étoient guéris après ce tems, on pouvoit les recevoir de nouveau. Mais il pensoit que s'ils persistoient ou s'ils retomboient dans leurs erreurs, on devoit les retrancher entièrement du corps politique, comme des membres corrompus. Quant aux imposteurs qui trompoient des villes entières ou de riches particuliers, il vouloit qu'on les condamnât pour leur vie à une prison obscure, non pour les corriger, mais pour les punir; qu'on les privât de tout commerce avec les hommes libres; et qu'après leur mort, on jetât leur corps hors des frontières, de peur que leurs restes corrompus n'infestassent le pays et ses habitans (*a*).

(*a*) *Ibid.*

Après avoir exposé les idées les plus importantes de Platon sur Dieu, sur la création et le gouvernement du monde, je vais rapporter en peu de mots, sa doctrine sur les modèles éternels ou images primitives. Il se figuroit ces modèles ou images, comme des idées générales d'espèces qui contenoient et exprimoient toutes les qualités essentielles ou l'essence des choses; et qui existoient de toute éternité dans l'esprit de Dieu (*a*). La divinité, en créant le monde, considéroit, selon lui, ces idées primitives; comme un artiste considère l'idéal de la chose qu'il veut imiter : de sorte que toutes les espèces de choses avoient été produites d'après ces modèles (*b*). Toutes les choses, selon lui, ne sont réelles qu'en raison de leur participation à ces modèles (144); ainsi l'on ne peut dire des corps, des hommes, des actions, qu'ils sont beaux ou laids, bons ou méchans, justes ou injustes, qu'à raison de leur ressemblance ou de leur différence avec les modèles d'après lesquels ils ont été produits (*c*). Les idées ou les modèles seuls

(*a*) *In Tim.* p. 477. *Eutyphr.* p. 3. *Polit.* p. 116.
(*b*) *Ibid.* et *de Rep.* lib. VI, vol. II, p. 4.
(*c*) *Ibid.*

constituent l'essence des choses ; et avec leur père, elles forment l'espèce unique de toutes les choses immuables et impérissables (*a*). Mais tous les corps ne peuvent être regardés comme des choses réelles, que dans un sens impropre ; parce qu'ils sont sujets à changer continuellement, et même à périr (*b*). Les premières sont l'unique objet de la vérité, et c'est dans leur connoissance et leur recherche que consiste uniquement la vraie sagesse. Les seconds, au contraire, ne peuvent être que les objets des *opinions* vraies ou fausses, et jamais produire une connoissance certaine et incontestable ; parce qu'au moment qu'on les aperçoit, ils changent et ne sont plus les mêmes (*c*). Ainsi Platon disoit avec raison, en parlant de lui-même, qu'il réunissoit Héraclide avec Parménide (*d*). Il soutenoit, comme le premier, que toutes les choses corporelles étoient dans un flux continuel, et il ne nioit pas cependant qu'il existât des choses

---

(*a*) *In Tim.* l. c. et *in Phœd.* X, p. 29, 40.

(*b*) *In Phœd.* p. 40, *in Theaet.* p. 82, *in Parm.* p. 141. et sur tout *de Rep.* V, vol. I, p. 402—406, et vol. II, lib. VI, p. 60, 70, 88. VII, 94, 98, 114.

(*c*) *Ibid.* et *in Cratyl.* p. 68.

(*d*) *In Theaet.* p. 83, 86 et *in Soph.* p. 108.

fixes, immuables ou toujours semblables à elles-mêmes (145). C'est avec non moins de justesse qu'Aristote a observé (*a*) que la doctrine de l'école d'Héraclite sur le flux continuel de toutes les choses corporelles, que Platon avoit adopté, depuis son enfance, comme une vérité, et l'incompréhensibilité de toutes choses qui résulte de cette doctrine, l'avoient amené à penser que les idées générales des espèces, et l'explication que Socrate en avoit donnée le premier, étoient les seules choses immuables, et l'objet des véritables connoissances de l'homme. Il n'est presque pas besoin d'ajouter qu'Aristote regardoit les idées de Platon comme de pures fictions, ou du moins comme des images poétiques (146).

Cette doctrine des idées, et un état antérieur des ames humaines, sont les fondemens de toute la philosophie de Platon; et en même-tems les premières erreurs d'où sont nées presque toutes les autres spéculations erronnées de ce philosophe; et qui l'ont éloigné de la vérité dans ses opinions sur la nature et la destination de l'homme, sur la vérité et le

---

(*a*) *Met.* α, cap. ϛ, p. 15, ed. Sylb. Gr. et lib. μ, cap. δ, et ε, p. 217, 220.

bonheur, sur les moyens de parvenir à l'une et à l'autre.

Quoique tous les hommes, sans exception, dit Platon, viennent d'une source divine, et qu'ils soient des plantes célestes, ou des êtres sacrés et inviolables (*a*); quoique toutes les ames des hommes aient été auparavant des Démons heureux, et qu'on pût même leur donner encore le nom de Démons (147); il se trouve cependant entre les hommes, composés de corps et d'ames, un grand nombre de différences primitives. Dès le moment de leur existence, les ames n'étoient pas également pures et fortes; elles ne ressembloient pas également à leur créateur. Pendant leurs vies de Démons, elles ne s'élevoient pas toutes également vers la divinité, elles ne considéroient pas la vérité éternelle aussi long-tems les unes que les autres, et avec une égale attention. Même lorsqu'elles s'éloignoient de la vérité, elles ne se dégradoient pas toutes également, et n'étoient par conséquent pas toutes également coupables; de sorte que leur punition sur la terre, n'est pas égale pour toutes, ni leur retour à la félicité, aussi dif-

---

(*a*) Plat. *in Tim.* p. 500; *in Minoe.* p. 510.

ficile pour les unes que pour les autres (*a*). Or selon le degré de peine que chaque ame s'est attirée, on leur distribue, sur cette terre, des corps, dont la conformation et les divers mêlanges, joints à la manière dont ils sont élevés, peuvent tellement favoriser ou retarder les progrès de l'homme dans la carrière de la vérité et de la vertu ; que l'on peut assurer que le mérite ou le démérite des hommes qui reçoivent l'existence, dépendra presqu'entièrement d'eux-mêmes ; que l'homme ne peut être corrompu que par les hommes ; et que s'il est corrompu, il faut moins s'en prendre à lui-même qu'à ceux qui l'ont engendré et élevé (*b*). Dans la plupart des hommes, il y a une disproportion dangereuse entre le corps et l'ame ; parce que la dernière est ou trop forte, ou trop foible pour le premier. Dans le premier cas, l'âme agite si fortement le corps, elle le consume si puissamment par le feu violent qu'elle lui communique, et l'épuise si promptement par l'activité continuelle et les efforts dans lesquels elle l'entretient, qu'il est forcé de périr. Dans le second cas, l'ame

(*a*) Voy. l'allégorie qui est dans le Phœdrus.

(*b*) *In Tim.* p. 499.

foible est traînée par le corps et ses passions, comme une esclave enchaînée; ou si ces passions sont aussi froides qu'elle est foible, elle ne peut mouvoir que lentement et avec beaucoup de peine, la lourde masse du corps dont le poids l'accable. Lorsque l'ame l'emporte trop sur le corps, il en résulte, à la vérité, des hommes pénétrans et actifs; mais aussi inconstans et variables, et qui abandonnent et changent aisément les bonnes impressions et les résolutions salutaires. Mais lorsqu'au contraire, c'est le corps qui l'emporte sur l'ame, il en résulte ou des hommes foibles et méprisables qui, comme des roseaux, sont agités sans cesse par les moindres vents du plaisir ou de la douleur, de l'espérance ou de la crainte; ou des créatures paresseuses et immobiles, auxquelles on ne peut communiquer du mouvement que par des commotions violentes (*a*). Mais il n'y a rien de plus rare que les heureux mortels chez lesquels l'ame et le corps sont dans une telle harmonie et dans un tel équilibre, que l'une règne sur l'autre sans le détruire, et que l'autre obéit volontairement à la première, sans l'assujétir,

---

(*a*) *Ibid.*

ou la gêner dans ses fonctions (*a*). On ne peut vraiment appeler hommes accomplis, que ceux chez qui les forces de l'ame et du corps sont dans un juste équilibre, parce qu'ils ne sont ni affoiblis par une abondance nuisible de parties, ni mutilés par un défaut de parties nécessaires. De tels hommes offrent le plus beau des spectacles, parce qu'on voit en eux la proportion la plus parfaite qui puisse plaire à l'esprit humain, ou le satisfaire. Ce sont eux aussi qui méritent le nom d'hommes heureux et de natures philosophiques (148). Ils ont non-seulement une curiosité extraordinaire pour toutes les connoissances utiles : mais aussi ils conçoivent plus promptement que les autres hommes; retiennent plus long-tems; tirent plus de conséquences et de choses nouvelles, des choses qu'ils ont apprises. Ni les difficultés, ni les dangers ne les détournent de la recherche de la vérité; et ils joignent à l'activité et au feu de leur nature, une fermeté de caractère inébranlable, et une douceur aimable : qualité qui accompagne si rarement les premières (*b*).

(*a*) *Ibid.*

(*b*) Plat. *de Rep.* V, vol. I, 336, 394, lib. VI, vol. II, p. 8, 54, 56. VII, p. 136, 138.

Mais pour que ces hommes parfaits ne dégénèrent pas, il faut aussi, que l'ame et le corps soient continuellement et uniformément remués et fortifiés, la première par les arts et les sciences; le second par des exercices gymnastiques (*a*). Les natures même les plus parfaites se détériorent, lorsque par la corruption dominante des mœurs, l'ame est remplie de desirs impurs, et le corps affoibli par la mollesse, et par l'intempérance qui le corrode. Ces deux dernières produisent non-seulement une quantité innombrable de maladies dans le corps, mais elles attaquent aussi l'ame et le siége de l'ame, et y jettent la nonchalance, l'incapacité, l'humeur, l'abattement, l'audace furieuse ou une crainte efféminée (149). Une chose non moins funeste pour la santé et l'harmonie du corps et de l'ame, c'est la corruption du peuple parmi lequel on est né. Car sans une direction particulière de la providence, il est presqu'impossible, que le meilleur des hommes se conserve pur et sans tache, lorsque, depuis son enfance, il habite un état malade, où les grands talens, les grandes vertus et les belles actions

---

(*a*) *De Rep.* vol. I, p. 236, *in Tim.* p. 484, 499.

sont tournés en ridicule et même punis ; où les crimes et les vices dominent et obtiennent des récompenses, et où l'on recherche les voluptés les plus honteuses, comme les seuls vrais biens. Mais les hommes extraordinaires, étant une fois corrompus, sont infiniment plus dangereux que les ames ordinaires qui, n'ayant pas beaucoup de talens, ne peuvent faire ni beaucoup de bien ni beaucoup de mal (*a*).

Ainsi, selon Platon, les causes les plus importantes de la différence des hommes, se trouvent dans la perfection plus ou moins grande des ames au moment de leur création ; dans l'usage ou l'abus plus ou moins grand qu'elles ont fait de leurs facultés, lorsqu'elles étoient encore dans l'état de Démons, dans la disposision première et particulière de chaque corps auquel elles sont unies ; et enfin dans l'éducation bonne ou mauvaise employée pour former l'ame et le corps. De même que l'ame, continue Platon, est la partie la plus noble de l'homme ; de même la tête est la partie la plus noble du corps (*b*). Les preuves de sa

(*a*) *De Rep.* lib, VI, V, II, p. 26—34.
(*b*) *In Tim.* p. 483.

perfection et de sa domination sur toutes les autres parties, sont sa situation droite, sa forme parfaite, la réunion de presque tous les sens que les Dieux ont formé en elle. Parmi ces sens, la vue est le plus important, et certainement le présent le plus précieux de la divinité (*a*). Sans les yeux, nous n'aurions aucune connoissance des corps lumineux du Ciel, de l'ordre dans lequel ils sont disposés, de leurs mouvemens; nous ne connoîtrions jamais la marche et la suite des heures et des saisons; jamais les autres beautés infinies du monde, et jamais par conséquent, nous ne pourrions avoir l'idée d'un dieu sage, bon et puissant (150). Toutes les sensations que nous recevons par les yeux, peuvent, considérées en elles-mêmes, et abstraction faite de leurs causes, être divisées, comme celles des autres sens; savoir, en sensations agréables, désagréables, indifférentes et mêlées; ces sensations sont éprouvées, ou par le corps seul, par l'ame seule, ou par l'un et l'autre en commun (*b*). Les plaisirs et la douleur

---

(*a*) *Ibid.* p. 484.

(*a*) *De Rep.* vol. II, lib. IX, 260—270. Phileb. p. 162.

résultent de certains changemens ou mouvemens de notre nature, mais seulement de ceux dont nous avons la conscience ; car les changemens insensibles et peu considérables qui s'opèrent en nous, comme dans tous les autres corps, ne produisent en nous ni sensations agréables, ni sensations désagréables (*a*). Nous éprouvons des sensations de douleur lorsqu'il se passe en nous des mêlanges ou des secrétions, des surabondances ou des épuisemens, des augmentations ou des diminutions qui suspendent ou troublent la liaison ou l'harmonie naturelle et primitive des parties (*b*). Les sensations agréables, au contraire, sont produites en nous, lorsque l'harmonie naturelle des parties augmente, ou qu'elle se rétablit après avoir été troublée ; et en général lorsque tous les mêlanges et toutes les secrétions, toutes les augmentations et les diminutions du corps sont conformes aux desseins et aux lois de la nature (*c*). Mais lorsque nous n'éprouvons ni plaisir ni douleur, nous sommes dans un état d'indifférence qui tient le milieu entre les

---

(*a*) *In Phil.* p. 166.
(*b*) *Ibid.* et p. 64.
(*c*) *Ibid.*

deux (151). Cet état semble souvent être un état de plaisir, et souvent même d'un plaisir très-vif. Les malades et les autres personnes qui ont éprouvé des douleurs cuisantes, ou qui en éprouvent encore, conviennent toutes, qu'il n'y a rien de plus doux que le changement ou l'absence de la douleur (*a*). Mais on se fait illusion, en croyant que l'absence totale de la douleur et du plaisir soit un état agréable; car il est impossible que ce qui n'est ni douleur ni peine, puisse être en même-tems l'une et l'autre. L'état d'indifférence ne paroît desirable ou désagréable, que lorsqu'on le compare avec un état réel de douleur ou de plaisir. Ainsi pour dire que l'état d'un homme qui ne souffre point est agréable, il faudroit pouvoir dire aussi que l'état de celui qui ne jouit d'aucun plaisir est désagréable; c'est-à-dire qu'il faudroit pouvoir dire en même-tems de cet état des choses contradictoires.

Cependant, continue Platon (*b*), plusieurs sages (*c*) ont soutenu qu'il n'y avoit que deux états dans l'homme, l'état du plaisir et celui de la douleur; et ont cru que tout plaisir

(*a*) *De Rep.* l. c.

(*b*) *De Rep.* II, 262, *imp. in Philebo*, p. 167.

(*c*) Il entendoit par là les Sophistes.

consiste

consiste dans la cessation de la douleur, et toute douleur dans la cessation du plaisir; et qu'il n'existe aucun plaisir pur, ou qui ne soit pas mêlé de quelque douleur (*a*). Assurément l'expérience nous apprend que la plupart des plaisirs du corps, une grande partie des desirs produits par les besoins corporels, toutes les passions contraires aux lois de la nature et aux règles de la raison, et la satisfaction et la jouissance de toutes ces choses, sont des états mêlés, dans lesquels le plaisir l'emporte quelquefois sur la douleur, ou la douleur sur le plaisir; et où quelquefois aussi ils sont à peu près dans un juste équilibre (*b*). L'action de satisfaire la faim et la soif, celle de gratter ou frotter les parties sur lesquelles on éprouve une vive démangeaison, la jouissance même des plaisirs sensuels de l'amour, nous font éprouver des sensations mêlées, c'est-à-dire des sensations agréables mêlées de douleur : sensations dans lesquelles le plaisir est d'autant plus vif, que les besoins apaisés étoient pressans, que la douleur étoit sensible (*c*).

(*a*) *Ibid.*

(*b*) *Ibid.* et p. 163, 168, *in Phil.* et *de Rep.* II, 262 et suiv.

(*c*) *In Phil.*, p. 167.

Or comme les plaisirs augmentent en proportion de la douleur qu'ils apaisent, et que l'état dans lequel la diminution de certaines choses devient pénible et produit des besoins douloureux, est vraiment une maladie ; on peut regarder comme des vérités que les sensations mêlées sont les plus grands de tous les plaisirs ; et que les plus grands plaisirs ne sont pas éprouvés par les hommes sains, mais par ceux dont l'ame et le corps sont dans un état de maladie (*a*). De même que ceux qui ont la fièvre boivent avec beaucoup plus de plaisir, que ceux qui se portent bien, parce qu'ils ont une soif violente ; de même aussi les intempérans éprouvent des sensations bien plus vives dans la jouissance des plaisirs des sens, que les gens tempérans et modérés ; s'ils ont nourri plus long-tems leurs desirs, et qu'ils les aient enflammés jusqu'à devenir une espèce de fièvre (*b*). Ces plaisirs, les plus vifs de tous ceux dont puissent jouir les hommes, que le voluptueux préfère à tous les autres, et dont l'homme sage et modéré se garde sur tout, sont toujours des sentimens dans lesquels

---

(*a*) Pag. 167.

(*b*) *Ibid.*

la douleur même est un aiguillon pour le plaisir (*a*). Le rapprochement et l'éloignement changent le prix des plaisirs et de la douleur ; et il en est de même du mêlange et de la réunion des uns et de l'autre (*b*). Les plaisirs augmentent par le mêlange de la douleur, et la douleur, au contraire, diminue par sa réunion avec les plaisirs (*c*). Ainsi, quoique les sentimens dans lesquels la douleur l'emporte sur le plaisir, causent beaucoup de peine ; ils n'en causent pas moins des plaisirs très-vifs, qui mettent l'homme hors de lui-même (*d*). C'est ce qui arrive dans certaines maladies où une grande irritation intérieure ne peut être entièrement apaisée par le frottement des parties extérieures. Mais lorsque, dans la coupe des plaisirs, on verse seulement quelques gouttes de peines, il en résulte un desir violent ou une rage de plaisir qui transporte les hommes, comme les animaux, dans le tems de l'amour, les fait crier et sauter de joie, leur fait faire toutes sortes de mouvemens comme dans des

(*a*) *Ibid.* et p. 168.
(*b*) *Ibid.* p. 166, et *de Rep.* V, II, 268.
(*c*) *Ibid.*
(*d*) Phil. p. 168.

convulsions violentes, et leur arrache l'aveu qu'ils sont près de mourir de plaisir (152).

Non-seulement les plaisirs du corps les plus vifs, mais encore les desirs dont ils produisent la satisfaction, sont des sentimens mêlés (*a*). Tous les desirs, comme par exemple ceux de manger et de boire, résultent du sentiment d'une privation ou d'une diminution ; sentiment qui est accompagné de déplaisir. Ces sentimens excitent dans l'ame le souvenir des objets qui remédient à la privation, et le desir de ces objets. Tout desir est donc un mouvement de l'ame vers le contraire de ce qu'on souffre ; un mouvement produit à la vérité par la privation du corps, mais qui réside entièrement dans l'ame, et qui n'auroit point lieu sans la mémoire et le souvenir. Tout desir consiste donc dans le sentiment désagréable d'une privation, et en même-tems dans l'image agréable et l'avant-goût des moyens, qui détruisent cette privation ; c'est donc un état mêlé de sentimens agréables et de sentimens désagréables. On peut dire la même chose de toutes les espérances et de toutes les craintes, de tous les sentimens que font éprouver les

(*a*) *In Philebo*, p. 163, 164.

biens ou les maux à venir; soit qu'ils soient composés du sentiment d'une privation présente, et de l'avant-goût d'un bien à venir; soit qu'ils le soient du sentiment d'un bonheur présent, et de la crainte d'un malheur à venir (153). Enfin on peut dire avec vérité de toutes les passions déraisonnables, de la crainte et de la colère, des desirs ardens et de l'abattement, de l'amour et de la jalousie, de l'envie et des autres maladies de l'ame; ainsi que de la satisfaction de toutes ces passions, qu'ils sont mêlés de douceur et d'amertume, et qu'ils ne produisent pas seulement de la douleur, mais aussi du plaisir (*a*). Par exemple, l'envie est une tristesse occasionnée par le bonheur des autres, mais jointe aussi au plaisir que l'on éprouve lorsqu'ils sont dans le malheur. De sorte que lorsqu'à la représentation d'une comédie, nous rions des fautes et des foiblesses de nos semblables, qui ne font de mal à personne; (et celles-là seules sont ridicules) nous éprouvons un mêlange de plaisir et douleur, semblable à celui que nous ressentons à la représentation d'une tragédie, lorsque nous éprouvons en même-tems du plaisir et de la peine, en prenant part

(*a*) *In Phil.* p. 168, 169.

aux souffrances des autres. C'est ce qui arrive non-seulement aux représentations théâtrales, mais aussi sur la grande scène de la vie. De sorte que l'on peut assurer que le corps seul, ainsi que l'ame seule, ou tous les deux ensemble, reçoivent une multitude de sentimens, qui ne sont ni des plaisirs purs, ni des peines sans mêlange.

Mais malgré le grand nombre et la vivacité des sentimens mêlés, il n'est pas moins vrai que tous les sentimens agréables n'appartiennent point à cette classe, dans laquelle il ne faut point chercher les vrais plaisirs (*a*). Tous les plaisirs que procurent les belles couleurs et les belles formes des corps, les odeurs et les sons agréables, et plus encore l'augmentation et la perfection de nos connoissances, ainsi que l'admiration et l'exécution des actions belles et nobles, sont pures et sans mêlange; ils ne sont point produits par la satisfaction de quelque desir pénible et sensible, et ils ne laissent après eux aucune douleur, ou desir douloureux. Ces plaisirs sont les seuls plaisirs vrais et purs; ceux au contraire qui sont mêlés de douleur, sont faux et trompeurs; ce ne sont que des ombres de

(*a*) *De Rep.* l. c. et *in Phil.* p. 165, 169.

plaisirs, qui paroissent autre chose qu'ils ne sont en effet ; des plaisirs produits par des objets qui ne sont pas, qui ne furent jamais, qui ne deviendront jamais tels qu'on se les figure ordinairement. Pour bien juger des plaisirs purs et des plaisirs mêlés, et les comparer ensemble ; il ne faut pas avoir égard seulement à leur vivacité, mais à la valeur intérieure du plaisir, et à ce qu'ils sont en eux-mêmes. Alors on verra bientôt que dans les sensations agréables et mêlées, le plaisir est ordinairement dissipé par la douleur ; au lieu que dans les sentimens purs et sans mêlange, il ne se trouve rien qui ne tourne au profit du plaisir. Ceux donc qui ne connoissent pas les joies pures de la vérité et de la vertu, et qui ne regardent comme des plaisirs que les sensations agréables qui sont mêlées de sentimens désagréables, ou qui résultent de la cessation des desirs pénibles ; ressemblent à des gens qui, étant emportés vers un endroit élevé, croient y être parvenus lorsqu'ils ne sont encore qu'au milieu de la route ; ou à ceux qui croient qu'une chose jaunâtre est blanche, parce qu'elle paroît telle à côté d'une chose noire qu'ils ont regardée auparavant (*a*).

(*a*) *Ibid.*

Si l'on considère les sensations relativement à leurs causes, on peut, dit Platon, les diviser encore en diverses classes; et particulièrement en sensations réelles et sensations fausses, en sensations obscures et sensations claires. Les sensations réelles sont celles produites en nous par des corps présens agissant sur nos sens; les sensations fausses celles que nous recevons lorsque nous croyons sentir l'existence ou la présence d'objets qui n'existent point, ou qui du moins ne sont pas présens (*a*). Parmi les sensations qui sont produites par des objets réels, quelques-unes sont si foibles, que nous ne les remarquons point du tout, parce qu'elles s'éteignent pour ainsi dire dans le corps, avant que d'arriver à l'ame, et qu'elles produisent dans l'un et dans l'autre certains ébranlemens simultanés (154). Ni les unes ni les autres ne produisent en nous une juste idée des choses qui les produisent. Car, d'un côté, la matière ou le monde corporel est si changeant et si passager, qu'un moment après que nous avons aperçu ces choses, elles ont déjà changé; et, d'un autre côté, nos sens sont si foibles, et nous sommes aveuglés et agités par tant de passions violentes, qu'il nous est impossible

---

(*a*) *In Phil.* p. 165.

de pénétrer jusqu'à l'essence des choses (155). Notre âme erre sans cesse ; elle a pour ainsi dire, des vertiges, et est emportée malgré elle comme dans un tourbillon, lorsqu'unie au corps, elle veut rechercher la nature des choses. Tous nos sens nous présentent sans cesse des illusions ; et toutes les sensations et les images que nous recevons par leur moyen, sont des apparences trompeuses auxquelles nous ne pouvons nous fier (*a*). En vain donc on voudroit se procurer par les sens, une connoissance juste et scientifique des objets corporels (156) ; et ceux qui croient le contraire, se trompent autant que Protagoras, qui disoit que chaque homme étoit la mesure de toutes les choses, et qui soutenoit que toutes les sensations diverses et contradictoires des mêmes objets qu'éprouvent les hommes, sont toutes également vraies. Si l'on veut admettre ce principe, il faudra dire aussi que les sensations et les images les plus contradictoires sont toutes vraies en même-tems ; que les mêmes propositions sont en même-tems vraies et fausses ; et qu'il n'y a aucune différence entre les sages et les fous, entre ceux qui enseignent et ceux qui apprennent, entre les savans et les ignorans.

(*a*) Plat. et Cicer. ll. cc.

Les sensations qui ébranlent en même-tems le corps et l'ame, ne s'évanouisssent pas au moment où les objets qui les produisent, cessent d'agir sur les sens; elles laissent dans l'ame certaines images, ou certaines traces. Ces restes des sensations passsées forment la mémoire, que l'on nomme, avec raison, la conservatrice des impressions faites sur les sens (*a*). On peut la comparer à une masse ou à une table de cire qui, chez les différens hommes, est plus ou moins grande, plus ou moins molle ou dure, plus ou moins pure ou gâtée (*b*). Sur cette masse ou table, présent de Mnémosyne, la mère des Muses, s'imprime comme avec un sceau, tout ce que nous entendons, tout ce que nous voyons, tout ce que nous pensons; et nous conservons ce qui y est imprimé, tant que les images subsistent. Mais lorsque ces images sont dissipées ou effacées, nous disons que nous avons oublié. Les images des objets imprimés dans la mémoire ne peuvent être pures, durables et profondes, que lorsque la cire de l'ame est elle-même pure, profonde, et en grande quantité;

(*a*) *In Theaet.* p. 88—90, et *in Phil.* p. 163, 165.
(*b*) *Ibid.*

lorsqu'elle n'est ni trop molle ni trop dure (*a*). Les hommes chez lesquels elle a ces qualités, ont de la disposition aux sciences, comprennent facilement, retiennent long-tems, et se rappellent avec beaucoup de vivacité les sensations qu'ils ont éprouvées. Mais si la cire est trop dure ou trop tendre, de mauvaise qualité ou falsifiée, il arrive tout le contraire. Une cire trop molle donne une grande facilité à recevoir ces impressions, mais elle rend incapable de les conserver long-tems. Une cire trop dure empêche au contraire la facilité des impressions; mais elle les rend beaucoup plus durables. Enfin, lorsque la cire est trop fluide ou trop mêlée de terre et de pierre, les impressions sont non-seulement foibles et obscures, mais aussi elles s'effacent aisément, et elles empêchent également et de concevoir promptement, et de retenir long-tems ce qu'on a conçu. Plus les défauts que je viens de dire sont grands, plus on est en danger de tomber dans des opinions fausses ou des erreurs (*b*). On tombe dans des opinions fausses, lorsqu'on applique faussement les impressions ou images

(*a*) *In Phil.* p. 189.

(*b*) *Loc. cit.*

des objets que l'on a dans la mémoire, aux objets qui causent des impressions, sans avoir pris de ces objets une connoissance vive ou claire, à cause de leur petitesse ou de leur éloignement ou de leur disparition subite (*a*). Je tombe, par exemple, dans une opinion fausse, lorsque j'applique l'impression de Théodore à la personne de Socrate, ou l'impression de Socrate à la personne de Théodore, lorsque l'un ou l'autre se présente à mes yeux. Les fausses opinions ne sont donc pas dans les sensations, ni seulement dans les idées et les pensées, mais dans une fausse liaison des unes avec les autres (157). Nous avons, au contraire, des opinions vraies, lorsque les images et les sensations sont parfaitement d'accord; lorsque nous les unissons exactement, ou lorsque nous ne prenons que pour ce qu'ils sont, les objets que nous avons sentis auparavant, et que nous sentons de nouveau (158). Dans ce cas, on peut comparer l'ame à un livre, et la mémoire et les sensations à un écrivain, qui écrit sur ce livre quelque chose de vrai. Mais quand nous prenons les objets pour autre chose que pour ce qu'ils sont; la mémoire et

(*a*) *Ibid.*

les sensations ressemblent à un écrivain qui écrit quelque chose de faux dans le livre (*a*). De tout ce que je viens de dire, il résulte que les opinions, soit vraies soit fausses, tiennent le milieu entre l'ignorance entière et la vraie science (*b*); que les unes et les autres consistent en certains entretiens de l'ame avec soi-même, et qu'elles n'ont lieu qu'à l'égard des objets que nous avons senti, dont nous possédons l'image dans la mémoire, et que nous sentons de nouveau. Car il est impossible que quelqu'un confonde les objets qu'il connoît, et dont il a les images dans la mémoire, avec d'autres objets qu'il connoît, et dont il a aussi les images dans la mémoire; ou qu'il prenne ce qu'il connoît, pour quelqu'autre chose qu'il ne connoît pas, et dont il n'a aucune image dans la mémoire; ou qu'il prenne ce qu'il ne connoît pas pour quelqu'autre chose qu'il ne connoît pas non plus, ou pour quelqu'autre chose qu'il connoît; il est impossible qu'il prenne ce qu'il sent pour quelqu'autre chose qu'il sent également, ou pour quelqu'autre chose qu'il ne sent pas; ou qu'il prenne quelque

---

(*a*) *De Rep.* V, vol. I, 398 et suiv. *in Theaet.* p. 86.

(*b*) *In Phil.* 165, et *in Theaet.* l. c.

chose qu'il ne sent pas, pour quelqu'autre chose qu'il ne sent pas non plus, ou pour quelqu'autre chose qu'il sent. Il est plus impossible encore, s'il est permis de s'exprimer ainsi, que quelqu'un confonde ce qu'il connoît et ce qu'il sent, ayant la conscience qu'il le connoît et qu'il le sent, avec quelqu'autre chose qu'il sent pareillement, ayant aussi la conscience qu'il le sent : il est impossible qu'il prenne ce qu'il connoît et ce qu'il sent depuis quelque tems pour quelque chose dont il ne commence à éprouver la sensation que dans le moment même; il est impossible qu'il confonde ce qu'il ne connoît point et ce qu'il ne sent point, avec quelqu'autre chose qu'il ne connoît pas; ou quelque chose qu'il ne connoît ni ne sent, avec quelqu'autre chose qu'il ne sent point. Tous ces cas sont de telle nature, qu'il est impossible que quelqu'un y soit trompé (159).

Il faut, dit Platon, distinguer également de la mémoire, et la faculté de se rappeler les choses, et l'imagination (*a*). La première consiste dans la faculté que possède l'ame de rappeler les images des objets qu'elle a sentis en même-tems que le corps; ou de renouveler

---

(*a*) *In Phil.* p. 163, 165.

et rafraîchir les impressions et les idées qui se sont évanouies de la mémoire. L'imagination, au contraire, est la faculté de donner aux images des objets réels, un ordre et une liaison différentes de celles dans lesquelles nous les avons reçues ; ou de créer des images d'objets qui n'existent point encore, ou qui peut-être n'existeront jamais. De même que l'on peut comparer la mémoire à un écrivain qui se borne à écrire dans l'ame ce qui lui est présenté ; on peut comparer l'imagination à un peintre qui représente souvent des objets qui n'existent pas, qui n'ont pas existé et qui n'existeront jamais (160).

L'ame, en tant qu'elle ne possède que la mémoire et la faculté de se rappeler les objets, ressemble à une ménagerie, dans laquelle voltigent çà et là des oiseaux de toutes les espèces, tantôt en petites troupes, tantôt en grandes troupes, tantôt seuls (*a*). Afin que l'on pût mettre de l'ordre et de la consistence dans ces images et dans ces pensées jetées et mêlées les unes dans les autres, la divinité nous a donné l'entendement, faculté qui nous rapproche le plus de sa nature, et qui peut, plus

(*a*) *In Theaet.* p. 90.

que toute autre chose, nous rendre semblables à elle. L'entendement est une faculté de l'ame, par laquelle elle peut chercher et contempler en elle-même, sans aucun secours ni communication du corps et des sens, la vérité éternelle, l'être des êtres, l'être divin, éternel, immuable et invariable (*a*). Cette vérité éternelle, cette essence de toutes choses consiste dans des impressions, des images primitives et éternelles du beau, du bon, du juste, etc. : impressions opérées dans notre ame, lorsqu'étant dans la compagnie des Dieux, nous considérons les campagnes de la vérité (161). Toutes les idées générales de genres et d'espèces qui se trouvent dans l'ame humaine et toutes les explications de ces idées, sont par conséquent des restes de connoissances, ou des réminiscences d'une meilleure vie, plus ou moins observées par les uns ou par les autres (162). Ainsi, quand nous recherchons la vérité et la nature des choses ; nous n'apprenons proprement rien ; nous n'avons que des réminiscences, ou nous renouvelons nos souvenirs. Une des principales preuves de

---

(*a*) *In Phœd.* p. 25 et 31, *in Theaet.* p. 82, *in Phœd.* p. 204, *in Tim.* 485 et 500, *de Rep.* vol. I, lib. V, 394, 96.

ceci ;

ceci ; c'est que des personnes, telles que l'esclave de Ménon, que Socrate interrogeoit sur la nature et les rapports des nombres et des figures, répondirent avec justesse sur des choses dont elles n'avoient jamais entendu parler ; c'est que toutes les idées et les images, en excitent d'autres semblables ou dissemblables, avec lesquelles elles n'avoient aucune liaison auparavant ; c'est qu'enfin toutes les idées que nous avons de ce qui est beau, égal, et bon, sont beaucoup plus parfaites que les choses auxquelles nous attribuons ces qualités ; et que par conséquent nous n'aurions jamais pu nous former ces idées des choses qui ne sont ni parfaitement égales, ni parfaitement bonnes ou belles, si elles n'eussent pas déjà existé dans notre ame, pour nous servir à mesurer les choses (*a*). Avant que nous réveillions et que nous considérions ces idées éternelles assoupies en nous, nous ressemblons à des créatures qui seroient enchaînées dans une caverne par les pieds et par le cou, de manière à ne pouvoir tourner la tête ; et ne pouvant apercevoir que la lumière et les ombres qui tomberoient d'en haut, sur un mur

(*a*) *In Phœd.* et *Menone*, ll. cc.

opposé (*a*). Supposons que derrière ces prisonniers, et non loin de l'ouverture, il y eût un feu ardent; et qu'entre les prisonniers et le feu, des hommes passassent tantôt en silence, tantôt causant ensemble, et portant toutes sortes de meubles et de statues d'hommes et d'animaux; les prisonniers regarderont assurément comme des choses réelles, les ombres formées sur la muraille opposée, et ils ne soupçonneront pas qu'il en existe d'autres réels outre ces images. Mais si un de ces malheureux est tout à coup dégagé de ses fers, et qu'il se tourne vers la lumière; il arrivera qu'ébloui tout à coup, il sera hors d'état de considérer les objets, dont il n'avoit vu jusque-là que les ombres. Qu'on lui dise alors qu'il n'a vu jusqu'à ce moment que des ombres ou des images trompeuses, et qu'il est à présent tout près des objets réels; il doutera surement de la vérité de cette assertion; et il sera plus porté à regarder comme des choses réelles ce qu'il a vu auparavant, que ce qu'il voit dans le moment. Il seroit même très-naturel qu'il détournât ses yeux de la lumière qui les blesse, et qu'il retournât vers les ombres, dont il pou-

(*a*) *De Rep.* vol. II, lib. VII, p. 80.

voit supporter la vue. Tirons maintenant cet homme de la caverne, et rendons-le à la lumière, il fera de violens efforts pour ne pas en sortir; et les rayons de lumière qui rempliront ses yeux, lui feront souffrir de grandes douleurs. D'abord, il n'apercevra aucun des objets qui sont autour de lui, et il se passera surement beaucoup de tems, avant qu'il puisse les considérer. Avant que de pouvoir supporter le soleil et son éclat, il regardera d'abord les images des hommes et des autres objets, dans les eaux paisibles; puis il considèrera le spectacle du ciel nocturne, et la lumière de la lune et des étoiles. Enfin, lorsqu'il sera parvenu à pouvoir admirer le soleil dans toute sa splendeur, et qu'il aura remarqué qu'il est la cause du jour et des saisons, et de presque toutes les autres choses et de tous les autres phénomènes de la terre, ne s'estimera-t-il pas heureux en se comparant avec ses anciens camarades de prison, en comparant l'état dans lequel il se trouve, avec son état précédent? Et si cet homme savoit que dans son ancienne prison on obtient des honneurs, de la gloire et des récompenses, en fixant mieux que les autres les ombres qui paroissent sur la muraille, et en devinant d'après celles qui passent ensemble, ou qui les précèdent et les suivent, la suite des ombres qui doit paroître, desireroit-il ces talens et ces récompenses? et ne diroit-il pas plutôt avec Achille, qu'il vaut mieux servir le plus pauvre des hommes sur la terre, que de commander à tous les habitans des régions souterraines? Supposons enfin, que cet homme soit reporté tout à coup dans son ancienne demeure; on sent qu'accoutumé à la lumière éclatante du jour, tous les objets lui sembleront couverts de ténèbres; et il se passera bien du tems avant qu'il puisse les distinguer. Les autres habitans de la caverne se moqueront de lui; ils lui reprocheront de s'être gâté la vue; et loin d'avoir envie de passer dans les régions supérieures, ils tueroient plutôt, s'ils le pouvoient, celui qui voudroit les dégager de leurs chaînes (163).

Nous ressemblons ici bas aux hommes de la caverne; nous sommes des esclaves enchaînés dans des prisons souterraines, tant que nous vivons dans le corps et pour le corps, et que nous cherchons à découvrir la nature des choses par le moyen de nos sens. Il faut que nous fassions aussi de grands efforts, pour monter sur le rocher escarpé de la vérité. Mais dès que nous y sommes une fois parvenus, nous méprisons de cette hauteur, tous les biens et tous les plaisirs passagers, après lesquels les mortels aveugles courent avec une ardeur infatigable.

Rien n'aide tant l'homme à gravir le rocher de la vérité, que l'étude des nombres, de la géométrie et de l'astronomie, pourvu qu'il n'étudie pas ces sciences, uniquement dans leurs rapports d'utilité avec l'agriculture, la navigation, le commerce et les autres besoins de la vie humaine (164). Ces sciences purifient et vivifient l'ame; elles exercent et fortifient l'œil de l'entendement, qui reste couvert, sans cela, des impuretés des sens. Elles préparent à supporter la lumière du soleil de la vérité; et sont les instrumens les plus propres, à élever l'homme, du monde visible au monde invisible (*a*). Elles ne s'occupent point, comme les autres sciences, de choses passagères, mais de choses immuables (*b*); elles ne commencent point par des expériences ou par les apparences trompeuses des sens; mais par les explications générales des nombres et des figures qu'elles supposent incontestables (*c*). De ces suppositions ou explications, elles passent non à la recherche des

(*a*) Ll. cc.

(*b*) *Ibid.* et p. 132.

(*c*) *De Rep.* VI, p. 74.

grandeurs et des figures corporelles ; mais des grandeurs et des figures que l'on ne peut voir qu'avec l'entendement ; et elles n'emploient les lignes et les figures qu'elles forment elles-mêmes ou qu'elles trouvent dans les natures corporelles, que comme des images et des exemples, non comme des preuves ou des objets de leurs recherches. Ainsi l'on peut regarder avec raison les sciences mathématiques, comme une partie importante du monde intellectuel (*a*). Mais elles ne sont toujours qu'un passage du visible à l'invisible ; qu'un milieu entre les apparences sensibles et la vérité ; et plutôt le vestibule et le rapprochement de la science, que la science même (*b*). Car comme elles ne s'élèvent pas au-dessus de leurs suppositions non prouvées, ou de leurs explications arbitraires ; ce qui en résulte ne peut être considéré comme des vérités incontestables (165). La dialectique ou l'art de bien expliquer et diviser les idées générales, est la seule science qui, quoique commençant aussi par de simples suppositions, adoptant comme vrai ce qui leur est conforme, et rejetant comme faux ce qui les contredit ; s'élève bien-

(*a*) *Ibid.*

(*a*) VI, 78, VII, 132.

tôt de ces suppositions arbitraires aux principes incontestables : et élèvent sur ces principes, comme sur un roc, l'édifice de la science des choses éternelles et invisibles (166). Elle est le plus-haut point, ou le sommet des connoissances humaines, au-dessus duquel aucune autre science ne s'élève (*a*). Elle seule pénètre l'essence des choses, et s'avance d'un pas sûr à leur explication et à leur division (*b*). Elle seule produit la vraie science, la vraie sagesse ou la vraie prudence (167) ; et nul ne mérite le nom de philosophie, s'il ne s'est point occupé de cette science, et de la contemplation continuelle des choses invisibles et des vérités éternelles (*c*). La dialectique seule contient la vérité pure ; les mathématiques n'en contiennent qu'une lueur, ou un reflet ; et toutes les autres sciences n'en offrent que les apparences trompeuses (*d*) ; ou des conséquences et des conclusions, fondées sur des cas individuels, ou tirées d'autres cas semblables, et formées par le moyen de l'analogie (168).

Ainsi Platon croyoit qu'il y avoit encore une

(*a*) *De Rep.* VII, 134.

(*b*) *Ibid.*

(*c*) *De Rep.* vol. II, p. 2—8.

(*d*) C'est ainsi que Platon appeloit les expériences.

certitude plus grande que celle qui se trouve dans les mathématiques pures; et qu'on parvenoit à cette certitude, en partant de certains principes incontestables. Il rejetoit au contraire entièrement l'expérience ou l'induction, ainsi que toutes les conclusions analogiques (169); ou du moins il les regardoit comme des voies très-incertaines, sur lesquelles on pouvoit aisément s'égarer (170).

Après avoir exposé les articles les plus importans de la philosophie de Platon, je vais avant que de passer plus loin, rendre compte de ses pensées sur le langage, d'après son Cratylus: dialogue important pour l'histoire de la grammaire philosophique, et dont on n'a point jusqu'ici saisi le vrai sens. On a cru que Platon se rangeoit du parti des philosophes qui enseignoient que le langage articulé n'étoit point une invention des hommes, mais un présent des Dieux; ou que ce langage n'étoit point une collection de mots arbitraires, mais des mots naturels, auxquels la nature avoit conduit les hommes; et qui exprimoient par conséquent l'essence de toutes les choses, ou les qualités qui leur sont propres (*a*). Mais ce sont précisément ces asser-

(*a*) Φυσει ειναι τα ονοματα. Cratyl. p. 49, 50.

tions que Platon vouloit combattre ; et qu'il a refutées, selon moi, de la manière la plus satisfaisante. Il a eu un double dessein en écrivant son Cratylus. L'un, de jeter du ridicule sur les étymologies forcées de Prodicus et de quelques autres, et de leur montrer qu'il pouvoit aussi bien qu'eux trouver aux mots des origines vraisemblables, quoique toutes différentes de celles qu'ils supposoient. Le second, de réfuter Cratylus, philosophe de l'école d'Héraclite, qui soutenoit que les mots étoient des empreintes ou des images exactes et des imitations des choses ; que les mots même dérivés, par leur composition et leur dérivation, et les mots simples ou les racines par leurs élémens, exprimoient les qualités des objets qu'ils indiquoient ; qu'ainsi on pouvoit et qu'on devoit chercher la nature des choses dans leurs dénominations ; et qu'en les y cherchant on se fortifioit dans le principe d'Héraclite, qui regardoit toutes les choses comme passagères ; parce que les dérivations des mots les plus importans, menoient toutes à croire, que tout étoit dans un flux continuel.

La première moitié du Cratylus (*a*) ne contient que des étymologies de mots ou de noms

(*a*) Pag. 47, 61.

de personnes, de dieux, de démons, de héros, d'astres, d'élémens, de facultés de l'ame, de vertus et de passions, qui semblent toutes prouver que les dénominations citées sont conformes à la nature des objets désignés, et que les inventeurs de la langue croyoient, comme Héraclite, à la mutabilité de toutes les choses. Mais afin que l'on ne se méprenne point sur son but, Platon donne des origines si forcées, qu'aucun sophiste ou disciple d'Héraclite n'avoit peut-être osé en donner de semblables; il l'avoue lui-même, et rapporte toutes les objections qu'on peut lui faire, sans les faire résoudre par Socrate, dans la bouche duquel il met son opinion. Parmi ces étymologies forcées, par lesquelles il vouloit rendre ridicules les étymologies semblables des Sophistes ou de Cratylus, ou qu'il empruntoit d'eux; je ne citerai pour exemple que celles où son but est le plus sensible. Le nom de Bacchus, (Διονυσος) dit Platon, signifie celui qui donne le vin. (ὁ διδυς τον οινον ou Διδοινυσος, p. 56.) On a donné ce nom à Bacchus par plaisanterie; car les Dieux aussi aiment à plaisanter. Mais, continue Socrate en s'adressant toujours à Hermogène, si tu veux avoir une origine plus sérieuse de ce nom, tu peux la demander à d'autres. On a donné à la lune le nom de Σεληνη ou

Σελαναια, parce que sa lumière change souvent. On l'appeloit Σελαεννεοαεια, ὅτι δε σελας νεον τε και ενον εχει, dont on a fait Σελαναία. — Ciel ! s'écrie Hermogène, voilà un mot dithyrambique ! Mais comment se sont formés les mots si beaux de sagesse, d'intelligence, de courage et autres (*a*) ? — Vraiment, répond Socrate, tu parles là de mots qui ne sont pas d'une médiocre importance ! Mais puisque j'ai endossé la peau du lion, je ne veux pas reculer, et je vais tâcher d'en trouver le sens et l'origine. Chacun de ces noms, mon ami, prouve que les inventeurs de la langue regardoient les choses comme étant dans un flux continuel, et qu'ils leur ont donné des noms en conséquence. Car prudence ou intelligence (φρονησις) signifie la remarque du flux ou du mouvement (φορας γαρ ες και ῥȣ νοησις), et remarque signifie, conception ou observation de ce qui est toujours nouveau, ou de ce qui commence à être (171). Le mot science (επιςημη) signifie l'ame qui poursuit les choses qui changent sans cesse (172); et le mot sagesse veut dire l'action de saisir ou de toucher le flux des choses (de συς, qui signifie la même chose que ὁρμη, et de επαφη). Courage

---

(*a*) Pag. 57, 58.

(ανδρια) indique effort contre le fleuve de la justice ; et il suffit de rejeter une seule lettre de ce mot, pour retrouver sa forme originaire (ανρια). Art (τεχνη) signifie facilité d'entendement, et il suffit d'ôter le τ et de mettre un ο entre le χ et le ν, et entre le ν et le η pour en faire εχονοη.

Ici Hermogène ne peut s'empêcher de remarquer que cette origine est très-recherchée et très-peu naturelle ; sur quoi Socrate répond, comme tous les étymologistes, que la plupart des mots ont été tellement changés et défigurés par des transpositions, des retranchemens et des additions, qu'on ne peut les ramener à leurs formes primitives que par des opérations forcées. Assurément, continue Socrate, en se permettant de retrancher et d'ajouter ce qu'on veut à chaque mot, il n'est pas difficile d'y trouver des rapports avec chaque objet ; mais il ne faut pas y regarder de si près, si tu ne veux pas m'empêcher de trouver les origines les plus hardies et les plus heureuses.

Socrate après avoir rapporté ces étymologies et d'autres semblables, avoue lui-même qu'il est impossible de dire quelque chose de satisfaisant sur la signification des mots dérivés et composés, ou sur leurs rapports avec les objets qu'ils désignent ; à moins qu'on ne connoisse et que l'on n'explique bien la signification des racines dont ils sont composés ou dérivés (*a*). Toutes les recherches sur les mots dérivés et composés, dit-il ; sont donc des recherches vaines et inutiles, tant qu'on n'a pas prouvé que ces mots primitifs des langues ont eux-mêmes des significations, et que les élémens dont ils sont composés sont des interprètes établis par la nature, pour nous indiquer les qualités des choses. Car sans cela, il faudroit dire, comme ceux qui ne peuvent pas rendre compte de la nature et de la signification des mots primitifs ; que les Dieux eux-mêmes ont enseigné ces mots aux hommes, ou qu'ils viennent des peuples barbares, ou que leur origine et leur véritable forme se perdent dans les ténèbres de l'antiquité. Il me semble, à la vérité, ridicule ; que des lettres et des syllabes puissent passer pour les expressions naturelles et les imitations des choses ; et tout ce qu'on peut dire là-dessus, me paroît forcé et bisarre. Cependant j'exposerai mon sentiment, espérant qu'Hermogène et Cratylus ne me cacheront pas ce qu'ils peuvent savoir

(*a*) Pag. 63.

de mieux là-dessus. Socrate remarque ensuite (*a*) que la lettre ρ est l'instrument naturel de tous les mouvemens, que ι est l'expression de la finesse, λ celle de la mollesse et de la volupté, σ, φ, ψ et ζ celles des choses qui sifflent, murmurent ou gazouillent; et que toutes les autres lettres sont autant de signes naturels des qualités essentielles des choses (*b*).

Après avoir expliqué la signification des lettres, il est étonné lui-même de l'excellence de son art; et cependant il s'invite lui-même à se conduire avec prudence dans des recherches où il est si facile de se faire illusion à soi-même (*c*). Il demande ensuite à Cratylus, s'il croit que les langues soient une invention humaine; et celui-ci ayant répondu affirmativement, il lui demande encore s'il croit qu'il en est des grammairiens ou des inventeurs des mots, comme des peintres, des sculpteurs et des autres artistes, dont les uns travaillent bien, d'autres médiocrement, et d'autres mal. Cratylus ne veut pas d'abord en convenir, et il soutient que tous les mots ont une signification conforme aux objets qu'ils désignent;

(*a*) *Ibid.*

(*b*) *Ibid.*

(c) Pag. 64.

qu'ainsi Hermogène lui-même, un des interlocuteurs, n'auroit pas eu ce nom, s'il n'avoit pas en lui quelque chose de la génération de Mercure. Mais à la fin Cratylus est forcé de convenir qu'il en est des mots comme des portraits, et que les premiers peignent plus ou moins heureusement les objets qu'ils désignent, de même que les derniers les personnes qu'ils représentent (*a*). C'est ce qu'il est aisé de prouver, dit Socrate, par les noms divers que l'on a donnés aux mêmes objets, par les diverses prononciations de ces mots, et par le mélange contradictoire des lettres dont ils se trouvent composés (*b*). Ainsi le mot σκληροτης, dont se servent les Athéniens pour exprimer la rudesse et la dureté, est prononcé σκληροτηρ par les Erétriens ; et dans ce mot, la lettre λ, qui a quelque chose de doux et de liant, est en contradiction avec les autres élémens et avec la signification du mot. Socrate conclut de là que l'usage et la convention (ἐθος και συνθηκη) ont eu autant de part à la formation des mots, que la considération de la nature des choses ; et que l'on ne pouvoit absolument accuser

(*a*) Pag. 65.
(*b*) *Ibid.* 66.

d'erreur ceux qui, comme Hermogène et plusieurs autres, soutenoient que tous les mots sont des compositions arbitraires et produites par le hasard, faites dans le dessein d'indiquer les objets à ceux qui les connoissent déjà ; et qu'ainsi il est indifférent qu'ils soient formés d'une manière ou de l'autre (173). Mais si l'on vouloit adopter, continue Socrate, que les inventeurs et les formateurs successifs des langues ont eu égard à la nature et aux qualités des choses, en désignant tous les objets, et qu'ils ont choisi les parties constitutives des mots, les lettres et les syllabes, pour exprimer leurs qualités ; il faudroit cependant convenir que les créateurs des mots étoient des hommes sujets à l'erreur ; qu'ils auroient pu considérer les objets sous de faux points de vue, et par conséquent leur donner aussi de fausses désignations, ou qu'ils auroient pu aussi se contredire dans leurs indications (*a*). Cratylus et d'autres ont beau citer un grand nombre de mots, pour prouver, que les mots sont conformes aux objets qu'ils désignent, ou que leurs inventeurs ont été dans l'opinion que toutes les choses sont dans un

(*a*) Pag. 67.

mouvement

mouvement et un changement continuel; on peut leur en objecter un aussi grand nombre qui sont opposés aux objets, ou qui font croire que leurs inventeurs ont cru à l'immobilité des choses, ou du moins à l'existence de certaines choses immuables. Ainsi il seroit beaucoup plus commode de tirer l'origine de επιϛημη, de ce que la science attache, pour ainsi dire, nos ames aux choses, que de ce qu'elle engage nos ames à les poursuivre sans cesse; de même aussi les mots βεβαιον, ἱϛορια, μνημη et plusieurs autres, ont du rapport à l'immobilité, ou à l'immutabilité des choses. Les mots grecs au contraire, qui servent à indiquer l'ignorance, doivent tirer leur origine de choses tout à fait opposées. Car αμαθια semble signifier ἡ τȣ ἅμα τῳ θεῳ ιοντος πορεια, et ακολασια semble être la même chose que ἀκολȣθια τοις πραγμασι. Si l'on rassemble toutes ces observations, on ne peut plus espérer, comme Cratylus, de parvenir à connoître la nature des choses par la composition des mots qui servent à les indiquer: idée qu'il faudroit aussi rejeter, par la raison qu'il s'ensuivroit de là que les inventeurs de la langue n'auroient pu connoître la nature des choses, puisqu'ils n'auroient pas eu sous les yeux le miroir qui pouvoit les leur faire connoître, savoir la langue elle-même.

Par ce court extrait du Cratylus, on voit non-seulement que Platon n'étoit pas de l'avis de ceux qui regardoient la langue comme une collection de signes naturels des pensées, dont les élémens exprimoient les qualités des objets désignés, mais qu'avant Platon et de son tems, on avoit fait plus de recherches sur la nature, la formation et les parties constitutives des langues, que l'on n'en a fait depuis le renouvellement des sciences, jusqu'à une époque peu antérieure à notre siècle. Quoique les modernes n'aient fait aucun ou presqu'aucun usage, des observations du Cratylus sur la langue, il n'en est pas moins certain qu'il contient tout ce qu'on peut dire sur la question relative à la nature et aux qualités des mots articulés.

Les mêmes causes, dit Platon, qui nous empêchent de reconnoître la vérité dans sa pureté et sa perfection, pendant notre séjour sur cette terre, théâtre de toutes les choses passagères; ces mêmes causes nous empêchent aussi de parvenir à un bonheur pur et parfait. Notre vie terrestre elle-même, est un état de châtiment et de lutte continuelle. Notre corps ressemble à un tombeau ou à une prison où notre ame immortelle est renfermée et toujours comprimée; ou bien il ressemble à une enveloppe ou à un rocher qui arrête toujours l'ame dans son essor, et la repousse vers la matière (a). Nos sens, ainsi que les plaisirs et la douleur qu'ils nous procurent, sont les liens ou les clous par lesquels l'esprit est lié et attaché aux choses terrestres et passagères; les desirs et les passions sont des maladies dangereuses qui matérialisent l'esprit, et l'asservissent à la chair (174). Si donc nous voulons nous rapprocher de la félicité pure dont nous avons joui auparavant, il faut que nous le fassions par la même voie qui peut nous conduire au-devant de la vie éternelle. Il faut nous efforcer de nous envoler de la terre le plutôt que nous pourrons; de mépriser ses plaisirs et ses biens; d'interdire, autant qu'il est possible, à notre ame toute communication avec le corps et les sens, et de la recueillir en elle-même; de considérer sans cesse les vérités éternelles; et enfin de détruire entièrement ceux de nos desirs et de nos passions excités par les besoins du corps qui ne sont pas nécessaires, et de satisfaire ceux qui le sont, de manière à n'éprouver ni douleur de

---

(a) *In Phæd.* p. 25; 26, *in Phædro*, p. 204, *de Rep.* vol. II, lib. X, p. 330. Περικρυσθεισα πετρας τε και οςρεα.

leurs privations, ni orgueil de leur satisfaction (*a*). Dans cet éloignement des choses terrestres, dans cette séparation de l'ame d'avec le corps, dans cette contemplation continuelle de la vérité éternelle; consiste la véritable purification de l'ame, sa véritable initiation dans les mystères les plus sublimes (*b*), le vrai moyen de la rapprocher de la divinité et de la rendre semblable à elle (*c*), enfin la vraie sagesse, la plus divine de toutes les perfections humaines, et la mère de toutes les autres vertus (175). La sagesse ou la faculté de contempler l'invisible avec l'œil pur de l'entendement, est l'unique vertu essentielle de l'ame : vertu qui peut être égarée, mais jamais anéantie. Les autres vertus ont toutes quelque chose qui tient de la nature du corps, et on ne peut les acquérir que par l'exercice et l'habitude. La sagesse seule procure un empire durable sur tous les desirs et sur toutes les passions (176); sans elle toutes les vertus ne sont que des illusions trompeuses (177), elles ne sont que les esclaves des

---

(*a*) *Phœd.* p 26 et suiv. *in Theaet.* p. 82, *de Rep.* VIII, vol. II, p. 196, IX, p. 228.

(*b*) *Phœd.* p. 26 et 27.

(*c*) Theæt. l. c.

desirs corporels et des passions (178). Sans le mépris du corps et de tous ses plaisirs, il n'est pas possible de posséder ni d'exercer la vraie grandeur d'ame, le vrai courage, la fermeté (*a*). Car tant qu'on est attaché au corps, et que l'on craint la mort comme un des plus grands maux, on ne peut surmonter cette crainte que par une crainte plus forte, et l'intrépidité même est un effet de la crainte. C'est de la même manière que dans les hommes qui ne sont pas vraiment sages, naissent la modération et la tempérance, par le moyen des défauts contraires. On se refuse certains plaisirs, pour ne pas en perdre de plus grands, et on souffre des maux et des incommodités légères, pour se soustraire à de plus grands (*b*). Ainsi l'on dompte ses desirs par d'autres desirs, des craintes par d'autres craintes, une douleur par une douleur plus grande. On échange continuellement le grand contre le petit, et le petit contre le grand; et l'on manque de la seule vraie monnoie avec laquelle on peut acheter la fermeté, la modération, la tempérance et toutes les autres vertus (*c*).

(*a*) *De Rep.* vol. II; lib. VI, 8. *Phæd.* p. 26.

(*b*) Pag. 27.

(*c*) *Ibid.*

Ainsi le vrai sage aspire à des biens éternels que la multitude ne connoît pas, et il jette un regard de dédain sur ceux après lesquels s'empressent les autres hommes. Il ne s'inquiète point, dès son enfance, pour connoître les routes qui conduisent aux tribunaux, au sénat, ou à d'autres assemblées publiques. Il n'entend et ne connoît rien des lois écrites ou non écrites, ou des décrets du peuple ; et tous les efforts que l'on fait pour se disputer les emplois ou les fonctions publiques, ne lui sont pas plus connus, même en songe, que les festins et les divertissemens. Il ne sait rien ni de l'histoire ancienne ni de l'histoire moderne de son pays, et il ne s'aperçoit pas même qu'il n'en sait rien. Ce n'est point par vanité, ce n'est point pour faire parade de son ignorance, qu'il s'éloigne de toutes ces choses ; mais parce qu'il les regarde comme d'indignes bagatelles, qui ne méritent pas un moment son attention. Le sage n'habite qu'en corps parmi les mortels ; son esprit voltige par tout, tantôt se précipitant sous la terre, tantôt s'élevant au-dessus de tous les cieux, pour découvrir la nature de chaque être. Mais lorsqu'il est obligé de se défendre dans les tribunaux ou de parler devant le peuple, il se trouve dans le plus grand embarras, et devient, comme Thalès, lorsqu'il tomba dans une fosse, la risée des femmes esclaves et de la dernière populace ; parce qu'il ne sait rien de ce qui regarde la vie commune, ou de ce qui est aux pieds de l'homme ordinaire. Il méprise la grandeur des conditions, les possessions immenses qui s'étendent dans plusieurs contrées, la noblesse et l'ancienneté des familles, les trésors immenses amassés par des ancêtres ; il regarde toutes ces choses comme des jouets d'enfans, dont ne peut être orgueilleux un esprit vraiment grand et élevé vers les choses célestes. Il se moque des autres sciences et des autres arts, qu'il regarde comme des ramas de contes de femmes ; il n'estime que celle qui lui enseigne à s'envoler le plutôt possible, dans un meilleur monde, où il n'y a plus ni changement, ni naissance, ni mort (*a*).

Ainsi, continue Platon, toute la vie du sage sur cette terre est une préparation à la mort, ou un effort vers la mort ; c'est-à-dire à la séparation de l'ame d'avec le corps (179). La mort n'est pas la destruction de l'homme tout entier, mais seulement une séparation de l'ame d'avec le corps. Loin donc que la mort puisse effrayer le vrai sage, elle est au con-

(*a*) *In Theaet.* p. 81, 82.

traire l'objet de ses desirs; parce qu'elle le délivre tout d'un coup de tous les maux dont il ne pouvoit pas entièrement se délivrer pendant sa vie; parce qu'elle lui procure l'objet continuel de ses vains efforts, une connoissance parfaite de la vérité, et une jouissance non-interrompue de la félicité la plus pure. Le sage romproit lui-même les liens qui attachent son esprit immortel à son corps mortel, s'il n'étoit convaincu que le maître des Dieux et des esprits l'a placé à ce poste pour le rendre meilleur; et qu'étant la propriété et le serviteur de la divinité, il ne peut pas plus quitter ce poste sans commettre un crime, qu'un esclave ne peut quitter son maître sans son consentement, ou un soldat s'éloigner de son poste sans l'ordre de son commandant.

Avant Platon, plusieurs philosophes avoient cru à l'immortalité de l'ame; mais il fut le premier qui appuya sur des motifs satisfaisans pour les hommes qui réfléchissent, l'idée consolante que la mort n'est que la séparation de l'ame et du corps (180). C'est une loi générale de la nature, dit Platon dans son Phédon (*a*), que tout ce qui a un commencement et une

---

(*a*) Pag. 27, 28.

fin, est produit par ses contraires, et se perd aussi dans ses contraires. Ainsi le mouvement naît du repos, de même que le repos du mouvement; le grand naît du petit, et le petit du grand; le sommeil de la veille, et la veille du sommeil. De même aussi la vie de l'esprit viendra de la mort du corps, comme auparavant la vie du corps est, pour ainsi dire, venue de la mort de l'esprit; c'est-à-dire de son emprisonnement dans un corps terrestre. S'il n'y avoit pas une autre vie après la mort du corps, la nature se contrediroit non-seulement elle-même et violeroit une de ses lois les plus sacrées, mais elle seroit incapable de réparer la perte des créatures qui meurent. Car de même qu'à la longue, il n'y auroit plus d'hommes veillans, si tous ceux qui s'endorment ne se réveilloient point; de même il ne pourroit rester aucun homme vivant, si tout ce qui meurt restoit plongé dans un sommeil éternel.

Les mêmes raisons, continue Platon, par lesquelles on peut prouver que l'ame a existé long-tems avant le corps, prouvent d'une manière très-vraisemblable, qu'elle subsistera encore après sa dissolution. Car comme l'ame avant son union avec le corps et sans son secours, a pensé, voulu et agi, il faut en conclure, qu'après en avoir été séparée, elle pensera, voudra et agira encore (*a*).

L'ame, dans ses effets, est si entièrement différente des corps et de tous les effets des causes corporelles (*b*), qu'il est impossible de la regarder comme un être de la même nature et sujette aux mêmes lois de dissolution. Toutes les choses réelles sont divisées en deux espèces principales : les choses visibles et sujettes au changement, et les choses que nos sens ne peuvent saisir et qui sont immuables et toujours semblables. De la première espèce sont nos corps mortels, et tout ce qui, dans la nature, est composé de parties. Dans la seconde, il faut ranger la divinité, et les exemplaires de tous les genres et de toutes les espèces de choses qui existent de toute éternité dans l'intelligence divine. La mémoire qui embrasse une infinité d'images, l'entendement et la raison par lesquels l'homme a inventé les sciences, découvert les arts, mesuré la terre, sondé ses profondeurs et celles du ciel, par lesquels enfin, il s'est civilisé, il a bâti des villes, fondé des empires, et s'est rendu le

(*a*) *Phœd.* p. 30.
(*b*) *Ibid.* p. 31.

maître de tous les autres animaux de la terre ; toutes ces choses sont des perfections que l'on n'a jamais remarquées dans les corps : d'où l'on peut conclure que l'être qui les possède est différent du corps, et qu'il a une ressemblance avec la divinité éternelle et immuable. Notre corps même subsiste encore quelque tems après la mort, et avant la dissolution des parties qui le constituent ; à combien plus forte raison, ne doit-on pas présumer que l'ame, qui est un être sans comparaison plus parfait, durera plus long-tems que lui ?

J'avoue que l'on peut faire beaucoup d'objections spécieuses contre ce dernier raisonnement, et en général contre toute la doctrine de l'immortalité de l'ame. D'abord, on peut comparer le corps de l'homme à une lyre, et son ame à l'harmonie de cette lyre ; et conclure de là que l'ame qui consiste dans une harmonie, ou un accord parfait avec toutes les parties constitutives du corps, a commencé avec lui, et doit aussi finir avec lui ; de même que l'harmonie de la lyre, quelque ravissante, quelque divine, quelqu'invisible qu'elle puisse être, disparoît entièrement lorsque la lyre est brisée. Une autre objection encore, c'est que l'ame est, à la vérité, d'une nature beaucoup plus parfaite et plus durable que le corps ;

mais que cela ne suffit pas pour la regarder comme un être impérissable (*a*). Peut-être qu'il en est de l'ame, à l'égard du corps, comme d'un tisserand et d'une étoffe qu'il fait pour lui. Le tisserand est assurément meilleur et plus durable que le vêtement qu'il fait; cependant, après avoir usé plusieurs vêtemens, le dernier lui survit, si l'on peut s'exprimer ainsi. De même l'ame peut être plus parfaite et plus durable que le corps, et cependant se trouver usée par le dernier corps qu'elle anime, après en avoir usé plusieurs.

Platon répond à la première objection par trois raisons (*b*). On peut bien, dit-il, comparer le corps à une lyre, mais on ne peut pas comparer le corps avec l'harmonie d'une lyre. Car l'ame est beaucoup plus ancienne que le corps; au lieu que l'harmonie de la lyre n'existe qu'en même-tems que l'instrument. Si l'ame de l'homme n'étoit qu'une certaine harmonie du corps, chaque ame, tant qu'elle dure, ne seroit susceptible d'aucune désharmonie ou d'aucune détérioration, et toutes les ames seroient également bonnes. Leur

(*a*) *Phæd.* p. 34, 35.

(*b*) Pag. 36, 37.

santé ou leur harmonie ne consisteroit pas à s'opposer aux mouvemens du corps, mais à être d'accord avec lui ; et cependant cet accord avec les mouvemens du corps, est la maladie la plus dangereuse des ames.

Platon réfute la seconde objection par sa fameuse preuve, que l'ame est un principe substanciel de tous les mouvemens et de la vie : idée que la plupart des philosophes anciens avoient déjà eue, mais qu'ils n'avoient pas employée de cette manière (*a*). Cela seul, dit Platon, peut cesser de vivre et d'être mu, qui est mu et animé par quelqu'autre chose, ou qui a hors de soi le principe de sa vie et de son mouvement. L'ame de l'homme ne peut donc jamais cesser de vivre et d'être en activité, puisqu'elle a en elle-même la source de la vie et de l'activité ; c'est-à-dire un principe substanciel du mouvement, indépendant de toutes les choses qui sont hors d'elle. Tous les corps dans lesquels n'habite aucune ame sont sans vie et sans activité, et ces deux choses se trouvent au contraire dans les corps mus par des ames. Les ames étant des prin-

(*a*) *In Phœd.* p. 42, *in Phœdro*, p. 202. Cicer. *Tuscul. quaest.* I, 23, *de Senect.* c. 21. *Somnium Scipionis.*

cipes substanciels de vie et d'activité, doivent nécessairement être éternelles et impérissables ; parce qu'elles ne s'abandonnent point elles-mêmes ; qu'elles ne sortent point d'elles-mêmes, et que les corps ne peuvent pas leur ôter ce qu'ils ne leur ont pas donné, et qu'au contraire, ils ont reçu et reçoivent toujours d'elles.

Les dernières preuves de l'immortalité de l'ame, qui, je crois, sont particulières à Platon, se trouvent dans le dixième livre de *sa République* (a). Notre corps même, dit-il, ne souffre point de la corruption de l'air, ou des alimens, ou des autres objets extérieurs, à moins que ces objets ne lui communiquent leur corruption. De même l'ame ne peut souffrir ni par les maladies du corps, ni par la mort du corps qui se sépare d'elle, à moins que ce dernier ne lui communique sa corruption ; c'est-à-dire, à moins qu'il ne la rende malade et vicieuse. Or aucun homme n'a cru, jusqu'à présent, que les maladies ou la mort du corps pussent corrompre l'ame ou la rendre vicieuse. Mais quand on conviendroit de ce point, il ne s'ensuivroit cependant pas de là que

---

(a) Lib. X, 324—328.

l'ame pût être détruite de même que le corps, par les qualités vicieuses qui lui seroient communiquées. Car il n'en est pas de l'ame comme de toutes les choses corporelles, qui sont insensiblement usées, et à la fin anéanties par les maux et la corruption intérieure. Non-seulement les qualités vicieuses ou la corruption intérieure de l'ame ne l'anéantissent point, mais elles lui donnent ordinairement une certaine activité et une certaine gaieté que l'on ne remarque pas même dans les ames les plus saines et les plus vertueuses. Comme donc l'ame n'est détruite ni par les maux et la corruption extérieure, ni par les maux et la corruption intérieure, il s'ensuit de là qu'elle est entièrement indestructible et impérissable.

Nulle part Platon ne donne un cours plus libre à son imagination, que dans la peinture du sort des ames des morts, qu'il représente sous toutes sortes d'images et d'allégories, différant entr'elles par des choses peu importantes, et se ressemblant toutes pour le fond. Mais j'ai déjà rapporté, quelquefois même fort au long, trop de fictions de Platon, et même de celles où il représente les récompenses et les châtimens des ames des morts. Je dépouillerai celles dont je n'ai point encore parlé, de leur beau vêtement mystique, et je ne rapporterai que les pensées principales qui leur servent de fondement (a). Platon divise en cinq classes les ames des morts, relativement à leur mérite ou à leur démérite, et aux récompenses ou aux punitions qu'elles doivent attendre. Il regarde comme un principe incontestable, que toutes les ames s'élèvent ou s'abaissent, sont heureuses ou malheureuses, à proportion qu'elles méritent l'un ou l'autre de ces états, et que chacune d'elle prend toujours la place qui convient à ses actions. La première classe comprend les ames pures des vrais philosophes, ou des scrutateus de la vérité, dont toute la vie n'a été qu'un effort continuel pour séparer l'ame du corps, et pour la recueillir en elle-même. Ces ames, aussitôt après la mort, montent dans leurs premières demeures, et vont se réunir aux natures divines avec lesquelles elles ont du rapport, pour jouir dans leur société d'une félicité pure et parfaite, et loin de tous les

---

Voyez *Phœd.* p. 32, 33, 43, 45. *Phœdr.* p. 203. *Gorg.* 332, 33. *Tim.* p. 482. Mais sur tout *de Rep.* lib. X, vol. II, p. 33 et suiv. Sans cette dernière allégorie, bien des choses qui se trouvent dans les autres ne seroient pas compréhensibles.

maux

maux et de tous les liens du corps (*a*). Mais à ce bonheur ne peuvent parvenir que celles qui sont parfaitement purifiées, et qui n'ont gardé aucun reste des impuretés de la matière (*b*). Ainsi les ames mêmes des grands législateurs, des grands généraux, des hommes d'état et autres bienfaiteurs des peuples, ne seront point reçues dans la compagnie des Dieux ; parce que des natures parfaites telles que les Dieux, ne peuvent communiquer qu'avec des natures parfaitement pures. Ces ames vertueuses, après leur séparation du corps, seront transportées, ou sur la vraie terre, ou dans d'autres demeures fortunées, où le bien qu'elles auront fait leur sera rendu au décuple. Mais après un espace de mille années, qui contient dix fois la plus longue vie de l'homme, elles sont obligées de choisir une nouvelle vie terrestre, et elles passent ordinairement dans des corps d'animaux actifs, doux ou laborieux, dont la nature a le plus de rapport avec leur caractère ; et elles restent dans ces corps, jusqu'à ce qu'elles soient dégagées de toute attache à la matière.

(*a*) *In Phœd.* p. 32, 33, 43, *impr.* 45.
(*b*) Pag. 32.

Un bonheur moins grand attend les ames des hommes qui, pendant leur vie terrestre, ont fait à peu près autant de bien que de mal. Ces ames habitent sur le lac Achéruse, et reçoivent les châtimens et les récompenses qu'elles ont méritées par leurs bonnes ou leurs mauvaises actions. Quant aux ames vicieuses, celles qui ont commis des crimes réparables ou dignes de pardon, sont précipitées dans le Tartare, et y sont tourmentées jusqu'à ce qu'elles aient obtenu leur pardon de ceux qu'elles ont offensés ou rendus malheureux (181). Alors elles sont obligées de choisir, comme les ames vertueuses et équivoques, une nouvelle vie, et elles passent ordinairement dans des corps d'animaux lascifs ou féroces. Quelquefois, averties par les maux qu'elles ont soufferts, elles choisissent un sort meilleur que celui qu'elles avoient eu dans leur vie précédente; de même que les ames vertueuses, en se précipitant trop dans leur choix, en prennent assez souvent un plus mauvais. Mais les ames des scélérats qui ont tué un grand nombre d'hommes, ou détruit des villes, ou pillé des temples, sont précipitées dans le Tartare pour l'éternité, et sans aucun espoir de retour. Après chaque millier d'années, ces ames-là, ainsi que les ames vertueuses, viennent aussi jusqu'à l'ouverture du Tartare ; mais lorsqu'elles en approchent, l'abyme commence à mugir; elles sont saisies par des hommes de feu animés de fureur, qui les foulent aux pieds, leur font souffrir toutes sortes de tourmens ; et les replongent dans le gouffre des douleurs, après leur avoir fait connoître les causes de leur malheur (*a*).

De toutes les fictions de Platon, aucune n'est aussi peu vraisemblable ; aucune même, considérée comme fiction, n'a aussi peu d'attraits pour l'imagination, que l'idéal d'une république parfaite qu'il a tracé dans son ouvrage, intitulé *la République* (182) ; et dont il avoue lui-même que l'exécution, possible peut-être dans le ciel, ne peut jamais avoir lieu sur la terre (*b*). Aucun autre philosophe ne vit mieux que lui les défauts et les abus des plus célèbres constitutions de son tems, et particulièrement de celles de Crète, de Sparte et d'Athènes; aucun ne les peignit avec des couleurs plus vives et plus vraies ; mais aucun ne réussit aussi mal à tracer le plan d'une république parfaite, ou du moins

---

(*a*) *De Rep.* l. c. 342.

(*b*) Lib. IX, *in fine*, vol. II, p. 282.

préférable aux gouvernemens auxquels étoient soumis, de son tems, les peuples corrompus de la Grèce. Dans les siècles suivans, sa république fut considérée comme un conte philosophique, et elle passa en proverbe, pour exprimer les projets et les entreprises impossibles. Il divisa les habitans de sa république en trois classes. Les magistrats ou gouvernans, les guerriers et les ouvriers. Il vouloit que les gouvernans fussent de vrais philosophes ; c'est-à-dire qu'ils contemplassent sans cesse les choses célestes ; qu'ils méprisassent les choses terrestres, et qu'ils se préparassent à leurs contemplations célestes par l'étude des nombres, de la géométrie et des autres parties des mathématiques (*a*). Quelque belle que paroisse cette sentence : que les peuples ne seront heureux que lorsque leurs gouvernans deviendront philosophes, ou que lorsque les philosophes deviendront gouvernans, elle contient cependant une des plus grandes absurdités de Platon, si l'on entend le mot philosophe dans le sens qu'il l'a pris. Platon, non content de bannir de sa république tous les métiers, toutes les manufactures, tout trafic,

(*a*) Vol. I, 338, II, 94, 98.

tout commerce, tous les métaux précieux et les curiosités des arts, afin d'étouffer, dans leur naissance, la passion du gain, les querelles, la mollesse et la débauche; établit aussi une parfaite communauté de biens, de femmes et d'enfans, afin que tous les citoyens pussent s'aimer comme des pères et des enfans, comme des frères et des sœurs, comme des maris et des femmes (*a*). Il bannit tous les poètes qui font des imitations; c'est-à-dire ceux qui, comme les auteurs de comédies et de tragédies, font paroître et parler, dans leurs ouvrages, toutes sortes d'hommes; et ceux qui, comme les poètes épiques, mêlent ensemble l'imitation et les récits, et parlent tantôt en leur propre nom, tantôt au nom des autres. Il ne conserve que ceux qui racontent; c'est-à-dire ceux qui chantent des hymnes en l'honneur de la divinité, ou les louanges des hommes qui se sont distingués par de grandes actions, ou les préceptes de la vertu (183). Platon croyoit ne pas devoir souffrir les premiers; parce qu'ils font parler et agir les Dieux et les héros d'une manière indigne d'eux, et qu'ils remplissent les ames des hommes de su-

---

(*a*) *In Tim.* p. 473, *de Rep.* II, vol. 324.

perstitions et d'erreurs funestes ; ou parce qu'en imitant le caractère des méchans, ils corrompoient leur propre caractère ; ou enfin, parce qu'en peignant des passions violentes dans des hommes extraordinaires, ils nourrissoient ou fortifioient les mêmes passions dans l'ame de leurs lecteurs et de leurs auditeurs. Il défend aussi aux artistes d'approcher des frontières de sa république, et n'admet la musique que comme un art utile et propre à former les ames (*a*). Il exclut même les médecins qui guérissent les maladies avec des médicamens ; et établit pour règle qu'il vaut mieux mourir, que de vivre, lorsqu'on ne peut acquérir ou rétablir sa santé par la diète et l'exercice ; parce qu'alors on devient à charge à soi-même, sans pouvoir servir l'état (*b*). D'après ces principes, il vouloit que l'on ne conservât que les enfans beaux, sains et bien conformés, et que l'on exposât ceux qui seroient difformes ou infirmes (*c*). Enfin il ordonnoit que l'on donnât la même éducation aux filles et aux garçons ; parce qu'ils ont les mêmes membres et les mêmes forces. Il trouvoit très-aisé et très-

---

(*a*) Vol. I, 194.
(*b*) *Ibid.* p. 216.
(*c*) *Ibid.* p. 354.

naturel de former les femmes aux exercices de la gymnastique, afin de fortifier et d'endurcir leurs corps, et qu'elles pussent défendre la patrie aussi bien que les hommes (184).

Qu'un homme comme Platon, qui aimoit l'éxtraordinaire, ait avancé toutes ces idées dans un écrit, dans lequel il avoit plus envie de montrer son éloquence et la fécondité de son imagination, que son amour pour la vérité; qu'il ait même regardé ce projet comme conforme à la vérité et susceptible d'exécution, c'est une chose vraiment extraordinaire. Mais ce qui l'est bien plus encore, c'est qu'il ait demandé à Denys un endroit où il pût exécuter son projet de république; et qu'il ait refusé aux Arcadiens d'être leur législateur, à moins qu'ils ne commençassent par lui promettre d'établir parmi eux la communauté des biens et des femmes (185).

Avec toutes ses extravagantes rêveries, Platon forma un grand nombre de politiques, de législateurs, de généraux et d'autres hommes célèbres qui ont délivré leur patrie de l'esclavage (*a*); quoiqu'on lui ait reproché que

(*a*) Plat. adv. Colot. X, p. 629.

son académie avoit produit un nombre non moins grand de traîtres et d'oppresseurs de leurs concitoyens (186).

Dans la période que j'ai décrite dans cette seconde partie (*a*), l'esprit humain a fait des progrès plus grands et plus rapides qu'il n'en avoit fait auparavant, et qu'il n'en fera jamais. Entre la quatre-vingtième et la cent-dixième olympiade, non-seulement les théories de tous les beaux arts, l'éloquence, la politique et la grammaire furent inventées; mais elles parvinrent, pour ainsi dire, à leur plus haut point de perfection. La médecine reçut d'Hippocrate une forme scientifique (187). Presque toutes les parties des mathématiques furent considérablement augmentées, sur tout la géographie, l'astronomie, la mécanique et la chronologie; toutes ces sciences furent enrichies de découvertes importantes par Méton d'Athènes, Architas de Tarente, Eudoxe de Cnide, Timée de Locres, et par d'autres Pythagoriciens (188). Mais la science qui fit le plus de progrès, c'est celle de l'homme. Les Sophistes, Socrate et Platon, étudièrent

(*a*) Depuis le sixième livre. (*Note du Traducteur.*)

avec tant de pénétration et de profondeur la nature des sensations, les différences et la mesure des facultés humaines ; l'origine et la nature des desirs et des passions, le prix des plaisirs et de la douleur, enfin les avantages et les désavantages de toutes les vertus et de tous les vices, qu'ils laissèrent à la postérité peu de choses nouvelles à observer sur plusieurs de ces articles. Les sciences de la nature et du corps humain, sont celles qui firent le moins de progrès dans cette période. Car quoique dans l'une et dans l'autre, on observât assez d'ordre, de beauté et de tendance vers un but, pour en tirer la preuve incontestable de l'existence d'une divinité, sage, bonne et puissante, Platon et ses contemporains ne connurent point les véritables grandeurs, les distances et les mouvemens des astres ; ils ignorèrent les causes des phénomènes les plus remarquables, et la destination ou les opérations des principales parties du corps de l'homme et des autres animaux. Si maintenant on veut balancer les avantages que les Grecs retirèrent des sciences, avec ce qu'ils perdirent en vertus et en bonheur, on sera obligé de convenir que, vers la quatre-vingtième olympiade, ils furent sans comparaison plus heureux et plus puissans que vers la cent-dixième ; et que chez tous les peuples de la Grèce, la foiblesse et la corruption des mœurs surpassèrent de beaucoup la perfection des arts et des sciences.

Fin du Livre huitième.

NOTES.

1re, page 4.

Xenoph. loc. cit. p. 297—307. Plutar. in Pelop. II, p. 336. Diod. p. 17, 18, ad ol. 99, 2 et 3. Dans la dernière année, Cadmée fut prise. Mais Diodore se trompe, lorsqu'il dit qu'Amyntas avoit demandé aux Spartiates des secours contre Olynthe. Dans les récits suivans, il diffère aussi beaucoup de Xénophon.

2, page 7.

Xénophon nomme toujours Mellon comme celui qui présidoit à toute l'entreprise (*a*). Plutarque, au contraire, nomme Pélopidas (*b*). Il est certain que si Pélopidas n'eut pas la première idée de l'entreprise, il fut du moins celui qui montra le plus de courage dans l'exécution. Plutarque lui donne douze compagnons; et Xénophon sept seulement.

3, même page.

Epaminondas regardoit toute cette entreprise comme une chose impossible, et il ne voulut prendre part à aucune résolution, qu'il croyoit devoir causer la perte infaillible de tous ceux qui voudroient l'exécuter, ou

(*a*) L. c. p. 326.
(*b*) *In ej. vit.* II, p. 338, 349.

dont le succès rempliroit toute la ville de meurtre et de sang. *Plut. de Genio Socr. VIII, p. 278, 79, 318, 345, 346.*

4, page 7.

On peut lire dans Plutarque (*a*) la suite de dangers incroyables auxquels furent exposés, sans interruption, ceux qui exécutèrent ce projet.

5, page 10.

Xenoph. loco citato, p. 334. Dinarque dit au contraire (*b*) que les Athéniens, sur la proposition de Céphalus, donnèrent aux fugitifs de Thèbes des secours contre les Thébains.

6, même page.

Xenoph. loco citato, p. 340. Diod. XV, p. 24, ad. ol. 100, 4. Cet auteur exagère assurément, quand il dit que les Athéniens avoient résolu d'opposer à leurs ennemis 20,000 fantassins, 500 cavaliers et 200 vaisseaux.

7, page 12.

Xenoph. V, c. ult. in fine, p. 353, lib. VI, c. 2, p. 370—80. Diod. p. 30, ad ol. 101, 1. Il est re-

---

(*a*) *In Pelop.* II, 340—49, VIII, *de Genio Socr.* 322 et suiv. et 353, 59.

(*b*) *Contr. Demosth.* p. 100.

marquable cependant, que ni Xénophon, ni Diodore, ne parlent de la conquête de Bysance, de Cyticum, de Samos, d'Olynthe et de plusieurs autres villes par Timothée; et encore moins des trésors que ce général tira, dit-on, de ces villes et du roi Cotys (*a*). Les succès de Timothée furent si grands, qu'on le peignit endormi avec un filet, dans lequel les villes et les îles venoient se prendre d'elles-mêmes (*b*). Xénophon raconte plusieurs faits, dont il faut conclure que Timothée n'a pas fait, vers ce tems, toutes les conquêtes que les autres lui attribuent. Ce général, dit le disciple de Socrate, ne put armer à Athènes même les soixante vaisseaux avec lesquels il devoit aller au secours des Corcyréens; de sorte qu'il se rendit dans les îles pour y lever des matelots et des guerriers. Mais toutes ces mesures paroissant trop longues aux Athéniens, ils le destituèrent, sous prétexte de négligence. Son successeur, continue Xénophon, trouva aussi de très-grandes difficultés pour armer soixante et dix vaisseaux, et fut obligé d'exercer les plus grandes violences, pour se procurer le nombre d'hommes nécessaires : mesures que ce général rusé n'auroit pas prises, à ce qu'il semble, si Athènes eût été aussi riche que le feroit croire Cornelius-Nepos. *Xen. p. 370.*

8, page 13.

Xenoph. VI, 2, p. 366, c. 3, 380, ol. 101, 2. Diodore dit encore que les Spartiates laissèrent aux Athé-

---

(*a*) Corn. Nep. *in ejus vita*, cap. 1, et Dinarch. *advers. Demosth.* p. 94, et *advers. Phil.* p. 87. Ce dernier cependant ne me paroît pas authentique.

(*b*) Plut. *de invidia et odio.*

niens la domination sur mer ; et les Athéniens aux Spartiates la domination sur terre. Mais je crois que la domination sur mer ne fut accordée aux Athéniens que quelques années plus tard.

9, page 13.

Aussitôt après la conquête de Cadmée, les Thébains eux-mêmes se battirent contre les Spartiates avec un courage intrépide. Avant la bataille de Leuctres, ils les vainquirent dans plusieurs petits combats, sur tout près de Tégyre, où Pélopidas, avec trois cents hommes, mit en fuite mille, ou même quinze cents Spartiates. Ce fut la première fois, dit Plutarque, que les Spartiates, après tant de guerres avec les Grecs et les Barbares, furent battus par des forces inférieures. *In Pelop. II, 355—360.*

10, même page.

Voy. Xenoph. p. 393, 394. Plut. II, 366. On répandit un oracle qui menaçoit les Spartiates de la mort et de la défaite auprès de Leuctres, où ils avoient autrefois commis une action injuste et méchante. On racontoit que les temples des Dieux s'étoient ouverts d'eux-mêmes ; que toutes les prêtresses annonçoient la victoire ; que les armes d'Hercule étoient disparues, parce qu'il vouloit assister lui-même au combat. Tous ces bruits, dit Xénophon, passèrent dans l'esprit de plusieurs pour des ruses des généraux.

11, page 14.

C'est du moins ce qu'il faut conclure du récit de Xénophon (*a*). La plupart des Spartiates étoient ivres lorsqu'ils marchèrent au combat. Ils poussèrent dans le camp des Thébains plusieurs personnes qui vouloient s'éloigner, et augmentèrent par-là le nombre de leurs ennemis. Enfin ils placèrent devant leur infanterie, leur cavalerie qui étoit dans l'état le plus misérable, et ne pouvoit, à beaucoup près, résister à celle des Thébains. Selon l'usage qui existoit alors à Sparte, les riches étoient obligés d'entretenir les chevaux de l'état, et de fournir tout ce qui étoit nécessaire à l'équipement et à l'armement des cavaliers; mais ces cavaliers étoient pris ordinairement parmi les hommes les plus foibles et les moins propres à la guerre. Cette misérable cavalerie fut bientôt culbutée, et jeta le désordre parmi l'infanterie, supérieure à celle des Thébains, et qui commençoit à être victorieuse. Mais malgré la grande décadence des mœurs et de la discipline parmi les Spartiates, il restoit encore beaucoup de l'ancien esprit, inspiré par les lois de Lycurgue : esprit qui, chez eux, comme chez d'autres peuples, se manifestoit même chez les particuliers, dans les cas d'extrême nécessité où ils avoient besoin de tous leurs efforts. Lorsque la nouvelle de la défaite arriva à Sparte, on célébroit une fête qui devoit être terminée par des jeux militaires. Les Ephores furent consternés, mais ils ne firent point séparer les combattans des jeux;

(*a*) L. c. p. 394--397.

ils firent continuer la fête, et ne publièrent les noms des morts que lorsqu'elle fut achevée. Le lendemain on vit les parens des morts paroître dans les places publiques avec un air de triomphe, et vêtus de leurs habits de fête; tandis que les parens de ceux qui avoient échappé à la mort, paroissoient d'un air honteux et abattu, et avec l'extérieur de la tristesse la plus profonde (*a*). Selon Diodore, cette bataille eut lieu près de Leuctres, dans la quatrième année de la cent-deuxième olympiade. Il faudroit conclure au contraire, du récit de Xénophon, qu'elle fut livrée la même année de la conclusion de la paix entre les Spartiates et les Athéniens. Voy. *Chron. Xenoph. Hutchins. ad ol. 102, 1.*

12, page 14.

Xenoph. loc. cit. p. 397, 399. Diodore, qui écrivoit probablement d'après Ephore, assure (*b*) que les Spartiates perdirent quatre mille hommes dans cette affaire. Mais il a contre lui et Xénophon et Plutarque, qui dit que, selon le compte d'Epaminondas, on trouva un peu plus de mille Spartiates morts sur le champ de bataille. *VI, 730, apophth. Lacon.*

13, page 16.

Xenoph. VI, 5, p. 518, 520, 22, 23, impr. in Ages. c. 2, §. 24, p. 491. Plut. 14, 371, II, in Pelop. 17, apophth. VI, p. 733. Diod. p. 51—55.

(*a*) Xenoph. p. 398.
(*b*) Pag. 50.

Jé

Je trouve dans les historiens de grandes variations sur ces faits. Tous gardent le silence, à l'exception de Xénophon, sur la conduite des Athéniens. Diodore place l'irruption d'Epaminondas, dans le territoire de Sparte, à la quatrième année de la cent quatrième olympiade, et dit qu'il ne commandoit que cinquante mille hommes. Plutarque au contraire, fait monter l'armée des Thébains à soixante-dix mille hommes, et raconte que le vainqueur de Leuctres et son ami Pélopidas, entrèrent dans le territoire de Sparte, aussitôt après cette grande victoire (*a*). Enfin, Xénophon place à la vérité cette irruption dans la même année que la bataille de Leuctres; mais selon lui, le tyran Jason les détourna d'abord de cette entreprise, et ce ne fut qu'assez long-tems après cette bataille, qu'ils s'y déterminèrent, à la sollicitation des Arcadiens, des Argiens et des Eléens.

14, page 17.

Xenoph. VI. I. p. 357-363. Il avoit sous ses ordres une armée beaucoup plus considérabablé que celles qu'eurent jamais Philippe et Alexandre. Elle étoit composée de huit mille cavaliers, de vingt mille guerriers pésamment armés, et d'une si grande quantité de troupes légères, qu'elles auroient suffi, dit Xénophon, pour faire la guerre à tous les peuples. πελταστικὸν γε μὴν ἱκανὸν πρὸς πάντας ἀνθρώπους ἀντιταχθῆναι.

15, page 19.

C'est ce que prouve toute l'histoire de la trahison qui

(*a*) *In Pelop.* loc. cit.

livra Cadmée aux Spartiates, et la reprise du fort de Thèbes; car, sans les excès honteux d'Archias et de ses collègues, Thèbes n'auroit jamais été délivrée du joug de ses tyrans. On peut même dire que la tendre union qui lioit entre eux les héros de la légion sacrée, n'étoit pas aussi innocente que l'avoit cru Philippe, d'après le courage qu'ils avoient montré à la bataille de Chéronée (*a*). Epaminondas, membre de cette légion, avoit à la vérité, un ami, mais il n'avoit ni femme ni enfans (*b*), et le fils unique de Pélopidas étoit plongé dans la plus grande corruption. *Ibid.*

16, page 19.

Plut. loc. cit. Cornel. Nep. in Epaminonda c. 7. 8. Si Epaminondas s'etoit défendu avec les paroles que rapporte le dernier écrivain, il auroit manifesté une trop grande présomption.

17, page 21.

Voy. *Plutar. in Pelopida II. 331. 365. 377. Xen. VII. 5. p. 499. 502. 508. 509. Diod. XV. 44. 48. 59. 64. 72. Corn. in Epam. inp. c. 2. in Pelop. c. 2. et 5.* Quoique Pélopidas possédât un patrimoine considérable, il vivoit avec autant de simplicité qu'Epaminondas, qui, malgré sa grande pauvreté, n'employoit le secours de ses amis que pour les autres; c'est-à-dire, lorsqu'il s'agissoit de racheter un citoyen de la captivité, ou de marier quelque fille pauvre ou vertueuse (*c*). Une

---

(*a*) Plut. II. 361--364.

(*b*) Cornel. Nep. c. 4 et 10.

(*c*) Plut. II. 331. et Corn. Nep. c. 3.

grande preuve de la simplicité et de la frugalité d'Epaminondas, c'est qu'il ne prit que cinquante drachmes pour son expédition dans le Péloponèse, où il entra à la tête d'une armée de plus de cinquante mille hommes (*a*), et que tout son équipage ne consistoit que dans une broche et une marmite (*b*). Je crois qu'il n'est aucun homme célèbre avec lequel on puisse mieux comparer Epaminondas, qu'avec Scipion le jeune; il étoit aussi chaste et aussi incorruptible, aussi éclairé et aussi éloquent, aussi gai et aussi spirituel, enfin aussi fidèle et aussi agréable dans l'amitié que le héros romain. Il avoit aussi autant de grandeur d'ame, le sentiment intime et la jouissance de ses grandes qualités et de ses grandes actions, d'où naissoit en lui le mépris pour ses indignes adversaires, et pour les plaisirs et les biens que la populace seule peut connoître et estimer. Mais je crois aussi qu'Epaminondas n'étoit ni aussi grand politique, ni aussi grand général que Scipion, et que quand même il auroit eu les mêmes qualités que ce dernier, il n'auroit pu le devenir dans les circonstances où il vécut.

18, page 21.

Je sais que plusieurs auteurs ont regardé Epaminondas, comme un des plus grands politiques et des plus habiles généraux qui parurent dans la Grèce (*c*); mais aucun admirateur d'Epaminondas, s'il a étudié l'histoire avec impartialité, ne sera de cet avis.

(*a*) Plut. *Apophth.* VI. p. 730.
(*b*) Frontini *Stratag.* lib. IV. c. 3.
(*c*) Ael. VII. 14.

19, page 22.

Isocr l. c. Diod. p. 64. Diodore raconte qu'Epaminondas avoit inspiré une telle frayeur à Lachès, général Athénien, que ce dernier évita le combat. Plutarque assure au contraire, qu'Epaminondas ne fut pas plus heureux sur mer que Philopœmen après lui (*a*). Le même auteur observe que quelques-uns attribuoient son peu de succès, au dessein qu'il avoit formé de dégoûter ses concitoyens des guerres maritimes, au lieu de les y encourager.

20, page 23.

Xen. VII. 4. 5. p. 496. 507. Il n'est pas aisé de fixer exactement l'époque des évènemens rapportés jusqu'ici. Il en est quelques-uns dont Diodore ne parle point du tout; et à l'égard de ceux dont il parle, il n'est point d'accord avec Xénophon. Mais on doit les placer tous entre la quatrième année de la cent deuxième olympiade, et la seconde année de la cent quatrième. Ce fut ou Epaminondas ou Pélopidas, qui ravagea l'Eubée, menaça les Mégariens, et prit une ville aux Athéniens par trahison. *Isocr. loc. cit. et Diod. ad Olymp. 103. 3. Aesch. adv. Ctes.* p. 286.

21, page 26.

Diod. p. 65. ad. Ol. 104. 1. Rien n'est plus beau et plus touchant que la description que fait Plutarque, de la tristesse profonde qui s'empara des Thébains et

---

(*a*) *In vita. Philop.* p. 645. II.

des Thessaliens à la mort de Pélopidas, et des honneurs que lui rendirent les uns et les autres (*a*). Mais il semble aussi que Plutarque, qui en général étoit porté pour les Thébains, ait pris un plaisir particulier à peindre et à louer son héros favori.

22, page 32.

Xen. in Ages. c. 2. §. 24. p. 491. et Arist. de Civit. II. 7. p. 191. Τοιγαρουν δυναμενης της χωρας χιλιους ἱππεις τρεφειν και πεντακοσιους; καὶ ὁπλιτας τρις μυριους, ουδε χιλιοι το πληθος ησαν. — μιαν γαρ πληγην ουχ ὑπηνεγκεν ἡ πολις, ἀλλ' ἀπωλετο δια την ολιγανθρωπιαν.

En général ce ne fut pas la bataille de Leuctres qui perdit les Spartiates, mais les vices dans lesquels ils s'étoient plongés auparavant, et les injustices qu'ils avoient commises.

23, page 35.

Demosth. p. 48. Les deux généraux dont je parle dans le texte, sont Pélopidas et Iphicrate. J'ai déjà parlé plus haut de l'expédition de Pélopidas en Macédoine. Eurydice, dit Æschine (*b*), veuve du roi Amyntas, conduisit ses deux fils Perdiccas et Philippe, vers Iphicrate, et le conjura au nom de l'amitié qu'il avoit eue pour son époux, de la défendre, elle, ses enfans et son royaume, contre les attaques d'un ravisseur injuste. Touché des prières de la reine, Iphicrate battit et chassa Pausanias, qui formoit des prétentions sur le

(*a*) p. 393--395.
(*b*) *De falsa leg.*

trône; et il sauva ainsi la maison régnante d'une perte qui sembloit inévitable. On voit dans Hérodote, la souche et la généalogie des rois de Macédoine (*a*). Les orateurs d'Athènes, aimoient à rappeller l'orgueil de leurs ancêtres, qui n'avoient pas voulu accorder le droit de citoyen à Perdiccas, après les grands services qu'il avoit rendus aux Grecs (*b*). Quelques-uns pensent peut-être que le roi de Perse pourroit être aussi nommé parmi ceux qui pouvoient aspirer alors à la domination de la Grèce; Mais je les renvoye à *Isocrat.* I. p. 281. 282. et *Diodore*, p. 73. 115. vol. II.

24, page 38.

Philippe fut assassiné dans la quarante-septième année de son âge (*c*), et il règna pendant vingt-cinq ans, ou comme dit Diodore (*d*), vingt-quatre ans seulement. Il n'avoit donc, tout au plus, que vingt-deux ou vingt-trois ans, lorsqu'il monta sur le trône.

25, même page.

C'est ce qu'il fit à l'égard des Athéniens auxquels il céda Amphipolis, parce qu'il savoit que c'étoit à cause de cette ville qu'ils vouloient placer un de ses rivaux sur le trône.

26, page 45.

Philomelus fut au moins pendant une année en pos-

(*a*) VIII. 137--139.

(*b*) Demosth. p. 70.

(*c*) Just. IX. 8.

(*d*) p. 81.

session du temple, avant que de toucher aux trésors (*a*). Dans un autre endroit (*b*), Diodore dit, en se contredisant lui-même, que ce général ne toucha point du tout à ces trésors.

27, page 48.

On ne sauroit douter de la corruption d'Æschine et des autres ambassadeurs d'Athènes, lorsqu'on a lu les discours de Démosthènes, *de falsa legatione* et *de corona* (*c*). Æschine et ses collègues reçurent des présens, pris sur les propriétés des malheureux qu'ils avoient trahis, p. 219.

28, page 49.

Démosthène dit les noms de tous les traîtres des principales villes de la Grèce (*d*). Leur nombre étoit plus grand qu'il ne l'avoit jamais été (*e*). Παρα γαρ τοις ἑλλησιν, ȣ τισιν αλλα πασιν ὁμοιως, φοραν προδοτων και δωροδοκων, και θεοις εχθρων ανθρωπων συνεβη γενεσθαι, και τοσαυτην, ὁσην ȣδεις πω προτερον μεμνηται γεγονυιαν, ȣ̔ς συναγωνιστας και συνεργȣς λαβων ὁ Φιλιππος κ. τ. λ.

(*Il s'étoit alors élevé, je ne dis pas dans un coin, mais sur toute la surface de la Grèce, une nuée si épaisse de traîtres, d'hommes toujours prêts à se vendre, de gens en horreur aux dieux, que de mémoire d'homme, on n'en avoit jamais vu une pareille. Phi-*

(*a*) Diod. p. 100. 103. 104.

(*b*) 125.

(*c*) Voy. sur-tout p. 203 jusqu'à 212. 218. 219. 222. 223. 228.

(*d*) *In Philip.* III. p. 30. *De Corona.* 319. 354.

(*e*) *De Corona.* p. 321.

lippe s'en empare pour en faire ses émissaires, ses agens etc).

Ils couvroient sous le nom de l'amitié, leur trahison, qui étoit plutôt enviée que punie. *Philipp. III. p. 48. et de fals. leg. p. 235.*

29, page 50.

Diod. p. 128. Demosth. p. 49. Νυνι δε ορατε μεν δηπου τα πλειςα τους προδοτας απολωλεκοτας, ουδεν δ'εκ παραταξεως, ουδ' εκ μαχης γινομενον· ακουετε δε Φιλιππον, ουχι τω φαλαγγας οπλιτων αγειν. *etc. p. 354. de Corona.*

30, page 53.

Diodore (*a*) parle de personnes qui avoient détourné des bijoux ou de l'argent, et des punitions qu'elles encoururent; à ce qu'il croit, par le courroux de la divinité offensée.

31, page 57.

Plut in ej. vit. p. 726. Il se laissa corrompre par les Satrapes de Perse, pour exciter les Grecs contre Philippe, qui étoit déjà redoutable aux Perses, et les détourner par là de leur expédition d'Asie. Alexandre trouva à Sardes, l'état des sommes qui avoient été envoyées à Démosthènes. *Ibid.*

32, page 58.

P. 36. de Chers. p. 346. de Corona. Ταδε του Φιλιππου, προς ον ην ημιν ο αγων, σκεψασθε πως. πρωτον μεν ηρχε των ακολουθουντων αυτος ων αυτοκρατωρ, ο των εις τον πολεμον μεγιςον,

(*a*) p. 130 et suiv.

εστιν ἁπαντων· ειθ' ὑτοι τα ὁπλα ειχον εν ταις χερσιν αει. επειτα χρηματων ευπορει, Και επραττεν ἁ δοξειεν αυτῳ, ου προλεγων εν τοις ψηφισμασιν, ουδ' εν τῳ φανερῳ βουλευομενος, ουδ' ὑπο των συκοφαντουντων κρινομενος, ουδε γραφας φευγων παρανομων, ουδ' ὑπευθυνος ων ουδενι· αλλ' ἁπλως αυτος δεσποτης, ἡγεμων, κυριος παντων. εγω δ' ὁ προς τουτον αντιτεταγμενος (και γαρ τουτ' εξετασαι δικαιον) τινος κυριος ἠν; ουδενος.

(Voyons à présent, quelle étoit la position de Philippe, contre qui nous avions pris les armes. D'abord, il avoit une autorité absolue sur ceux qui le suivoient au combat; ce qui dans la guerre, est le point le plus important. Ensuite ses troupes avoient continuellement les armes à la main. De plus, il avoit de l'argent en abondance; il exécutoit les projets qu'il avoit conçus, sans être obligé de les divulguer par des décrets, et de délibérer en public; il n'étoit point en butte aux traits des sycophantes; il ne craignoit point d'être traduit devant un tribunal, pour avoir transgressé les lois; il ne devoit des comptes à personne; en un mot, il étoit despote, chef, maître de tout. — Et moi que vous aviez chargé de s'opposer à ses vues ambitieuses, (ceci, je pense, mérite d'être pris en considération) de quoi étois-je maître? De rien).

33, page 59.

Demosthène, page 344. Plutarque in Phocion IV. p. 319. Phocion qui connoissoit la supériorité de Philippe et de son armée aguerrie, sur les chefs grossiers, et sur les guerriers courageux, mais inexpérimentés des états de la Grèce, conseilloit toujours la paix *(a)*.

(a) Ibid.

As-tu le courage, disoit avec audace un démagogue à Phocion, as-tu le courage d'arracher aux Athéniens les armes qu'ils ont déjà entre les mains? Oui, répondit Phocion, quoique je sache que pendant la guerre je te commanderai, et que pendant la paix je serai obligé de t'obéir. Démosthène persistant à proposer que les Athéniens combattissent Philippe le plus loin de leurs frontières qu'ils pourroient, camarade, lui dit Phocion, ne cherchons pas l'endroit où il faudra combattre, mais cherchons comment nous remporterons la victoire. La victoire seule éloigne l'ennemi et la guerre, et après une défaite, le danger est toujours plus près qu'auparavant (*a*). On chercha à détourner Démosthène du conseil qu'il donnoit de livrer bataille, en lui citant un oracle d'Apollon. Bon! répondit l'orateur, la Pythie Philippise. *Plut. p. 724.*

34, page 59.

Justin. IX. 3. *Hic dies universae Graeciae et gloriam dominationis et vetustissimam libertatem finivit.* Avec les corps des héros qui moururent à Chéronée pour leur patrie, dit Licurgue (*b*), la liberté de toute la Grèce fut enterrée, et leur gloire est la dernière couronne qui décora la patrie.

35, même page.

Philippe fit prisonniers dix mille fantassins pésamment armés, et mille cavaliers (*c*). Les Athéniens seuls,

---

(*a*) *Ibid.*

(*b*) Adv. Leocr. p. 132.

(*c*) Demosth. *de fals. leg.* p. 230.

eurent mille morts, et deux mille prisonniers. *Lyc.* p. *192. et ap. Diod.* p. *149.*

36, page 60.

L'impression que fit sur Philippe, la victoire de Chéronée, la plus importante de toutes celles qu'il avoit remportées, est rapportée différemment, et d'une manière contradictoire par les divers historiens (*a*). Ce qu'en disent les deux derniers que je cite ci-dessous, et particulièrement Plutarque, me paroît le plus probable, parce qu'il s'accorde mieux que toutes les autres relations avec le caractère de Philippe.

37, même page.

Polyb. V. 10. Just. IX. 4. Le premier croyoit que Philippe avoit ainsi traité les Athéniens par bonté naturelle; et qu'en général il ne persécutoit ses ennemis que jusqu'à ce qu'il eût trouvé l'occasion de leur donner des preuves de sa douceur et de sa magnanimité. Mais ce portrait de Philippe, est flatté et peu ressemblant. Aussitôt après la bataille de Chéronée, il prouva que sa colère ne s'éteignoit pas dès que ses ennemis étoient vaincus et humiliés, et que ce n'étoit pas par pure bonté qu'il traitoit ainsi les Athéniens. Il vendit les Thébains qu'il avoit fait prisonniers, et leur fit payer bien cher la permission d'enterrer leurs morts. Il fit mettre à mort ou exiler les chefs de cette cité qui avoient excité le peuple contre lui, et fit confisquer

---

(*a*) Justin. IX. 4. Diod. p. 149. Plut. IV. in Demosth. 725. Theop. *ap. Ath.* X. 10. p. 435.

leurs biens. Enfin il fit rentrer dans la ville trois cents bannis, qu'il mit à la tête du gouvernement; et ceux-ci se débarrassèrent aussitôt de tous leurs ennemis par la mort ou par l'exil. *Just. loc. cit.*

38, page 63.

Que l'on considère les dévastations et la destruction de tant de grandes villes, la corruption des mœurs qu'il introduisit, les révolutions qu'il causa. A l'exception d'Athènes et de Sparte, toutes les villes grecques de l'Europe et de l'Asie, furent soumises ou à des tyrans, ou à des despotes oligarchiques qui lui étoient dévoués. *Demosth. in Philip.* IV. p. 53 *de Rhodior. libertate* p. 80. Voyez aussi *Isocr. ad Philip. I. p. 247. et suiv. et Demosth. de fals. leg. 208. 216.*

39, page 64.

Alex. ap. Arrian. VII. 9. de Exped. Alex. Outre ces passages, on trouve dans Diodore (*a*) la peinture des qualités et des actions de Philippe, considérées sous un point de vue favorable. Mais aucun auteur ne le peint aussi défavorablement que Théopompe dans Athénée (*b*). Je n'en citerai que quelques traits : Philippe étoit si prodigue, que malgré les sommes considérables qu'il tiroit de ses mines et de ses conquêtes, il étoit toujours pauvre et endetté. Il ne laissa à sa mort que quelques vases d'or et d'argent, soixante talens d'argent comptant, et il devoit cinq cents talents (*c*). Cette pauvreté le

(*a*) XVI 81. et 154. 155. Just. IX. 8.

(*b*) IV. 19. VI. 17. X. 10.

(*c*) Arrian. loc. cit.

porta souvent aux actions les plus honteuses, même à exercer la piraterie (*a*). Non content de se ruiner lui-même par de folles dépenses, il ne pouvoit souffrir auprès de lui que des gens aussi prodigues que lui (*b*). Il n'étoit donc entouré que des hommes les plus dissolus de la Grèce, qui étoient surs d'être accueillis, pourvu qu'ils fussent gais et plaisans ; ce qu'il estimoit plus que les vertus militaires. Sa cour étoit composée de huit cents personnes, qui, à ce que dit Théopompe (*c*), possédoient et dépensoient plus de richesses que dix-mille des plus riches citoyens de la Grèce. Il aimoit tant les plaisanteries qu'il envoya un talent à une société de soixante plaisans qui s'assembloient à Athènes, dans le temple d'Hercule et ailleurs, pour recevoir d'eux le recueil de leurs plaisanteries (*d*). Tous les jours il s'enivroit, et alors il n'avoit pas honte de danser et de se livrer à des excès indignes, non-seulement d'un roi, mais même d'un simple guerrier. Buvons, disoit-il à ses amis, car il suffit qu'Antipater soit sobre (*e*). Il avoit tant d'estime pour ce dernier qui commandoit ses armées, qu'un jour qu'il vint lui faire visite lorsqu'il étoit occupé à jouer, il jetta sous son lit les dés et les autres instrumens de jeu, de peur d'être surpris par lui dans cette occupation (*f*). Les gens de sa suite en usoient entre eux comme amans et maîtresses, et il y avoit toujours à la suite de ses armées, une quan-

(*a*) Just. IX. 1.

(*b*) Théop. loc. cit.

(*c*) *Ibid.*

(*d*) Ath. XIV. p. 614.

(*e*) X. 10.

(*f*) X. 10.

tité de beaux garçons, comme il y avoit des femmes et des courtisannes à la suite de celles des rois d'orient. Philippe et ses compagnons d'armes sont une preuve que le courage peut exister avec la plus grande corruption des mœurs.

40, page 66.

C'est ce que disent Isocrate (*a*) et Xénophon (*b*). Lorsque j'étois encore riche, dit Charmidès dans le dernier, j'étois sans cesse obligé de faire de la dépense au nom de l'état, et je ne pouvois pas même voyager quand j'en avois envie; maintenant je suis débarrassé de cette gêne, et je puis sortir quand je veux. Autrefois chacun à son gré me menaçoit et m'insultoit; à présent je menace et j'insulte les autres. Autrefois j'étois l'esclave des autres et obligé de payer pour fournir à leur entretien; à présent je vis comme un seigneur, et je me fais nourrir par l'état. Autrefois l'état ou la fortune me causoient toujours des pertes et des dommages; à présent, loin de craindre de perdre quelque chose, j'ai toujours l'espérance d'obtenir quelque butin.

41, même page.

Xenoph. de rep. Athen. I. p. 670. 71. inp. Oeconom. c. 2. p. 279. Isocr. I. 424. de Pace. J'ai donné dans mon Traité sur le luxe des Athéniens, un exemple remarquable, tiré de Lysias, qui prouve jusqu'où montoit la dépense que les riches Athéniens étoient obligés de

(*a*) De Pace.
(*b*) Symp. c. 4. p. 457-458.

faire, et la quantité d'occasions qui les forçoient à renouveller ces dépenses.

42, page 67.

Panath. II. 254. Aristote regarde aussi avec raison la grande quantité de pauvres dans les gouvernemens démocratiques, et la rétribution qui leur est attribuée pour leur présence dans les tribunaux et dans les assemblées publiques, comme les causes des exactions exercées sur les riches; et ces exactions, comme les causes de la perte de ces républiques (*a*). Mais tirer ainsi des sommes par violence, pour entretenir un peuple paresseux, c'est verser de l'eau dans des tonneaux percés. Car les besoins que l'on appaise ainsi pour le moment, renaissent le moment d'après.

43, page 68.

Isocr. Areop. l. 322. Aristote donne encore ceci comme une marque d'ochlocratie (*b*). Το κληρωτας ειναι τας αρχας, η πασας, η όσαι μη εμπειριας δεονται και τεχνης· το μη από τιμηματος ειναι τας αρχας, η ότι μικροτατȣ.

44, page 69.

Arist. VI. 2. *de Civ. p.* 699. Το ολιγοχρονιȣς τας αρχας, η πασας η όσας ενδεχεται. — αρχην δε μηδεμιαν μηδενος, η ότι ολιγιςων, η των μεγιςων κυριαν.

45, même page.

Ib. Το μη δις τον αυτον αρχειν ἀρχην μηδεμιαν, η ολιγακις, η ολιγας.

(*a*) *De Civit.* VI. 5. p. 726-728. Edit. Heinsii.

(*b*) *Ib.* p. 699.

46, page 69.

Xenoph. de rep. Ath. c. 3. p. 687. 689. Il donne en cet endroit une liste des affaires dont la décision ou l'examen furent portés successivement devant le peuple.

47, même page.

Ib. et Isocr. I. 324. Même dans les affaires de religion, dit le dernier, tantôt on négligeoit entièrement de faire des sacrifices ; tantôt on sacrifioit trois cents bœufs à la fois.

48, page 71.

Xenoph. I. 3. de rep. Ath. Demosth. VI. c. 2. p. 699. A Rome, si l'on ne payoit pas le peuple pour sa présence aux assemblées ou aux divertissemens publics, ou pour l'exercice des fonctions de judicature ou autres ; c'est que l'empire étoit trop grand, et qu'un grand nombre de particuliers qui possédoient des richesses énormes, nourrissoient le peuple, comme l'état le nourrissoit à Athènes.

49, même page.

Isocr. I. 327. Areop. et Arist. VI. 2. p. 699. Aristote désigne comme un des principaux signes d'ochlocratie το δικαζειν παντας, και εκ παντων, και περι παντων.

50, page 72.

Xenoph. l. c. J'ai peint dans mon Traité sur le luxe des Athéniens, la corruption générale des mœurs de ce peuple,

peuple, dans les quatre olympiades qui précédèrent la bataille de Chéronée.

51, page 72.

Plat. de Rep. VIII. p. 208. Τελευτωντες γαρ πυ οισθ' οτι υδε των νομων φροντιζυσι, γεγραμμενων η αγραφων, ινα δη μηδαμη μηδεις αυτοις η δεσποτης.

52, même page.

Arist. VI. c. 2. 698. — Το ζην ως βυλεται τις. τυτο γαρ της ελευθεριας εργον ειναι φασιν, απερ τυ δυλυ οντος, το ζην μη ως βυλεται.

53, page 73.

Isocr. de Pace I. p. 387. Εμπειροτατοι δε λογων και πραγματων οντες, υτως αλογιςως εχομεν, ωςε περι των αυτων της αυτης ημερας υ ταυτα γινωσκομεν· αλλ' ων μεν, πριν εις την εκκλησιαν αναβηναι, κατηγορυμεν, ταυτα συνελθοντες χειροτονυμεν· υ πολυν δε χρονον διαλειποντες, τοις ενταυθα ψηφισθεισιν, επειδαν απιωμεν, παλιν επιτιμωμεν.

(Quoique nous soyons fort habiles à manier la parole et les affaires, nous agissons pourtant avec si peu de réflexion, que plusieurs fois dans le même jour nous changeons d'avis sur le même objet. Ce que nous condamnions avant de nous rendre à l'assemblée publique, nous sommes les premiers à lever la main pour le faire décréter, dès que nous y sommes entrés. Le décret est-il rendu? à peine sommes nous hors de l'assemblée, que nous le blâmons de nouveau.)

54, page 74.

Pro. Corona. p. 328. Démosthène dit que ceux qui

avoient dix talens de bien, étoient obligés d'entretenir un vaisseau de guerre ; et il étoit ordonné que parmi les douze cents triérarques, ceux qui possédoient plus ou moins contribueroient à proportion d'une somme plus ou moins grande pour l'entretien des vaisseaux. Les lois περι αντιδοσεως, *sur la permutation*, n'étoient guères meilleures que celles que l'on vient de citer, quoiqu'elles eussent été faites pour soulager ceux qui avoient été trop épuisés par les contributions publiques (*a*). Selon ces lois, chaque triérarque ou chef d'un chœur (*b*) devoit être déchargé du fardeau de ces contributions, dès qu'il pouvoit indiquer un autre riche qui pût les payer à sa place. Si celui qui étoit indiqué croyoit que son bien fût plus considérable que le bien de celui qui l'avoit dénoncé, ce dernier pouvoit le forcer à changer son bien contre le sien, à l'exception des intérêts dans les mines. Si le dénoncé consentoit à cet échange, la loi donnoit au dénonciateur le droit de faire apposer, le jour même, les scellés sur tous les effets, et tous deux étoient obligés de donner, dans le délai de trois jours, un état exact de tous leurs meubles et immeubles, et d'en affirmer la vérité. On éludoit cette loi par toutes sortes de tromperies, comme on le voit par le discours cité. On brisoit les scellés des caves, des greniers et des armoires, et on enlevoit ce qu'on vouloit. On supposoit aussi une quantité de fausses dettes. On voit encore par ce discours (*c*), que souvent

(*a*) Voyez Demosthène ou l'auteur quelqu'il soit du discours *Advers. Phænip. p. 653--658 et Petit. Leg. Att. p. 281.*

(*b*) Xen. *Oeconom. c. 7.*

(*c*) p. 656.

les gens les plus riches, trouvoient les moyens de se soustraire à toute espèce d'imposition, et faisoient ensorte de n'être pas mis au nombre des triérarques.

55, page 79.

Isocr. ad. Philipp. I. 292. On voit que l'orateur ne dit rien d'outré, soit par les grandes armées que les Phocéens entretinrent pendant tant d'années, soit par les armées non moins nombreuses que le roi de Perse et tous ceux qui se détachèrent de lui, formèrent avec ces misérables (*a*). On sait que dans le quatorzième siècle et les siècles suivans, des bandes de brigands et de mercenaires de cette espèce, parcouroient l'Italie, la France et l'Allemagne.

56, page 81.

On peut encore citer comme des preuves et des effets de la corruption du peuple et de la populace, qu'ils prodiguoient à des gens indignes le droit de citoyen, et les récompenses qui n'étoient dues qu'au mérite, telles que les couronnes, les statues, etc. (*b*); qu'il n'y avoit plus parmi le peuple, ni foi, ni probité, et que les promesses et les traités étoient violés impunément (*c*).

57, page 82.

Corn. Nep. in Iphicrate. C'est de la même ma-

(*a*) Voyez le seizième livre de Diodore tout entier, et sur-tout p. 26. *inp. Cyrop. in fine.*

(*b*) Demosth. *De rep. ord.* p. 20. *Adv. Aristocr.* p. 437 *contra Eubulidem.* p. 542. Æsch. contr. Ctesiphontem. p. 280, 300, 301.

(*c*) Æsch. *in Tim.* p. 18, 6. Isocr. τραπεζ. II. p. 466.

nière que l'art militaire tomba chez les Romains (*a*) : *Ab urbe enim condita usque ad tempus D. Gratiani, et cataphractis et galeis muniebatur pedestris exercitus. Sed cum campestris exercitatio interveniente negligentia, desidiaque cessaret, gravia videri arma coeperunt, quae raro utique milites induebant. Itaque ab imperatore postulant, primo cataphractas, deinde cassides deponere, etc.*

58, page 84.

Dinarque contra Philoclem p. 87. Ed. Hanov. 1619, parle dans le sens de Timothée. Cornelius-Nepos, raconte la chose autrement, mais d'une manière peu exacte, comme presque toujours (*b*) ; mais on voit par ce passage, qu'alors, comme du tems de Socrate, les Athéniens choisissoient des généraux qui n'avoient ni connoissances ni expérience. *Memor. Socr. III. 5. p. 154.*

59, page 87.

Plat. de Rep. 210. 212. Gorg. 324. Isocr. l. cit. 379. 425. 426. Les seuls qui ne se conduisirent pas ainsi, furent Phocion et Démosthène ; le dernier disoit par cette raison, que les Athéniens devoient lui savoir gré de les avoir accoutumés à entendre la vérité (*c*). On trouve les noms des démagogues des cinquante années qui ont précédé la bataille de Chéronée, *ap. Pseudo. Plut. in vit. Rhet. Dinarch. p. 97. Isocr. I. 398. Plut. IV. 698. in Vit. Demosth. et 740. in Vit. Phoc.*

(*a*) Veget. *de re milit.* I. 20.

(*b*) c. 3. *in Timoth.*

(*c*) *De Rep. ord.* p. 69.

IV. 295. 339. 347. 353. Dans le dernier passage on trouve la peinture du plus effronté d'entre eux ; de Déméas. Je ne cite point ici les jugemens de Denis-d'Halicarnasse, sur les orateurs de la Grèce, parce que je suppose qu'ils sont connus du lecteur.

60, page 93.

Cicer. de orat. III. 16. *Nam cum plures orti essent fere a Socrate, quod ex illis variis et diversis, et in omnem partem diffusis disputationibus alius aliud apprehenderat, proseminatae sunt quasi familiae dissentientes inter se, et multum disjunctae, et dispares, quum tamen omnes se philosophi Socratici et dici vellent et esse arbitrarentur.*

61, même page.

Xénophon nacquit la troisième année de la quatre-vingt-deuxième olympiade ; il avoit environ cinquante ans lorsqu'il se rendit en Asie, auprès de Cyrus ; c'est-à-dire, la quatrième année de la quatre-vingt-quatorzième olympiade, et il mourut la première année de la cent cinquième. *Voy. Hutschins. Vit. Xen. p. 1. 4.*

62, page 94.

Lorsque Xénophon eut reçu la lettre de Proxenus, il demanda conseil à Socrate, qui le renvoya à l'oracle de Delphes, parce qu'il lui paroissoit très-dangereux de passer chez un ennemi des Lacédémoniens, aussi déclaré que l'étoit Cyrus. Xénophon ne demanda point s'il étoit meilleur pour lui d'aller en Asie ou de rester chez lui ;

mais seulement quels étoient les moyens les plus sûrs de se rendre auprès de Cyrus; sur quoi Socrate le blâma, comme il le raconte lui-même avec sa franchise ordinaire. *l. cit.*

63, page 96.

Anab. IV. 4. p. 214. L'armée se trouva une fois tellement enfoncée dans les neiges, que plusieurs soldats avoient beaucoup de peine à en sortir. Dans cette situation, Xénophon parut tout nu au milieu des soldats, et se mit à couper du bois pour se chauffer, et inspirer par là du courage aux autres. *Lib. V. Cap. ult. p. 315. 319.*

64, page 100.

Par exemple, lorsqu'il fonda une ville sur la mer Noire (*a*), et lorsqu'il s'agissoit d'accepter ou de refuser le commandement de l'armée qu'on lui proposoit. *VI. 1. p. 327.*

65, même page.

Diogène-Laerce (*b*) raconte encore de Xénophon, que lorsque les Athéniens envoyèrent des secours aux Spartiates près de Mantinée, il leur envoya ses deux fils; et que Gryllus l'un d'eux, mourut en héros sur le champ de bataille. Xénophon, dit le même auteur, reçut la nouvelle de la mort de son fils, lorsqu'il étoit occupé à faire un sacrifice. Aussitôt il ôta la couronne qui étoit sur sa tête; mais il la remit un instant après, lorsqu'il eut appris que son fils avoit combattu coura-

(*a*) Loc. sup. cit.
(*b*) II. 54.

geusement, et selon quelques-uns, qu'il avoit tué Epaminondas. Je savois bien, lui fait-on dire, sans verser une seule larme, que je l'avois engendré mortel. On attribue la même réponse et la même fermeté en apprenant la mort d'un fils, à plusieurs autres personnages, et entre autres à Périclès; ce qui fait que je n'ose les attribuer à Xénophon.

66, page 102.

C'est la remarque que fait aussi Hermogène qui, selon moi, a mieux jugé Xénophon que Denis. *Voyez les témoignages des autres écrivains sur Xénophon.*

67, même page.

Quint. X. 1. p. 578. *Quid ego commemorem Xenophontis jucunditatem illam inaffectatam, sed quam nulla possit affectatio consequi? ut ipsae finxisse sermonem Gratiae videantur, et quod de Pericle veteris comoediae testimonium est, in hunc transferri justissime possit, in labris ejus sedisse quandam persuadendi deam.*

68, page 104.

Une preuve que Xénophon, malgré son exil, n'étoit point irrité contre sa patrie, c'est son Traité sur les revenus d'Athènes, dans lequel il propose les meilleurs moyens pour les augmenter.

69, page 108.

On trouvera dans les mémoires de la société de Goettingue, année 1782, ce que je pense des dialogues d'Æschine, du tableau moral de Cébès, et des prétendues lettres socratiques.

70, page 109.

Le tems où vécurent tous ces hommes, n'est pas exactement déterminé. Mais on peut regarder comme vraisemblable que quelques-uns d'eux moururent avant Xénophon, et qu'aucun ne survécut à Platon.

71, page 110.

Diog. II. 106. Το δε γε εντεχνον dit élégamment Platon dans son Theætetès (*a*) και περι δικαιων αυτων και αδικων, και περι των αλλων ὅλως αμφισβητουν, αρ᾽ ουκ εριστικον αυ λεγειν ειθισμεθα;

72, page 112.

Voici comment Alexinus se moquoit du raisonnement de Zénon, qui disoit que le monde devoit nécessairement être raisonnable, parce que c'étoit l'être le plus parfait, et qu'il ne pouvoit être tel, sans la raison. Le talent de la poésie, disoit-il, et celui d'expliquer les poètes anciens, est sans contredit meilleur que le défaut de ces talens; or, le monde est le plus parfait de tous les êtres, donc il doit être très-habile dans la poésie et dans la grammaire (*b*). Une raillerie bien plus blâmable, c'est celle de Stilpon, rapportée par Diogène. Minerve, fille de Jupiter, est-elle un dieu, demandoit-il à quelqu'un? Et sur la réponse affirmative, il répliquoit: mais cette Minerve-ci a été faite par Phi-

(*a*) p. 99.

(*b*) Sext IX, 108, 109. *adv. Mathem.*

dias, et non par Jupiter; elle n'est donc pas un dieu. Stilpon fut cité devant l'aréopage pour ce propos, et tâcha de se disculper par un sophisme du soupçon d'impiété. J'ai nié, dit-il, que Minerve fût un dieu, mais je n'ai pas nié qu'elle fût une déesse (a). L'aréopage prit aussi mal sa plaisanterie que sa défense: et Stilpon, malgré sa grande réputation, fut condamné à l'exil.

73, page 112.

II. 112. Diodore mourut de dépit de n'avoir pas pu résoudre sur-le-champ un sophisme de Stilpon; ce qui lui fit donner par Ptolémée, le nom de κρονος.

74, même page.

Ils soutenoient, par exemple, que nul ne possédoit une faculté que celui qui l'exerçoit actuellement, et qu'avec l'effet, la faculté se perdoit. Ainsi, disoient-ils, nul n'est architecte que celui qui bâtit actuellement (b). Diodore nie de la même manière l'existence du mouvement et de la mort. Si quelque chose se meut, dit-il, elle se meut ou dans le lieu où elle est, ou dans le lieu où elle n'est pas. Or, aucun de ces deux cas n'est possible. Donc il n'existe point de mouvement; et s'il n'existe point de mouvement, il n'existe non plus ni mort, ni destruction. Car de même que tout est immobile, parce qu'une chose ne peut se mouvoir ni dans le lieu où elle est, ni dans le lieu où elle n'est pas; de même la mort ne peut pas exister, parce qu'un animal ne peut mourir,

---

(a) II. 116.
(b) Met. Arist. cap. 7. p. 144.

ni dans le moment où il vit, ni dans le moment où il est mort (a). Le premier de ces sophismes, est pris de Zénon d'Elée.

75, page 112.

Cic. l. c. Acad. quæst. IV. 24. *Atqui habebam molestos vobis, sed minutos, Stilponem, Diodorum, Alexinum : quorum sunt contorta, et aculeata quaedam sophismata. Sic enim appellantur fallaces conclusiunculae.*

76, page 114.

Cicer. Acad. quæst. IV. 29. *Placet enim Chrysippo, si gradatim interrogetur, verbi causa, tria, pauca sint, anne multa? aliquanto prius quam ad multa perveniat, quiescere, id est, quod ab iis dicitur, ἡσυχάζειν. Per me vel stertas licet, inquit Carneades, non modo quiescas. Sed quid proficit? Sequitur enim, qui te ex somno excitet, et eodem modo interroget. — Si habes, quod liqueat, neque respondes; superbis. Si non habes; ne tu quidem perspicis. — Si id tantum modo, ut taceas, nihil assequeris, quid enim ad illum, qui te captare vult, utrum tacentem irretiat te, an loquentem?*

77, page 115.

Tel est le principe suivant : *Omne quod enuntictur, aut verum esse, aut falsum* (b). Epicure nioit cette proposition, parce qu'il craignoit les conséquences qu'en tiroit Diodore, savoir; qu'il n'y a de possible, que ce

---

(a) Sext. *adv.* Grammat. 311, 312.

(b) Cicer. Aca. quæst. IV. 29. Sext. adv. Math. VIII. 112 et suiv.

qui est déjà arrivé ou qui doit arriver : *Et quidquid fieri possit, id aut esse jam aut futurum esse : nec magis commutari ex veris in falsa ea posse, quae futura sunt, quam ea, quae facta sunt : sic in factis immutabilitatem apparere. Cic. de fato c. 7, 9. Ariani diss. Epicteti II. 19.*

78, page 116.

Haec, dit à tort Cicéron, *Chrysippea sunt* ; mais ce qu'il ajoute peut être juste : *ne ab ipso quidem dissoluta*.

79, page 117.

Selon Diogène-Laerce, un certain Clinomaque de Thurium, successeur d'Euclide, fut le premier qui traita des différentes espèces de propositions et des catégories ; mais je doute fort que l'on ait divisé si tard les propositions, et que l'on ait traité des prédicamens avant Aristote ; quoiqu'on eût pu le faire sans les diviser de la même manière que le philosophe de Stagire.

80, page 118.

II. 105. Je ne saurois nier que j'ai douté plusieurs fois s'il falloit regarder Phédon comme un disciple fidèle de Socrate, ou s'il s'étoit écarté des principes de son maître. Si l'on vouloit le séparer des Eristiques, on pourroit dire que tous les auteurs anciens ne citent que Ménédème et les philosophes Erétriens, comme ayant adopté les subtilités des Mégariens et des sophistes ; que les mêmes auteurs racontent que Ménédème admiroit Stilpon plus que tous les autres philosophes, et que c'est ce disciple de Stilpon, qui établit le premier la dénomination de philosophes Erétriens (*a*). Si l'on vouloit soutenir l'opinion contraire, on pourroit dire qu'on a toujours considéré Ménédème comme un successeur de Phédon, et non d'Euclide, et que personne n'a observé que le chef de l'école d'Erétrie, se fût écarté de Phédon.

81, page 120.

Ael. Variae Hist. XIV. 6. Lucian. Vit. Auct. I. 352. Το δε κεφαλαιον της προαιρεσεως απαντων καταφρονειν, απασι χρησθαι, πανταχοθεν εραιζεσθαι την ἡδονην. *et Arist. ap. Xenoph. II. 1. Memor. Socr. p. 68.* Εμαυτον τοινυν ταττω εις τους βουλομενους ἡ ρᾳστα και ἡδιστα βιοτευειν.

82, page 122.

Ib. 75. Επει το κρατειν, και μη ἡττασθαι ἡδονων, αριστον, ου το μη χρησθαι.

83, même page.

Il n'interrompit pas un instant la vie agréable qu'il menoit dans l'île d'Egine, pour secourir son maître dans ses dangers et à l'heure de sa mort, quoiqu'il ne fût éloigné de lui que de deux cents stades. *Diog. 65. et ibi Menag.*

84, même page.

Ael. Var. Hist. XIV. 6. Πανυ σφοδρα ερρωμενως εωκει λεγειν ὁ Αριστιππος, παρεγγυων μητε τοις παρελθουσιν επικαμνειν, μητε των επιοντων προκαμνειν· ευθυμιας γαρ δειγμα το τοιουτο, και ιλεω διανοιας αποδειξις.

(*a*) Diog. II. 105, 126, 135.

85, page 122.

Il t'est permis, disoit-il à quelqu'un, de m'injurier tant que tu voudras; mais il m'est permis aussi de ne pas écouter tes injures. *Diog. 70.*

86, même page.

D'après les autres traits de son caractère, on ne peut attribuer qu'à une prudence intéressée, les dispositions qu'il montra à se reconcilier avec Æschine, et à renouer amitié avec lui. *Diog. 82. et ibi Menag.*

87, page 123.

Diog. II. 62. Les traits de franchise que l'on cite de lui, sont tels qu'il pouvoit prévoir, que le plaisir que Denys trouveroit à entendre ses bons mots, l'empêcheroit de se piquer des satyres qu'ils contenoient (*a*). Les foux des cours furent toujours plus francs que les premiers ministres, et avec beaucoup moins de danger.

88, page 124.

72-78. On peut lire dans Diogène-Laerce, plusieurs autres reparties d'Aristippe, que je ne crois point supposées, parce qu'elles sont parfaitement dignes de ce philosophe, et que Diogène, de même qu'Athénée, les a puisées dans un auteur plus ancien, dans Hégésianax (*b*). En lisant le titre de ses ouvrages, on ne sau-

---

(*a*) Diog. 73, 82. *et ib. Comment.*

(*b*) Ath. XII. 11.

roit douter de l'authenticité des actions et des mots qui lui sont attribués. Il en dédia deux à Laïs. Dans un de ces ouvrages, il se défend contre ceux qui lui reprochoient d'avoir toujours une table somptueuse, de posséder des vins exquis, de belles courtisannes, et de s'exposer au mépris général. *Diog.* 84.

89, page 125.

Un des plus ridicules panégyristes d'Aristippe, est Menzius, dans son ouvrage intitulé *Aristippus Philosophus Socraticus*. On ne peut lire, sans humeur, cette misérable production.

90, même page.

Il est certain qu'Aristippe donna des leçons à sa fille Arété, et celle-ci à son fils Aristippe (*a*). Mais Diogène-Laerce qui puisa dans diverses sources, et dont les relations sont l'unique où l'on puisse puiser, le contredit, sur ceux de ses disciples qui parurent ensuite (*b*). Ce qui me paroît le plus vraisemblable, c'est qu'Anniceris, dont Ménage fait sans nécessité deux hommes différens, fut le disciple d'Aristippe, qu'après lui vint Théodore, puis Hégésias, Evemère et Bion le Borysthénite.

91, page 127.

Ils les appelloient παθη qu'Aldobrandin traduit fort mal par *perturbationes* (*c*). Cicéron a mieux rendu ce

(*a*) Euseb. *Præp.* XIV. 18. Diog. II, 86.
(*b*) Loc. cit. et p. 98.
(*c*) Diog. lib. II. 86.

mot par *permotiones intimae* (*a*), ou par *tactus interior*, ou *intimus* (*b*).

92, page 134.

On trouve aussi plusieurs contradictions et plusieurs assertions fausses, dans les articles où Diogène-Laerce rapporte la doctrine et les opinions des philosophes de l'école d'Aristippe. Tel est par exemple le principe suivant : Μη διαφερειν ἡδονην ἡδονης, μηδε ἡδιον τι ειναι. (*qu'une volupté ne diffère pas d'une autre, et qu'une chose n'est pas plus agréable qu'une autre*). Ce principe est d'Epicure et non de l'école d'Aristippe.

93, page 136.

Diog. l. c. et Cicer. Tusc. quaest. I. 34 Selon Diogène-Laerce, il soutenoit que selon les circonstances, il trouvoit tantôt la vie, tantôt la mort désirable (*c*). Aussitôt après on lit, qu'Hégésias pensoit que la mort n'est désirable que pour les foux, et est indifférente à l'homme sage.

94, page 139.

Plut. IV. 358. Les principes que Diogène attribue à Théodore (*d*), se contredisent entre eux, et avec ceux que j'ai rapportés jusqu'ici, savoir; que la joie et la tristesse sont bien plus le souverain bien et le souverain mal que la sagesse et l'ignorance; que la sagesse et la justice sont des biens, et leurs contraires

(*a*) Acad. Quæst. IV. 36.
(*b*) IV. 7, 24.
(*c*) p. 94.
(*d*) p. 98.

des maux ; et que le plaisir et la douleur sont des choses indifférentes.

95, page 140.

Diog. IV. 46-48. imp. 84. Ses plaisanteries ne méritent pas d'être rapportées dans une histoire telle que celle-ci. On les trouve dans *Diog. Laerce. l. cit. Senec. VII. 7. Plut. de Sera Num. vindicta VIII. 168.*

96, page 143.

Diog. VI. 13. et ibi Menag. Sext. I. 14. Hyp. Pyrrh. d'autres disent que les cyniques reçurent leur nom des chiens, parce qu'ils s'efforçoient d'imiter les vertus de cet animal, savoir ; la vigilance, la fidélité et la franchise.

97, même page.

Ce sont les raisons que donne Epictète, probablement d'après Antisthène, de l'éloignement que les vrais cyniques avoient pour le mariage et pour les affaires publiques. *III. 22. Diss. Epict. p. 461. 465.*

98, page 145.

Lucian. in Cyn. III. 541. Ed. Reitzii. Je mets ici dans la bouche d'Antisthène, ce que Lucien fait dire à son vrai cynique, parce que cela rentre absolument dans les pensées d'Antisthène, que l'on trouve dans Xénophon, et est absolumeut conforme à ce que disent d'Antisthène

tisthène et de Diogène, Arrien, ou plutôt Epictète (*a*), et Julien (*b*).

99, page 145.

Ainsi si l'expression μανειην μαλλον η ησθειην (*c*) vient aussi d'Antisthène ; il faut entendre par ησθειην une vie passée dans la volupté, et une jouissance déréglée des plaisirs des sens.

100, page 152.

Arrian. Diss. III. c. 22. 448. 461. Luc. I. 548. 549. Quelques historiens croyoient que ce n'étoit pas Antisthène, mais Diogène qui avoit introduit le costume du cynisme (*d*). Mais il y a contre cette opinion non-seulement un grand nombre de passages et de relations de Diogène (*e*), mais aussi la description toute entière qu'Antisthène fait de lui-même dans Xénophon. Autrefois je croyois vraisemblable qu'une des raisons, pour lesquelles les cyniques se distinguoient tant des autres Grecs, étoit relative à leur sûreté : car en se montrant sous la forme de mendians, ils avoient comme ces derniers, le droit de tout dire, et même des choses que n'auroient pu dire quelquefois des hommes d'une classe supérieure, sans risquer de perdre la vie. Mais après quelques réflexions, j'ai senti que cette opinion n'étoit pas aussi probable que je l'avois cru.

(*a*) III. 22 et 24. p. 501. IV. c. 11, 663. IV. 8, 640.

(*b*) Orat. VII.

(*c*) Diog. VI. 3.

(*d*) Diog. VI. 22.

(*e*) p. 2, 4, 6, 8. surt. 13, *et ib. Menag.*

Car les cyniques, en voulant passer pour des mendians et des gens de la populace, se seroient mis à la vérité à l'abri du sort de Socrate, mais il se seroient privés en même tems de l'autorité nécessaire pour faire goûter leurs discours.

101, page 158.

Arrian. ib. p. 448, 468. Je crois qu'il est également faux que Diogène ait fait à Alexandre les réponses orgueilleuses qu'on lui attribue, et qu'Alexandre ait fait entre lui et le philosophe, une comparaison aussi absurde que celle qu'on lui fait faire. Cependant on ne peut pas nier pour cela que le philosophe et le conquérant n'aient eu aucun entretien ensemble. *Ibid.*

102, page 159.

Je ne regarde pas absolument comme une fable, qu'il ait demeuré dans un tonneau; mais je ne crois pas qu'il y vécût toujours. On trouve dans les extraits de Brucker (*a*), des raisons pour et contre le tonneau de Diogène.

103, page 162.

Diog. VI. 85. Cratès étoit si généralement aimé, et si bien reçu par-tout, qu'on l'appeloit, par cette raison, l'ouvreur de portes. Comme écrivain, on le comparoit à Platon; et l'on trouve dans Diogène et dans Julien plusieurs beaux fragmens qui confirment cette comparaison.

104, page 163.

Il est inutile de vouloir déterminer exactement le tems

(*a*) In vit. Diog.

où vécurent les philosophes cyniques. On sait qu'Antisthène a fleuri entre la centième et la cent-dixième olympiade, et Cratès, entre la cent-dixième et la cent-vingtième. On trouve, au sujet de Diogène, d'autres dates, mais qui peuvent être contestées, dans *Brucker, Vita Diog.* et dans *Meursii Lect. Att. II. c.* 22.

105, page 165.

Ce qui revient à la seconde année de la quatre-vingt-septième olympiade. Ordinairement on place sa naissance quelques années plus tard; mais selon moi, Gudius a prouvé d'une manière solide, que Platon naquit au commencement de la guerre du Péloponèse (*a*). Il mourut la première année de la cent-huitième olympiade. *Diog.* 2.

106, page 166.

On racontoit que dans son enfance un essaim d'abeilles étoit venu déposer dans sa bouche un rayon de miel, et que Socrate, peu avant qu'il fît connoissance avec Platon, avoit rêvé qu'un jeune cigne s'étoit réfugié dans son sein, près l'autel de l'académie, consacré à l'Amour, et qu'ensuite, il s'étoit élevé dans les airs en chantant mélodieusement. *Apul. de dog. Plat. p.* 249. *Diog. II. 5: et ibi Comment. Cic. de div. l.* 36.

107, même page.

Arist. Met. X. cap. 5, p. 15. Ed. Sylb. gr. Cicer. de Fin. V. 29. Tusc. quaest. l. VI. Apul. de dog.

(*a*) Ap. Menag. ad p. 3. III. Diog.

Plat. p. 250. Diog. III. La plupart des auteurs ne sont pas d'accord sur la suite des voyages de Platon, ni sur les différentes époques où il suivit les instructions des philosophes que l'on vient de nommer, mais ces petites disputes ne valent pas la peine d'être examinées.

108, page 167.

Voy. sur l'Acad. *Diog. III. 7 et 20, et ibi Comment. Paus. I. 28. Schol. ad Nubes Arist. 1001.* Parmi les modernes, *Midleton Life of Cicero II. 596.* Diogène rapporte une réponse de Platon, de laquelle on pourroit conclure qu'il avoit servi sa patrie dans les armées (*a*). Mais aucun auteur ne parle des campagnes militaires de Platon, et l'on peut inférer de l'histoire de la constitution d'Athènes, dans le tems de ce philosophe, qu'il ne porta point les armes comme Socrate.

109, même page.

Platon a fait très-bien exprimer par Socrate, dans le passage suivant, la prudence qui le dirigeoit dans ses recherches et dans ses décisions. Δοκει ουν μοι χρηναι επανασκεψασθαι τι και λεγω· το γαρ εξαπατασθαι αυτον υφ' αυτου παντων χαλεπωτατον. όταν γαρ μηδε σμικρον αποστατη, αλλ' αει παρη ο εξαπατησων, πως ου δεινον; δει δη ως εοικε θαμα μεταστρεφεσθαι επι τα προειρημενα, και πειρασθαι το εκεινου του ποιητου, βλεπειν άμα προσω και οπισω. *p. 64. in Cratylo.*

(*Il me semble que je dois donner la plus grande attention au discours que je tiens; en effet, se tromper soi-même, c'est la chose du monde la plus désa-*

(*a*) p. 24.

gréable, et puis l'on est très-malheureux, lorsque celui qui nous trompe, ne s'éloigne pas de nous un seul instant, et qu'il est, au contraire, toujours présent. Je pense donc qu'il faut se reporter souvent sur ce qu'on a dit, et tâcher de mettre à profit cette maxime d'un poète : Regardez, à la fois, et devant et derrière.)

110, page 168.

Mais la manière dont il blâme Lysias dans son Phèdre, et les efforts qu'il fait pour surpasser ce grand orateur, prouvent que Platon n'étoit pas exempt d'envie, ou du moins que son émulation approchoit fort de cette passion.

111, page 169.

II. de Rep. VI. p. 16. vol. II. Ου γαρ εχει φυσιν, κυβερνητην ναυτων δεισθαι αρχεσθαι υπ' αυτου, ουδε τους σοφους επι τας των πλουσιων θυρας ιεναι. αλλ' ο τουτο κομψευσαμενος εψευσατο.

(*Il n'est pas naturel que le pilote supplie l'équipage de se laiser gouverner par lui, ni que les sages aillent frapper à la porte des riches. Celui qui a cru dire quelque chose de fin, en avançant ces sophismes, n'a dit qu'une chose fausse.*)

Il tiroit ici sur Aristippe qui étoit l'auteur du bon mot.

112, page 170.

Presque tous les auteurs qui parlent des voyages de Platon en Sicile, se contredisent, soit pour le nombre de ces voyages, soit pour le tems où ils ont été entrepris, soit pour les motifs qui les firent entreprendre, soit pour les dangers auxquels il fut exposé de la part du tyran, qui se trouvoit offensé de sa hardiesse (*a*). J'examinerois toutes ces contradictions, si je croyois que les résultats pussent être de quelqu'utilité.

113, page 170.

Suidas (*b*) et Apulée (*c*) disent que Platon étoit pauvre. Cette opinion est confirmée par son testament, si toutefois il est authentique (*d*). Satyrus, au contraire, prétend qu'il étoit riche (*e*), et raconte qu'il reçut quatre-vingt talens de Denys. Mais ceci ne me paroît pas plus exact que la relation où le même auteur dit que Platon acheta, de Philolaüs, pour cent mines, les ouvrages de Pythagore.

114, page 171.

Id enim jubet idem ille Plato, quem ego vehementer auctorem sequor : tantum contendere in republica, quantum probare tuis civibus possis : vim neque parenti neque patriae afferre oportere. Atque hanc quidem ille causam sibi ait non attingendae reipublicae fuisse : quod cum offendisset populum Atheniensem prope jam desipientem senectute, cumque eum nec persuadendo, nec cogendo regi posse vidisset, cum persuaderi posse diffideret, cogi fas esse non arbitraretur. Cic. Epist. ad. Fam. I. 9.

(*a*) Voy. Cic. *pro Rabirio posth.* c. 9. Diod. XV. p. 8. ad Oly. 97; 3. Ath. VII. 5. p. 279. XI. cap. ult. 505-509. Diog. III. 18, 21. *et ibi comm.* Apul. p. 251. *de dogm. Plat.*

(*b*) au mot Platon.

(*c*) p. 251.

(*d*) Ap. Diog. III. 41.

(*e*) *Ib.* p. 9.

115, page 175.

Dionys. de Comp. verb. V. p. 208. 209. Ὁ δὲ Πλατων τὺς ἑαυτὺ διαλογὺς κτενιζων και βοϛρυχιζων και παντα τροπον αναπλεκων, ὐ διελιπεν ογδοηκοντα γεγονως ετη. παϛι γαρ δη τὺ τοις φιλολογοις γνωριμα τα περι της φιλοπονιας τἀνδρος ἱϛορὺμενα, τα τ'αλλα, και δη και τα περι την δελτον, ἡν, τελευτησαντος αυτὺ, λεγὺσιν ἑυρεθηναι, ποικιλως μετακειμενην την αρχην της πολιτειας εχὺσαν, τηνδε *etc.*

116, page 176.

Cicer. Orat. V. 3. 4. *Ego autem et me saepe nova videri dicere intelligo, cum pervetera dicam, sed, inaudita plerisque: et fateor, me oratorem, si modo sim, aut etiam quicunque sim, non ex rhetorum officinis, sed ex Academiae spatiis exstitisse. Illa enim sunt curricula multiplicium uberiorumque sermonum, in quibus Platonis primum impressa sunt vestigia.; sed et hujus, et aliorum philosophorum disputationibus, et exagitatus maxime orator est et adjutus. Omnis enim ubertas et quasi sylva dicendi, ducta ab illis est. — Quod idem de Demosthene existimari potest: cujus ex epistolis intelligi licet, quam frequens fuerit Platonis auditor.*

117, page 177.

Arist. ap. Diog. III. 37. *Cicer. or. c. 26. Dionys VI. p. 972. Quint. X. 1. p. m. 678. Philosophorum, ex quibus plurimum se traxisse eloquentiae M. Tullius confitetur, quis dubitet Platonem esse praecipuum; sive acumine disserendi, sive eloquendi facultate quadam divina et Homerica; multum enim supra prosam orationem, et quam pedestrem Graeci vocant, surgit: ut mihi non hominis, sed quodam Delphico videatur oraculo instinctus.*

118, page 178.

Diog. VI. 1056. Il n'est aucun ouvrage de Platon où l'on puisse mieux voir toutes les qualités et les défauts de son style, que dans sa République. C'est par cette raison que, dans toute l'antiquité, cet ouvrage passoit pour son chef-d'œuvre. Après la République, viennent le Banquet, le Phèdre, le Gorgias et le Timée. Comme Platon étoit, parmi les philosophes, ce qu'Homère est parmi les poëtes, et Demosthène parmi les orateurs, il eut aussi un grand nombre de commentateurs, qui expliquèrent les passages obscurs de ses ouvrages, indiquèrent les idées qui lui étoient propres, et firent remarquer leurs beautés. De tous ces commentaires, le seul qui nous soit parvenu, est celui d'un certain Timée, qui n'est qu'un catalogue des mots de Platon. M. Ruhnken a publié cet ouvrage avec des notes, qui valent beaucoup mieux que le texte. Dans ce dictionnaire extrêmement sec, on cherche en vain les mots les plus importans qui sont particuliers à Platon, tandis que l'on en trouve beaucoup, qui lui sont communs avec une multitude d'autres écrivains, ou que l'on ne trouve pas même dans ses ouvrages. On ne peut s'empêcher de faire une multitude de reproches aux critiques modernes, quand on pense qu'ils ont prodigué l'érudition, très-souvent sans utilité, sur les auteurs les plus méprisables, et qu'ils ont presqu'entièrement négligé les écrivains les plus estimables, tels que Platon; qu'ils n'ont rien publié, ou du moins très-peu de chose, pour mettre la jeunesse en état de bien comprendre les monumens les plus précieux de l'antiquité, et d'en profiter convenablement. Qui est-ce qui a songé à faire une collection de tous les mots inventés par Platon ou de ceux qui lui étoient propres? Qui est-ce qui a songé à expliquer les mots qu'il a renouvellés? Qui est-ce qui a songé à éclaircir les compositions de mots, cet art admirable de les lier les uns avec les autres, cette harmonie délicieuse qu'il savoit donner à toutes les parties de ses discours? Qui est-ce qui a examiné le mérite ou les défauts de ses images, de ses comparaisons, de ses descriptions et de ses fictions, la vérité ou la fausseté de ses récits et de ses pensées? Qui ose enfin examiner les endroits où il fait parler ou non ses interlocuteurs d'une manière conforme à leur caractère; ceux où il parle sérieusement, et ceux où il plaisante?

119, page 178.

Apul. de dogm. Plat. p. 249. *Talis igitur ac de talibus Plato, non solum heroum virtutibus praestitit, verum etiam aequiparavit Divum potestatibus.*

120, page 180.

L'auteur des lettres attribuées à Xénophon lui reproche aussi des doctrines d'une espèce tout-à-fait différente, p. 671. Αιγυπτου ηρασθησαν και της Πυθαγορα τερατωδους σοφιας. —

(*Ils se sont pris d'une belle passion pour l'Egypte et pour la sagesse merveilleuse de Pythagore*).

Ce reproche étoit plus fondé que celui qu'on lui fait

dans le même passage, de s'être livré à la gourmandise des Siciliens.

121, page 181.

Il indique presque lui-même ce motif au commencement de son Théetetès. Je n'ai pas simplement, fait-il dire à Euclide, rapporté les pensées de Socrate; mais je les ai réduites en forme de dialogue, afin d'éviter ces formules, *il dit*, *il répondit*, *il nioit*, *il convenoit*, et autres semblables (*a*). Plusieurs auteurs nomment Platon l'inventeur du dialogue philosophique (*b*); mais il ne mériteroit point ce nom, quand même un certain Alexamine de Téos, n'auroit pas publié avant lui les dialogues de Socrate (*c*). Platon ne fit autre chose, dans ses dialogues, qu'exprimer ou imiter les entretiens de Socrate. Athénée lui reproche, avec raison, dans le passage que je viens de citer, d'avoir blâmé dans sa nation l'imitation μιμησις, usitée par les poètes tragiques et épiques, qu'il opposoit au simple récit, tandis que ses dialogues sont eux-mêmes dramatiques, qu'ils sont des imitations dans le sens qu'il donnoit à ce mot.

122, page 182.

Je ne puis à la vérité citer aucun témoignage précis des anciens, qui prouve que Platon n'enseigna pas comme Socrate, mais comme les Sophistes; mais il me semble qu'on ne sauroit avoir une opinion de sa mé-

---

(*a*) p. 69.
(*b*) Diog. III. 48.
(*c*) Arist. ap. Ath. p. XI. 15.

thode. D'ailleurs, ceux qui lui succédèrent immédiatement enseignèrent ainsi, de même que tous les philosophes qui parurent plus tard. *Diog. IV*, 16.

123, page 183.

Je trouve des longueurs fatigantes dans son Théétetès, son Sophiste, et sur-tout dans son Πολιτικος. Dans ses dialogues intitulés Eutyphron, Menon, Charmidès, Lysis, Hipparque, Hippias *minor*, on est trompé, en ce qu'on n'y trouve aucune solution des questions qui y ont été faites, et qu'à la fin on est encore plus incertain qu'au commencement. Son Menon a induit plusieurs savans en erreur, et sur-tout Geddes (*a*). Cet auteur croit que Platon a regardé la vertu comme une perfection que l'on ne peut acquérir, et qui ne vient que du ciel. On se tromperoit autant que Geddes, si l'on admettoit, avec Diogène (*b*), que Platon a toujours exposé ses pensées par la bouche de Socrate, de Timée et d'autres.

124, page 184.

In Theaet. p. 81. Πανυ γαρ εὐ τουτο ειρηκας, ὁτι ουχ ἡμεις ὁι εν τῳ τοιῳδε χορευοντες, των λογων ὑπηρεται, αλλ' ὁι λογοι ὁι ἡμετεροι, ὡσπερ οικεται. και ἑκαστος αυτων περιμενει αποτελεσθηναι, ὁταν ἡμιν δοκῃ. ουτε γαρ δικαστης, ουτε θεατης, ὡσπερ ποιηταις, επιτιμησων τε και αρξων επιστατει παρ' ἡμιν.

125, page 192.

De leg. X, pag. 609. L'ame, ses facultés et ses

(*a*) Dans son Essay on the composition and Manner of Writing of the Antients, particularly of Plato. p. 106.

(*b*) Diog. III. 52.

opérations sont donc, dit Platon, plus anciennes que les corps, leurs qualités et leurs opérations (*a*). Par le mot ame, il entend un principe de mouvement subsistant par lui-même (*b*).

126, page 193.

Ibid. J'ai donc fait tort à Platon, lorsque j'ai dit, dans mon histoire de la doctrine du vrai Dieu, qu'il avoit admis, sans aucune preuve, l'immutabilité de Dieu. Il s'ensuivoit de cette immutabilité, selon les principes de Platon, que la substance divine n'étoit point composée; car, selon lui, il n'y avoit que les choses composées de parties qui fussent susceptibles de changement et *dissolubles*.

127, page 194.

In Tim. 484, 485. Platon se contredisoit ici, comme dans plusieurs autres cas. Quelquefois il disoit que cette substance étoit indivisible. Διο την τȣ γεγονοτος ὁρατȣ, και παντος αισθητȣ μητερα και ὑποδοχην, μητε γην, μητε αερα, μητε πυρ, μητε ὑδωρ λεγωμεν, μητε ὁσα εκ τȣτων, μητε εξ ὡν ταυτα γεγονεν' αλλ' αορατον ειδος τι και αμορφον πανδεχες. Dans d'autres passages, au contraire, il l'appeloit *le visible* — Θεος — ȣτω δε παν ὁσον ην ορατον παραλαβων. *p. 477.*

128, page 197.

Κυκλοτερες αυτο ετορνευσατο παντων τελεωτατον, ὁμοιοτατον τε αυτο εαυτῳ σχηματων. (*c*) D'après ces paroles, Diogène

---

(*a*) p. 608.
(*b*) *Ibid.* et in Phædro, p. 202.
(*c*) Tim. p. 478.

donnoit une forme sphérique au Dieu de Platon (*a*). Σφαιροειδη δε, δια το και τον γεννησαντα τοιυτον εχειν σχημα.

129, page 199.

Le second passage, dans lequel Platon parle de la création de l'ame du monde (*b*), offre toujours quelque chose d'inexplicable. Της αμεριςυ και αει κατα ταυτα εχυσης υσιας και της αυ περι τα σωματα γιγνομενης μεριςης. etc.

Il y dit, non-seulement que Dieu mêla ensemble le divisible et l'indivisible; mais qu'il les mêla de nouveau avec le mêlange qui en résulta. On comprend moins encore les divisions de l'ame du monde qu'il expose aussitôt après; divisions qui semblent sortir plutôt de la tête d'un fou que de celle de Platon. Je vais en rapporter le commencement avec les expressions de Ciceron. *Jam partes singulas ex eodem, et ex altero, et ex materia temperavit. Fuit autem talis illa partitio. Unam principio partem detraxit ex toto : secundam autem primae partis duplam : deinde tertiam, quae esset secundae sesquialtera, primae tripla : deinde quartam, quae secundae dupla esset : quintam inde, quae tertiae tripla, tum sextam, octuplam primae : postremo septimam, quae septem et viginti partibus antecederet primae.*

130, même page.

Pag. 480, 81. Platon avoit des idées très-erronées sur les distances et les mouvemens des astres. Voici ce

(*a*) III, 72.
(*b*) p. 478.

qu'il dit par la bouche de Ciceron : *Ita vim suam natura convertit, ut terram lunae cursus proxime ambiret, eique supra terram proxima solis circumvectio esset. Lucifer deinde, et sancta Mercurii stella cursum habent celeritati solis parem, sed vim quandam contrariam; eaque conversione, quam inter se habent Lucifer, Mercurius, sol, alii alios vincunt, vicissimque vincuntur.* Voyez aussi *Somnium Scip. c. 4 et 5.*

131, page 201.

Apol. pag. 11. Cratyl. pag. 52, 53. Tim. p. 481. Cependant il ne s'exprime pas toujours de la même manière sur ses classes de démons, de demi-dieux et de héros. Voyez les deux passages que j'ai cités, dans lesquels il dit, tantôt que les démons, tantôt que les demi-dieux et les héros, sont les fils et les filles des dieux.

132, même page.

Il. cc. et Symp. 187. Epin. 639. in p. in Crat. p. 53, et de Rep. 420. Dans les derniers passages, Platon dit qu'il faut donner à tous les hommes vertueux le nom de démons, soit qu'ils soient morts ou vivans.

133, même page.

L'ame, dit Platon (*a*), ressemble à un char tiré par des chevaux ailés, et conduit par un cocher. Les chevaux et les cochers des dieux sont sans défauts; mais dans notre ame, leur nature est mêlée. Les cochers sont, à la

---

(*a*) *In Phædr.* p. 202 et suiv.

vérité, sans défauts, et un des chevaux est aussi d'une nature parfaite et sans reproche; mais l'autre est fougueux et indompté, et c'est ce qui rend la conduite du char si difficile. Tant que nos ames étoient pures, et qu'elles avoient leurs ailes, elles parcouroient le ciel *sous toutes sortes de formes*, et le gouvernoient; mais lorsqu'elles eurent perdu leurs ailes, elles s'abattirent toujours jusqu'à ce qu'elles fussent tombées dans la matière ou dans le monde corporel. Là elles prirent des corps mortels, leur communiquèrent la vie et le mouvement, et formèrent avec eux des créatures mortelles. Mais voici comment les ames perdirent leurs ailes. La force des ailes, avec le secours desquelles les ames s'étoient élevées jusqu'aux demeures des dieux, est augmentée et nourrie par tout ce qui est divin et beau, sage et bon; elle est, au contraire, diminuée et affoiblie, par ce qui est laid mauvais, etc. Jupiter, le grand directeur du ciel, fait, avec son char ailé, le tour du monde qu'il gouverne, et il est suivi par toutes les troupes de dieux et de démons, qui forment seize divisions. Vesta seule reste dans la demeure des dieux, mais les autres dieux et les autres déesses, qui sont du nombre des divinités régnantes, conduisent chacun les ames, dont la direction leur est confiée.

(Platon ne veut dire autre chose ici, sinon que les ames se meuvent dans les espaces du ciel, avec les astres autour desquels elles sont distribuées.)

Dans ce voyage du monde, mille beaux objets, mille scènes magnifiques s'offrent dans le ciel aux dieux immortels, et ils permettent, sans aucune envie, que les ames de leur suite y prennent part; mais lorsqu'ils veulent se rendre à un vrai banquet, ils s'élèvent à la partie la plus haute de la voûte du ciel, où ils arrivent, sans peine, par la légèreté et l'équilibre de leurs chars, et par la docilité de leurs chevaux; mais les autres ames, au contraire, font de grands efforts pour les suivre, parce que le mauvais cheval, lorsqu'il n'est pas bien conduit par le cocher, tire le char vers la terre; de sorte qu'elles sont obligées d'employer toutes leurs forces pour parvenir à suivre les dieux. Lorsque ceux-ci sont arrivés à la partie la plus élevée du ciel, ils se placent sur le dos de la voûte céleste, et se laissent emporter par son mouvement. Dans ces contrées supérieures au ciel, ils voient des beautés qu'aucun poète n'a chantées, et ne chantera dignement, et que l'on ne peut par conséquent décrire qu'en bégayant, et d'une manière imparfaite. Là est le séjour de l'être des êtres, qui n'a ni couleur, ni figure, ni solidité, qui ne peut être apperçu que par l'intelligence qui gouverne l'ame, et qui peut seul être l'objet de la vraie science. Les ames parfaites des dieux et toute autre ame, qui n'a pas été repoussée de ce spectacle, se repaissent de la vérité éternelle, jusqu'à ce que le ciel ait achevé sa révolution. Là elles contemplent la justice, la sagesse, la prudence et la science éternelles; non cette science qui s'attache aux choses passagères, ou qui change selon ceux qui la possèdent, mais la science immuable. Lorsque les dieux ont contemplé l'être des êtres, ils s'asseyent en-deçà du ciel, attachent leurs chevaux au ratelier, et se repaissent de nectar et d'ambrosie. Parmi les autres ames, les meilleures mêmes et celles qui ont suivi de plus près les dieux, peuvent à peine lever la tête au-dessus du ciel, et considérer l'être des êtres, parce que les mouvemens de leur cheval indompté les en en empêche. Quelques-unes s'élèvent quelquefois ; mais bientôt elles retombent, et ne voyent qu'une partie des choses, l'autre partie leur restant inconnue. La plupart fatiguées par leurs efforts pour s'élever, tombent dans le désordre ; et dans leur trouble, plusieurs sont blessées et dépouillées de leurs ailes. De cette manière, elles sont privées de la contemplation de l'être des êtres, et obligées de se contenter d'une mauvaise nourriture ; c'est-à-dire, de simples opinions ou de connoissances incertaines. C'est pour éviter ce malheur, que les ames font tant d'efforts pour voir les campagnes de la vérité ; car ce n'est que dans ces campagnes qu'elles trouvent la nourriture propre à fortifier leurs ailes. Selon une loi immuable de la nécessité, toutes les ames qui ont bien considéré les campagnes de la vérité, sont conservées dans la jouissance paisible de leurs plaisirs et de leurs avantages, jusqu'à un nouveau voyage ; elles peuvent même y être conservées toujours, si elles ne s'abaissent pas ; mais lorsque les ames, faute de forces, ont abandonné la suite des dieux ; lorsqu'elles n'ont pas considéré assez long-tems la vérité éternelle, et qu'ayant perdu leurs ailes, ou étant pleines d'ignorance et de désirs impurs, elles s'abattent vers la terre ; alors, obligées de subir une première métamorphose, elles sont exemptes, à la vérité, de passer dans le corps d'un animal irraisonnable ; mais il faut qu'elles animent sur la terre un corps quelconque. Celles qui ont le plus connu la vérité, passent dans le corps d'un ami de la sagesse, d'un ami du beau ou de la musique ; une autre classe passe dans des corps de grands rois, de grands politiques, de héros ; une autre classe dans des corps de démagogues ou de sages économes, ou d'hommes industrieux ; une quatrième dans des corps de guerriers ou de médecins ; une cinquième dans des corps de devins ou de chefs de mystères ; une sixième dans des corps de poètes ; une septième dans des corps de géomètres ou d'autres artistes ; une huitième dans des corps de sophistes, et la dernière classe dans des corps de tyrans. Celles d'entre ces ames qui, dans leur première naissance ou incorporation, ont observé fidèlement les lois de la justice, jouissent, après leur mort, du sort le plus heureux ; et celles qui se sont plongées dans les vices et les crimes, tombent dans un état pire qu'auparavant. Mais aucune de ces ames ne retourne avant dix mille ans dans le séjour primitif des ames ; car il faut tout ce tems pour que les ailes reviennent à une ame ; cependant les ames des vrais philosophes, des vrais amans de la vérité, sont exceptées de cette loi ; car au bout de trois mille ans, elles ont recouvré leurs ailes, et retournent dans leurs premières demeures. Les autres ames sont jugées après leur première vie ; quelques-unes sont précipitées dans des lieux souterrains pour y être punies ; d'autres sont rassemblées dans une contrée particulière du ciel, où elles reçoivent la récompense des bonnes actions qu'elles ont faites pendant leur vie. Après mille ans, elles peuvent choisir une autre vie, et chaque ame est libre de choisir à son gré. Quelques ames d'hommes passent dans des corps d'animaux, et d'autres, qui ont déjà animé des corps d'animaux, retournent dans des corps d'hommes ; mais celles seulement qui avoient déjà vu la vérité peuvent les animer.

(Ainsi Platon admettoit aussi des ames d'animaux qui n'avoient été auparavant, ni démons, ni ames d'hommes.)

Par le mot homme, il faut entendre ici l'homme considéré selon son essence, l'homme dont la raison forme un tout par le moyen de plusieurs sens. Cette idée est une des réminiscences des choses que notre ame a vues, lorsqu'elle a parcouru le monde avec les dieux, lorsqu'elle s'est élevée vers l'être des êtres, et qu'elle méprisoit tous les objets, auxquels nous donnons maintenant le nom de réels. C'est donc avec raison que l'ame seule du vrai philosophe reçoit des ailes; car elle renouvelle sans cesse les connoissances dont la contemplation fait que les dieux sont dieux. Celles qui usent de cette réminiscence et la perfectionnent convenablement, seront toujours initiées dans les mystères, et par cette initiation, elles deviendront vraiment parfaites; mais en s'éloignant des affaires et des passions des autres hommes, pour se réunir à la divinité et à tout ce qui est divin, on sera regardé par les autres comme un fou, et cet enthousiasme sacré passera pour fureur. Tel est le cas des ames qui, à la vue de la beauté des corps, se rappellent les beautés spirituelles qu'elles ont vues autrefois. De telles ames recouvrent aussi leurs ailes; telles que les oiseaux elles regardent toujours en haut, elles négligent les choses terrestres, et sont exposées au soupçon d'extravagance. Cette extase amoureuse, cet enthousiasme est le meilleur et le plus salutaire de tous, soit pour celui qui s'y livre, soit pour celui qui y donne occasion et qui y prend part. Il n'est pas également aisé à toutes les ames, de se rappeler ce qu'elles ont vu dans leur ancien état. Quelques-unes n'ont considéré l'être des êtres que pendant trop peu de tems; et dans d'autres, ce souvenir est obscurci par toutes sortes d'accidens, et sur-tout par les fautes auxquelles elles sont conduites par des exemples séducteurs. Il n'y en a donc que très-peu dans les lesquelles les traces de ces anciennes connoissances aient de la vivacité. Lorsque ces ames voient quelque chose de semblable à ce qu'elles ont vu, elles éprouvent un tressaillement ; elles sont hors d'elles-mêmes, et ignorent la cause de leur transport. Il se retrouve à peine dans tout le monde corporel quelques traces ou quelques foibles images de justice, de tempérance et de toutes les autres perfections de l'ame. Nous ne voyons la beauté dans tout son éclat, que lorsqu'initiés parmi les chœurs fortunés des dieux, dans les plus saints de tous les mystères, dégagés de tous les maux des tems postérieurs et des corps lourds que nous portons actuellement avec nous, comme le limaçon porte sa coquille, nous jouissons, au milieu de la lumière la plus pure, du plus beau et du plus sublime de tous les spectacles ; cependant des rayons de beauté sortant de toutes les parties de la création terrestre, se dirigent vers nous. Leur reflet céleste est saisi par le plus noble de nos sens, par la vue qui ne peut sentir les rayons des vertus morales. Combien notre ardeur pour la sagesse, seroit inexprimable, si nous pouvions en voir la beauté sous une forme corporelle ! Les empreintes mêmes de cette beauté primitive, ne produisent pas dans les ames les mêmes sentimens. Les ames corrompues les reçoivent, pour en faire naître les passions animales les plus basses. Les ames pures, au contraire, admirent dans une belle figure l'heureuse imitation de la beauté incorporelle, d'après laquelle elle fut formée. Un tressaillement inexprimable, mêlé d'un sentiment solennel de piété, les saisit à la première impression, et elles n'hésiteroient pas de lui offrir des sacrifices, comme à l'image de la divinité, si elles ne craignoient pas de passer pour porter trop loin l'enthousiasme. Une sueur et une chaleur extraordinaire se succèdent avec ces sentimens ; les germes des ailes sont animés par le cours rapide de la beauté, et toutes les parties dures qui s'opposoient à leur accroissement s'amollissent. Les pointes des ailes commencent à grossir par la nourriture qu'elles reçoivent ; elles poussent et cherchent à sortir par toutes les parties de l'ame. L'ame toute entière est dans une fermentation violente, et la naissance des ailes lui cause un chatouillement douloureux et un plaisir pénible, semblable à ceux que causent ordinairement la croissance des dents. Les terribles douleurs de l'enfantement qui l'agitent, se fondent avec la volupté que lui fait éprouver la beauté, et il en résulte un sentiment unique et inexprimable, composé de ces deux sentimens, qui la transporte jusqu'à la fureur, et la tourmente jour et nuit par le désir de voir l'objet de son amour. Dans cet état, elle brise tous les liens qui l'attachoient à père, mère, frères, enfans, parens, amis, et voit avec mépris ce qui faisoit auparavant l'objet de ses plus vifs désirs. Les grandeurs et les richesses de la terre, disparoissent pour elle, à mesure que la vanité et l'avarice s'éteignent en elle, et sont dévorées par le sentiment dominant. Elle fait tous ses efforts pour s'approprocher, autant que possible, de son bien-aimé qu'elle choisit sans cesse dans la suite de sa divinité, et pour reposer doucement à côté de lui. Cet état, avec tous les symptômes que je viens de décrire, est ce que les mortels appellent amour.

J'ai divisé plus haut, continue Platon, l'ame en trois parties, savoir, le cocher et les deux chevaux. J'ai dit ensuite qu'un des chevaux est bon, et que l'autre est méchant ; mais je n'ai pas expliqué en quoi consistent la bonté du premier et la méchanceté du second. Le premier est droit et bien fait ; il a le cou haut et voûté, les nazeaux légèrement arqués, les yeux noirs, son corps est blanc ; aussi timide qu'ami de la gloire, il ne se laisse pas aisément surprendre, et n'obéit qu'à la raison et aux représentations raisonnables. L'autre est lourd et mal fait ; il a les membres contournés et le cou court ; il est retif, opiniâtre, fougueux ; son corps est noir et ses yeux rouges, le mors et le fouet peuvent à peine le dompter. Lors donc que le cocher apperçoit un bel objet, lorsque l'ame toute entière est émue par un doux chatouillement, lorsqu'elle est pressée par l'aiguillon du désir, alors la timidité retient le bon cheval, et l'empêche de se porter tout d'un coup sur l'objet aimé. L'autre, au contraire, n'est retenu, ni par la bride ni par les coups, et il emporte avec violence, et son compagnon et le cocher vers l'objet de sa passion. D'abord ceux-ci résistent de toutes leurs forces, et sont fâchés d'être emportés malgré eux ; mais lorsque le méchant cheval continue toujours à tirer sans cesse, ils cèdent à la fin, et suivent le cheval fougueux qu'ils ne peuvent retenir ; mais lorsqu'ils s'approchent de l'objet aimé, et que le cocher voit sa figure éblouissante de beauté, alors l'image de la beauté éternelle mêlée de sagesse et de tempérance, s'éveille en lui ; il commence à trembler de respect devant cette image, et tire tout-à-coup les rênes avec tant de force, que les deux chevaux se renversent sur leurs jambes de derrière, l'un sans peine, l'autre avec la plus grande résistance. Le bon cheval est couvert de sueur par la honte et l'inquiétude ; le mauvais, au contraire, après avoir un peu repris haleine, et éprouvant la douleur qu'on lui a causée par les efforts qu'on a faits pour le retenir, injurie le cocher et son compagnon, les tire de nouveau l'un et l'autre en avant, et n'est forcé pour un instant au repos que par la nécessité. Lorsque cet instant est passé, il lève et courbe de nouveau sa queue, mort avec rage les rênes, et se précipite, avec une fureur presqu'imdomptable, vers l'objet de sa passion; mais alors le cocher lui oppose une résistance plus forte qu'auparavant, et lui met la bouche et la langue en sang, par les efforts qu'il fait pour le retenir. Lorsqu'il l'a traité ainsi plusieurs fois, le cheval devient enfin craintif, et obéit à la direction et à la voix de son conducteur. *Voy. aussi Eutyph. p. 6. de Rep. vol. II. p. 391.*

134, page 202.

Platon donnoit à chaque homme un démon pour le surveiller. Ce démon étoit chargé, selon lui, de conduire les ames aux lieux des purifications et des punitions. Il pensoit qu'à chaque nouvelle vie, l'ame avoit aussi un nouveau démon. *In Phaedr. pag. 43 et 45. de Rep. p. 549.*

135, page 203.

Quelquefois Ciceron n'a pas compris Platon; c'est ce qui lui est arrivé dans ce passage. Il traduit les paroles suivantes du philosophe. Δι'εμȣ δε ταυτα γενομενα, και βιȣ μεταςχοντα θεοις ισαζοιτ' αν; par *Quae a me ipso effecta sint, quod deorum vitam possit adaequare.* au lieu de dire : *Quae si a me ipso efficerentur, deorum vitam adaequarent.*

136, page 204.

Ciceron traduit encore mal ici. Il rend les mots Ὅτι γενεσις πρωτη μεν εσοιτο τεταγμενη μια πασιν, ἱνα μη τις ελαττοιτο ὑπ᾽ αυτου : par *et ostendit primum ortum unum fore omnibus, eumque moderatum atque constantem, neque ab ullo imminutum.* Il n'y a rien dans Platon qui revienne à *ortus, moderatus, constans, neque ab ullo imminutus;* et je ne puis rien imaginer de semblable dans ce passage. On ne trouve pas davantage dans le passage sur la création des ames des hommes, l'addition suivante : *sed a diis secundum sumebat, atque tertium.* Du reste, je remarque encore que ce que dit ici Platon, contredit ce qu'il a dit dans son Phèdre ; car il dit dans son Timée que tous les démons, selon la loi du destin, sont obligés de passer pour quelque tems dans des corps terrestres, et dans son Phèdre, il assure qu'il n'y a que quelques ames qui soient obligées de passer dans des corps humains, en punition des désirs impurs auxquels elles se sont livrées (*a*). La différence des expressions de Platon, lorsqu'il parle du passage des ames dans les corps, a excité les opinions différentes des nouveaux platoniciens sur cette question.

137, page 205.

Ici il y a dans Platon des mots que Cicéron n'a pas traduits, parce qu'il ne les a pas compris, et que je ne comprends pas mieux que lui : χιλιοστῳ δε ετει αμφοτεραι αφικνουμεναι επι κληρωσιν, και αἱρεσιν του δευτερου βιου, αἱρουνται ὃν αν εθελη βιον ἑκαστη. ενθα και εις θηριου βιον ανθρωπινη ψυχη

(*a*) Voyez la note 132.

αφικνειται, μη παυομενος δε εν τουτοις ετι κακιας, τροπον ὁν κακυνοιτο, κατα την ὁμοιοτητα της του τροπου γενεσεως, εἰς τινα τοιαυτην αει μηταβαλει θηριου φυσιν.

Ciceron traduit ainsi ce passage : *Et si ne tum quidem finem vitiorum faciet, gravius etiam jactabitur, et in suis moribus simillimas figuras pecudum et ferarum transferetur.* Ce que Ciceron a exprimé est uniquement ce qu'il y a de raisonnable ou d'intelligible dans ce passage. Quant à moi, je ne vois pas comment il pouvoit parler tout d'un coup du χιλιοστῳ ετει qu'il n'avoit point du tout préparé ; je ne vois pas à quoi le αμφοτεραι peut avoir rapport, ni comment le choix d'une vie peut se concilier avec le séjour forcé dans des corps d'animaux.

138, page 205.

Ceci est non-seulement contradictoire avec ce qui précède, mais aussi avec ce qui se trouve clairement exprimé dans le Phèdre. Auparavant, Platon avoit dit que Dieu avoit formé les ames ou démons de la même substance que l'ame du monde ; mais avec une addition plus considérable de substance muable. Ainsi avec cette substance muable, les ames recevoient des mains de Dieu même, et avant leur union avec des corps terrestres, la semence de la sensualité et de la corruption, qui, comme il est dit dans le Phèdre, produisoit en eux des désirs impurs, même dans leur état de démons. Ainsi Platon, pour être d'accord avec lui-même, auroit dû dire, que ce n'étoient pas les dieux, mais la divinité suprême elle-même, qui avoit donné aux démons les semences de toutes les passions, ou les parties déraisonnables de l'ame, et que ces semences ne leur avoient pas été données au moment de leur union avec les corps, mais au moment même de leur création.

139, page 206.

In Tim. 49 a. Ὥσπερ γαρ ουν και κατ' αρχας ελεχθη, ταυτα ατακτως εχοντα ὁ θεος, εν ἑκαστῳ τε αυτῳ προς αυτο και προς αλληλα, συμμετριας ενεποιησεν, οσας τε και ὅπη δυνατον ην αναλογα και συμμετρα ειναι.

Les passages les plus importans sur les deux ames irraisonnables, se trouvent encore dans *Phaed. p.* 202, 205, *p.* 459. *Tim. et de Rep. lib. IV. p.* 292, 302, 306, 308, *lib. IX, vol. II, p.* 228, 252, 268.

140, même page.

Platon croyoit que cette ame se manifestoit par des battemens de cœur violens, et qu'elle étoit rafraîchie par les poumons, qui avoient été formés sur-tout pour cet usage. La description que fait Platon du corps humain, offre des commencemens grossiers d'une physiologie fondée sur l'observation; de même que la cosmogonie d'Hésiode offre des essais grossiers d'observations sur le système du monde. Platon et même Aristote devoient nécessairement se tromper sur la destination de plusieurs parties du corps humain, parce qu'ils vivoient l'un et l'autre avant les premiers anatomistes, proprement dits.

141, page 207.

On peut inférer que la doctrine des deux ames irraisonnables étoit particulière à Platon, et de ce que cette doctrine n'étoit qu'une conséquence de l'opinion étrange qu'il existoit de toute éternité une ame dans la matière, et de ce qu'il a nommé le premier ces ames (*a*). Il désignoit l'une par ces mots : το θυμοειδες ou bien par ces autres ῳ θυμȣται ανθρωπος, il appeloit la seconde το επιθυμητικον ειδος της ψυχης· επιθυμηθικον γαρ αυτο κεκληκαμεν, δια σφοδροτητα των τε περι εδωδην επιθυμιων και ποσιν, και αφροδισια, και αλλα τȣτοις ακολȣθα *etc.*

142, page 207.

Je vais indiquer encore un passage que Ciceron a mal traduit. Il rend les mots : Ἑν εξ απαντων απεργαζομενοι σωμα ἑκαςον, τας της αθανατȣ ψυχης περιοδȣς ενεδȣν εις επιρρυτον σωμα και απορρυτον, par *Unum efficiebant ex omnibus corpus, itemque in eo influente atque afluente animo divino ambitus illigabant*; au lieu de : *itaque immortalis animae ambitus fluxo atque caduco corpori illigabant.* Ciceron applique à l'ame les épithètes que Platon avoit appliquées au corps. Du reste, Platon réunit des images contraires; lorsqu'il dit : αἱ δε εις ποταμον ενδεθεισαι ψυχαι *in Tim. p.* 482.

143, page 209.

Il est presqu'inconcevable qu'un homme, avec de pareils principes, ait pu croire que le modérateur du monde cessoit quelquefois son travail, et qu'alors l'ame irraisonnable de la matière, qui n'étoit pas entièrement domptée, reprenoit son ancienne fureur, et tâchoit de replonger le tout dans l'ancien désordre. *In Polit. p.* 122.

(*a*) De Rep. p. 253.

144, page 213.

In Phaed. p. 40, *in Parm.* p. 140, 41, *imp. in Conv.* 191, Dans ce dernier passage, Platon dit que tous les beaux objets de la terre, ne sont beaux que parce qu'ils participent à la beauté immuable. Pour nous élever à la beauté primitive, dit-il, il faut que nous nous détachions insensiblement du *beau corporel*, pour nous avancer vers le *beau moral et intellectuel*. Il distingue dans plusieurs endroits de ses écrits, ces trois espèces de beaux, et sur-tout dans le banquet, *l. cit.*

145 page 216.

Platon avoit en vue cette façon de parler de Parménide et de Zénon, lorsqu'il dit de ses idées qu'elles sont παραδειγματα εν τῳ οντι *p. 82. in Theaet.* ou bien εν τῃ φυσει εστωτα *p. 141. in Parm.*, expressions auxquelles on a donné un sens contraire au sien, en les expliquant comme s'il les eût regardées comme des substances réelles, différentes de Dieu et des natures corporelles.

146, même page.

Dans les tems anciens et modernes, on a attribué à Platon tant d'opinions fausses et absurdes sur les idées, que je ne crois pas inutile d'examiner ici, en peu de mots, ce qu'il a pensé sur ce sujet. Sénèque distingue ιδεα d'ειδος. Le premier, dit-il, est, selon Platon, le modèle d'après lequel une chose est faite; le second, la forme qui est donnée à un ouvrage, d'après le modèle (*a*). *Alterum exemplar est, alterum forma ab*

(*a*) Ep. II. 58.

exemplari sumpta et operi imposita, alterum artifex imitatur, alterum facit. Habet aliquam faciem statua: haec est idos. Habet aliquam faciem exemplar ipsum, quod intuens opifex, statuam figuravit: haec idea est. Etiamnum aliam desideras distinctionem? Idos in opere est; idea extra opus, nec tantum extra opus est, sed ante opus. On ne trouve point dans Platon cette différence entre les sens des mots ιδεα *et* ειδος. Il nomme les modèles éternels, tantôt εικονας tantôt ειδη tantôt ιδεας, tantôt παραδειγματα, tantôt τα κατα ταυτα, και ὡσαυτως εχοντα, tantôt enfin μοναδας (*a*), et il donne également le nom *d'*ειδη aux espèces de choses formées d'après ces modèles. Platon comptoit, à la vérité, les idées parmi les causes des choses; mais il n'admettoit pas un aussi grand nombre de causes que l'ont prétendu plusieurs écrivains; et il étoit plus éloigné encore de les regarder comme des substances réelles, ainsi que l'ont cru plusieurs savans. Sénèque (*b*) et Simplicius (*c*) lui attribuent cinq espèces de causes, que je vais rapporter avec les paroles du premier: *Quinque ergo causae sunt, ut Plato dicit, id ex quo, id a quo, id quo, id ad quod, id propter quod, novissime id quod ex his est. Tanquam in statua (quia de hoc loqui caepimus) id ex quo, aës est: id a quo, artifex est: id quo, forma est, quae aptatur illi: id ad quod, exemplar est, quod imitatur is qui facit: id propter quod, facientis propositum est: id quod ex istis est, ipsa statua.* Sénèque n'indique pas ici cinq espèces de causes,

(*a*) *L. cit* imp. p. 472. Tim. et 155. *in Plut.*

(*b*) Ep. 65.

(*c*) *In Phys. Arist.* fol. 3. a.

mais six, dont deux sont imaginées ; savoir : celles qu'il appelle *id quo* et *propter quod*. Platon n'en nomme que quatre : la matière, les idées, la divinité et le monde corporel, formé de ces causes et par ces causes (*a*). πρωτον μεν τοινυν απειρον (il entend par là la matière.) λεγω, δευτερον δε περας (les idées) επειτ' εκ τουτων τριτον μικτην μαι γεγενημενην ουσιαν, την δε της μιξεως αιτιαν και γενεσεως τεταρτην λεγων. Quelquefois il omet la divinité, comme dans le Timée (*b*) εν δ' ουν τω παροντι χρη γενη διανοηθηναι τριττα. το μεν γιγνομενον, το δ' εν ῳ γιγνεται, το δ' οθεν αφομοιουμενον, φυεται το γιγνομενον. και δη και προσεικασαι πρεπει, το μεν δεχομενον μητρι, το δ' οθεν πατρι, την δε μεταξυ τουτων φυσιν εκγονων νοησαι τε etc.

Il est singulier qu'il regardât comme des espèces particulières de causes, les idées d'après lesquelles, selon lui, toutes les choses étoient formées, et sur-tout les choses produites elles-mêmes, qui n'étoient pourtant que de purs effets. C'est pour cela que plusieurs platoniciens n'admettoient que quatre causes : la divinité, la matière et les idées (*c*), et ils n'auroient dû réellement admettre que les deux premières. Les principales raisons qui ont probablement engagé quelques commentateurs de Platon, et plusieurs savans célèbres des tems modernes, à penser que Platon a quelquefois entendu par les idées, non des idées existantes dans l'intelligence divine, mais des êtres subsistant par eux-mêmes (*d*) ;

(*a*) In Philebo. p. 160.

(*b*) p. 488.

(*c*) Apul. p. 281.

(*d*) Voyez outre Brucker, *Monbaldo, of the origine of langage.* c. 1. 9. Gedike, Hist. Phil. ex. cic. collecta. p. 182, 183.

c'est que Platon a mis les idées parmi les causes premières, c'est la fausse interprétation que l'on a donnée aux façons de parler que je viens de citer, dont on n'a pas senti l'origine et les allusions; c'est enfin la multitude infinie de passages dans lesquels Platon appelle les idées, essences ουσιας, et choses éternelles et immuables. Mais des modèles éternels de toutes les espèces de choses réelles, existant hors de l'intelligence, sont des choses si contradictoires et si inconcevables, qu'on ne saurait, selon moi, les attribuer à un homme raisonnable, sans appuyer cette opinion sur des passages clairs de ses écrits. Jusqu'à présent, on n'a cité aucun passage de cette espèce, et surement on n'en citera jamais. Mais, d'un autre côté, cette opinion est contredite par tous les passages de Platon, où ce philosophe compare les modèles éternels, avec les modèles d'après lesquels travaillent les artistes (*a*). On peut dire aussi que, non-seulement aucun des plus célèbres auteurs de l'antiquité, n'a avancé que Platon regardoit les idées comme des modèles subsistant par eux-mêmes; mais que tous ont regardé ces idées comme des modèles éternels contenus dans l'intelligence divine (*b*). M. Gedike croit avoir trouvé dans les paroles suivantes d'Aristote, une confirmation de l'opinion de ceux qui regardent les idées de Platon comme des substances réelles : αλλ' ὁ μεν Σωκρατης τα καθ' ὁλου, ου χωριστα εποιει, ουδε τους ὁρισμους, οἱ δ' εχωρισαν, και τα τοιαυτα των οντων ιδεας

(*a*) Voy. *de Rep.* vol. II. p. 4, et 286-290.

(*b*) Voy. Arist. *l. cit.* Cic. *Acad. quæst.* I. 8. Senec. *Ep.* 58. 65, Apul. p. 251. Attic. ap. Eus. *Præp. evang.* XV, 13. enfin Plut. et les nouveaux platoniciens, dans une multitude d'endroits.

προσηγορευσαν *Met.* μ. δ. *p.* 201. Mais les mots τα καθ' ολυ et τυς ορυς prouvent que par les idées de Platon, Aristote n'entendoit point des substances, mais des idées abstraites et des explications de ces idées. Les expressions ο μεν Σωκρατης υ χωριςα εποιει, ne signifient autre chose, sinon que Socrate pensoit que les notions générales n'étoient distinctes, ni des genres et des espèces des choses réelles, ni des idées que ces genres et ces espèces de choses réelles font naître en nous.

De même que, dans un certain tems, on attribuoit aux Pythagoriciens tout ce qu'on trouvoit dans Platon; de même un certain Alcimus crut avoir découvert dans Epicharme (*a*) la doctrine de Platon sur les idées. Heureusement Diogène a indiqué les fragmens sur lesquels cet Alcimus appuyoit son assertion; de sorte que l'on peut se convaincre par soi-même que l'on n'y trouve absolument rien sur les idées de Platon, mais seulement quelque chose sur la mutabilité de toutes les choses. A l'exception d'Alcimus, aucun écrivain, ou du moins aucun écrivain célèbre, ne s'est avisé d'attribuer la doctrine des idées à un autre philosophe. Aristote, qui tournoit en ridicule cette doctrine de son maître, n'auroit surement pas gardé le silence, s'il eût su qu'elle étoit empruntée d'Epicharme ou de quelqu'autre Pythagoricien. Cet auteur fait sentir, au contraire, la différence qu'il y a entre les idées de Platon et les nombres de Pythagore (*b*), et expose comment et à quelle occasion cette opinion est venue au premier.

(*a*) Diog. III. 10 et suiv.

(*b*) Met. α. 5. p. 15.

147, page 216.

In Tim. l. c. Ὡς αρα αυτο δαιμονα θεος ἑκαςῳ δεδωκε τουτο, ὁ δη φαμεν οικειν μεν ἡμων επ'ακρῳ τῳ σωματι. προς δε την εν ουρανῳ συγγενειαν απο γης ἡμας αιρειν, ὡς οντας φυτον ουκ εγγειον, αλλ'ουρανιον, ορθοτατα λεγοντες.

148 page 219.

Ευφυια et ευφυης disoient beaucoup plus que le mot *génie* en allemand ou en français. On exprimoit par là, non-seulement les facultés supérieures de l'esprit ou de l'intelligence, mais aussi des dispositions aux grandes vertus et aux grandes actions. Les Romains, pour exprimer le mot grec ευφυια, disoient *bona*, *egregia*, *eximia*, *praeclara natura*.

149 page 220.

In Tim. p. 499. Ὁπου γαρ αν οἱ τον οξεων και των ἁλυκων φλεγματων, και ὁσοι πικροι και χολωδεις χυμοι κατα το σωμα πλανηθεντες, εξω μεν μη λαβωσιν αναπνοην, εντος δε ειλουμενοι την αφ'αυτων ατμιδα τη της ψυχης φορᾳ συμμιξαντες ανακερασθωσι, παντοδαπα νοσηματα ψυχης εμποιουσι — προς δε τους τρεις τοπους ενεχθεντα της ψυχης, προς ὁν αν ἑκαςον αυτων προσπιπτη, *etc.*

On trouvera dans la suite un plus grand nombre de passages, qui font voir que Platon croyoit comme Descartes, que le corps agit immédiatement sur l'ame, de même que l'ame sur le corps, et que ces deux parties constitutives de l'homme, produisent des changemens réciproques l'une dans l'autre.

150 page 222.

L'explication que donne Platon de la vue et de la

faculté de l'œil, est aussi singulière que celle qu'il donne de l'ouïe (a). Il croit que nous ne voyons que lorsqu'une lumière particulière sort de nos yeux, et se mêle dans l'intérieur de l'œil avec la lumière qui pénètre en nous, s'y coagule pour ainsi dire, et ne fait avec elle qu'un seul corps (b). De sorte que quand la lumière du jour disparoît, nous ne voyons plus rien, parce qu'alors la lumière particulière de nos yeux s'écoule inutilement, sans être retenue dans l'œil.

151, page 224.

De Rep. II. V. p. 260. et in Phil. p. 167. Cet état qu'Epicure appela dans la suite ἡδονην καταστηματικην. *voluptatem stantem*, est nommé par Platon ἡσυχια, ou repos.

152 page 228.

p. 168. Ουκουν ὁποταν αυ πλειων ἡδονη κατα τοιαυτα παντα ξυμμιχθῃ, το μεν ὑπομεμιγμενον της λυπης γαργαλιζει τε και ηρεμα αγανακτειν ποιει, το δ' αυτης ἡδονης πολυ πλεον εκκεχυμενον, συντεινει τε και ενιοτε πηδαν ποιει· Και παντοια μεν χρωματα, παντοια δε σχηματα, παντοια δε πνευματα απεργαζομενα, πασαν εκπληξιν και βοας μετα αφροσυνης ενεργαζεται, — και λεγειν τε αυτον τε περι ἑαυτου ποιει, και αλλον, ὡς ταυταις ταις ἡδοναις τερπομενος, οἱον αποθνησκει.

153, page 229.

Ουκουν και αἱ περι μελλοντων τουτων εκ προσδοκιας γιγνομεναι

(a) p. 491.
(b) p. 481.

προαισθήσεις τε και προλυπήσεις κατα ταυτα εχοντι. *de Rep. II. Lib. IX. p.* 262.

154, page 232.

p. 163. in Phil. Θες των περι το σωμα ἡμων ἑκαςοτε παθηματων, τα μεν, εν τῳ σωματι κατασβεννυμενα πριν επι την ψυχην διεξελθειν, απαθη εκεινην εασαντα· τα δε, δι'αμφοιν ιοντα, και τινα ὡσπερ σεισμον επιθεντα ιδιον τε και κοινον ἑκατερῳ. — τῳ δε εν ἑνι παθει την ψυχην, και το σωμα κοινη γιγνομενον, κοινῃ και κινεισθαι, ταυτην δ'αυ την κινησιν ονομαζων αισθησιν, ουκ απο τροπου φθεγγοι' αν.

Je ne saurois m'empêcher de rapporter encore ici le passage suivant de Platon, sur le sentiment intime de soi-même ou du *moi* (a). Quoique chaque homme, depuis son enfance jusqu'à sa vieillesse, change et soit, pour ainsi dire, renouvelé sans cesse, on dit cependant toujours qu'il est le même homme ou la même personne. Ce ne sont pas seulement les cheveux, la chair, les os, le sang et les autres parties constitutives du corps qui sont changées sans cesse; mais aussi l'ame et toutes ses facultés, ses qualités et ses connoissances. Nos habitudes, nos mœurs, nos opinions, nos désirs, nos aversions et même nos connoissances scientifiques, ne restent pas toujours les mêmes; car l'oubli est la destruction de notre savoir, de même que le travail et l'étude réparent les connoissances perdues. Nous ne sommes donc pas toujours les mêmes, dans le même sens que la divinité; mais nous sommes autres dans le moment suivant que dans le moment précédent; mais

(a) In Sympos. p. 189.

de même que le genre humain est entretenu, et devient, pour ainsi dire, immortel, parce que les nouveaux nés prennent toujours la place des morts; de même chaque homme en particulier dure en qualité de même personne, parce que les parties qui se dissipent sont remplacées par de nouvelles parties.

155, page 233.

In Phæd. p. 25 et 31. et Cic. Acad. quæst. I. 8. *Sensus autem omnes hebetes, et tardos esse arbitrabantur, nec percipere ullo modo res eas, quae subjectae sensibus viderentur; quae essent aut ita parvae, ut sub sensum cadere non possent; aut ita mobiles et concitatae, ut nihil unquam unum essent constans; ne idem quidem, quia continenter laberentur et fluerent omnia.*

156, même page.

C'est pour cela que Platon nomme le monde corporel το δοξαστον, ou *opinabilem rerum partem*, pour le distinguer de γνωστον; et les connoissances incertaines et insuffisantes que nous en pouvons avoir, il les nomme δοξα, pour les distinguer de γνωσις ou επιστημη. *Voyez sur-tout la fin du cinquième livre de la République. Edit. de Massey. p. 398, 406.*

157, page 236.

in Theaet. p. 89. Ευρηκας δε ψευδη δοξαν, οτι ουτε εν ταις αισθησεσιν εστιν προς αλληλας, ουτ' εν ταις διανοιαις, αλλ' εν τη συναψει αισθησεως προς διανοιαν.

158, page 236.

Ib. et in Philebo, p. 165. Dans le dernier passage, il entend aussi par les mots δοξαι αληθεις toutes les propositions que nous déduisons des opinions justes, ainsi que je l'ai expliqué, jusqu'à présent, d'après lui. Dans d'autres passages, il appelle δοξας αληθεις toutes les propositions qui sont vraies et les opinions qui sont justes, mais que nous ne possédons pas d'une manière scientifique, et que nous ne pouvons pas démontrer exactement, et il ne les distingue de la science, qu'en ce qu'elles ne sont pas liées par des démonstrations exactes. *In Theaet.* Αρεσκει ουν — δοξαν αληθη μετα λογου επιστημην ειναι *ib. p. 87* de même *in Menone, p. 344, et in Timaeo, p. 485.* Il varie de même dans l'usage du mot λογος. Tantôt il entend par là la raison et l'intelligence de l'homme, qu'il nomme par cette raison ορθος λογος lorsqu'il connoît la vérité; mot que les Stoïciens ont emprunté de Platon, de même qu'une grande partie de leur langue philosophique (*a*); tantôt il entend par λογος, démonstration, comme dans le passage cité plus haut; tantôt enfin il appelle λογους toutes les δοξας, lorsqu'elles sont exprimées par des mots (*b*). Dans le dernier passage, il exprime λογος par διανοια et nomme φανθασια, la sensation d'un objet présent.

159, page 238.

Ib. J'ai copié exprès ces derniers raisonnemens de Platon, soit pour confirmer, par un nouvel exemple,

(*a*) Voy. Phæd. p. 28. et Phileb. p. 167.

(*b*) In Phil. p. 165. et Soph. p. 114.

la facilité de Platon pour des choses de cette espèce, et le plaisir qu'il y prenoit, soit pour montrer sous combien de formes peut s'exprimer le principe de la contradiction.

160, page 239.

Platon nomme μανια l'état dans lequel les hommes se représentent des choses qui n'existent point, et n'apperçoivent point celles qui les entourent (*a*). Cet état d'aliénation est de deux espèces; le naturel qui est causé par des maladies, et le surnaturel ou divin. Le second est aussi de plusieurs espèces; l'enthousiasme sacré ou la fureur des devins, qui s'empare des Sybiles et des prêtresses de Delphes et de Dodone, par l'inspiration d'Apollon; le second est celui des Bacchantes; le troisième l'enthousiasme poétique, que les Muses inspirent aux poètes et aux rapsodes (*b*). De même que les devins et les devineresses, dans le saint enthousiasme qui les transporte hors d'eux-mêmes, ont annoncé plusieurs choses utiles et salutaires aux peuples de la Grèce; de même les poètes, lorsque les Muses les ont transportés hors d'eux-mêmes, composent, sans le savoir, les plus belles poésies, et lorsqu'ensuite ils reviennent à eux, ils ne peuvent pas, malgré tous leurs efforts, composer des choses semblables à celles qu'ils ont faites. La quatrième espèce de fureur divine est celle des amans, que Platon regarde comme la meilleure et la plus sublime de toutes.

(*a*) In Phæd. p. 201, 209.
(*b*) In Ionc. p. 362.

161, page 240.

Il. cc. Impr. de Rep. II. 286, 290. Platon devoit nécessairement admettre une contemplation dans la divinité ; car dans Dieu seul se trouvoient, selon lui, les modèles éternels de toutes les choses ; ainsi les ames, dans leur état de démons, ne pouvoient prendre une image de ces modèles, que par une contemplation de la divinité, *l. c. et Tim. p.* 485.

162, même page.

In Phaedi p. 29 *et* 338, *et in Menon.* 344. Parmi toutes les idées générales, Platon attribue les effets les plus merveilleux à celles du bien. L'idée du bien, dit-il (*a*), est la plus difficile et la plus sublime que l'esprit humain puisse concevoir. Elle nous donne la faculté de connoître la vérité, et elle communique à nos connoissances la vérité, de même qu'elle communique l'existence et la durée à toutes les choses. Elle est la dernière chose que l'on connoît dans le monde intellectuel ; mais lorsqu'on l'a connue, elle répand la lumière sur tout ce qui est visible et invisible, et devient la source de tout le beau et de tout le bon, la source de la vérité et de la science (*b*). Cet éloge du bon, a fait croire à plusieurs qu'il entendoit par là la divinité.

163, page 244.

Cette fiction tirée de la république de Platon, res-

(*a*) Vol. II. lib. VI. p. 60. de Rep.
(*b*) 70 et 72. et VII. p. 88. et in fine Phileb.

semble beaucoup à un autre que l'on trouve dans le Phédon, et que le lecteur ne sera pas fâché, je pense, de trouver ici.

La terre, dit Socrate, a un grand nombre d'endroits et de parties admirables, et elle n'est, à ce que j'ai entendu dire à quelqu'un, ni de la grandeur, ni de la nature que se l'imaginent ordinairement ceux qui parlent et qui écrivent sur cet objet. Je n'ai pas assez de tems pour vous répéter tout ce que quelqu'un m'a raconté; mais je vais vous faire connoître, en peu de mots, la forme de la terre et ses divisions. Elle est, du moins à ce qu'on m'a dit, ronde comme une boule, et placée précisément au milieu du ciel, et par cette forme et cette position, elle n'a besoin, ni d'air ni d'aucun appui; car tout objet qui se tient lui-même en équilibre, qui est placé exactement au milieu d'une autre chose, parfaitement semblable à elle-même, n'a pas de raison pour s'incliner plutôt d'un côté que de l'autre, et elle reste par conséquent immobile. La terre est plus grosse que la plupart des hommes ne le croient. La petite partie que nous connoissons, et que nous habitons depuis le Phase jusqu'aux colonnes d'Hercule, n'est qu'une fourmillière ou une grenouillère, en comparaison de la terre entière. Cette petite partie, qui porte encore un grand nombre d'autres habitans, a aussi un grand nombre d'autres enfoncemens, et d'autres places de forme et de grandeur différentes, dans lesquels se rassemblent l'eau, les brouillards et l'air. La terre elle-même est pure, et située dans le même ciel pur, dans lequel se meuvent les étoiles, et que ceux qui parlent de ces sortes de choses appellent éther. Les enfoncemens de la terre sont, pour ainsi dire, le fond de cet éther ou le bourbier de l'air; ce qui fait que toutes les impuretés s'y rassemblent. Nous n'habitons pas non plus la surface de la terre, quoique nous ne nous en appercevions pas; mais une de ses cavités. Il en est de nous, comme il en seroit des créatures qui habiteroient le fond de la mer, et qui, à travers les eaux, verroient le soleil, la lune et les autres astres. Ces créatures prendroient la mer même pour le ciel, parce qu'elles ne se seroient jamais élevées au-dessus des eaux, et qu'elles n'auroient jamais vu combien la région d'en haut est plus pure et plus claire que celle qu'elles habitent. De même nous qui habitons dans un fond, nous croyons vivre en haut, nous appelons ciel, l'air au-delà duquel nous ne pouvons porter nos regards, et nous croyons que les étoiles se meuvent dans notre air. Mais si nous nous élevions au-delà des bornes de cet air, ou que nous pussions voir au-delà de l'air terrestre, comme les poissons au-delà de l'eau, alors nous découvririons quel est le vrai ciel, la vraie lumière et la vraie terre; car la terre que nous habitons, les pierres et les autres corps que nous voyons, sont tous corrompus ou gâtés, comme les objets qui sont dans le fond de la mer, où l'on ne trouve que du sable et de la vase, et où il ne croit rien de beau ni d'utile. Mais la vraie terre surpasse beaucoup plus celle que nous appelons ainsi, que cette dernière ne surpasse le fond de la mer. Car si quelqu'un jetoit d'en haut ses regards sur la vraie terre, il la verroit briller des couleurs les plus belles et les plus variées; il y verroit des bandes d'or, de pourpre, des bandes blanches, mêlées, et toutes d'une beauté inexprimable. A ces couleurs magnifiques répondroient les fleurs, les plantes, les montagnes et les pierres, dont les dernières seroient infiniment plus belles que nos éméraudes, et les autres pierres que nous appelons précieuses. La cause de cette beauté supérieure vient de ce qu'elles sont pures, et qu'elles ne sont point atteintes de la corruption et des impuretés qui, dans notre caverne terrestre, rendent laids et malades les hommes, les animaux, et même les objets inanimés. La vraie terre offre donc un spectacle ravissant pour ses heureux habitans, qui sont de plusieurs espèces, et parmi lesquels il y a aussi des hommes. Une partie d'entre eux habite le milieu du pays; d'autres, sur les bords de l'air, comme nous sur les bords de la mer; d'autres, dans des îles entourées d'air. En général l'air est pour eux ce qu'est pour nous la mer, et l'éther ce qu'est pour nous l'air. Les habitans de la vraie terre ne sont jamais attaqués de maladies, et vivent beaucoup plus long-tems que nous; ils nous surpassent autant par leur intelligence et la finesse de leurs sens, que l'air surpasse l'eau en pureté, et l'éther l'air. Dans leurs bois sacrés, habitent et se promènent des dieux dont ils entendent la voix, dont ils contemplent la figure, et avec lesquels ils vivent comme avec leurs semblables. Enfin ils voient, sans voile, le soleil, la lune et les étoiles; ils les voient dans leur forme et leur éclat réel. Telle est la vraie terre. Mais outre la caverne que nous habitons, il y en a une infinité d'autres plus grandes ou plus petites, plus larges ou plus étroites, qui sont traversées en tout sens par un grand nombre de fleuves; non-seulement par des fleuves d'eau, mais aussi par des fleuves de bourbe et de feu. Le plus grand de tous ces abymes est le Tartare, qui s'étend par toute la terre, dans lequel se rassemblent toutes les eaux, et d'où elles ressortent toutes. La raison pour laquelle les eaux y entrent et en sortent continuellement, c'est que le Tartare n'a point de fond sur lequel les eaux puissent s'arrêter. Parmi les fleuves qui sont engloutis par le Tartare, quatre sont sur-tout remarquables, savoir ; l'Océan, l'Achéron, le Pyriphlégéton et le Cocyte. L'Océan est le plus grand, et l'Achéron, où plutôt le lac Achéruse, formé par plusieurs fleuves, est le rendez-vous des ames de la plupart des hommes morts.

164, page 245.

Vol. II. Lib. VI. 74-80. *VII* 110-116 *et* 120. Platon répète, particulièrement dans le dernier passage, la condition que nous avons rapportée, il tombe dans les plus grandes absurdités. Les spectacles, dit-il entre autres (*a*), qui nous offrent les mouvemens et les divers arrangemens des corps célestes, sont les plus beaux spectacles du monde visible ; mais ils sont encore bien au-dessous de ceux qui résultent du mouvement essentiel et de la lenteur du vrai nombre et des vraies figures. Ἃς το ον ταχος, και ἡ ὀυσα βραδυτης εν τῳ αληθινῳ αριθμῳ και πασι τοις αληθεσι σχημασι φορας τε προς αλληλα φερεται και τα ενοντα φερει.

Il reprochoit aux Pythagoriciens de son tems, d'avoir corrompu la géométrie, en la dérivant des choses incorporelles, pour l'appliquer à des choses corporelles (*b*).

165, page 246.

Ib. Ονειρωττουσι μεν περι το ον, ὑπαρ δε αδυνατον αυταις ιδειν, ἑως αν ὑποθεσεσι χρωμεναι, ταυτας ακινητους εωσι, μη

(*a*) De Rep. VII. p. 120.
(*b*) Plut. in Marcelli vita II. 430.

δυναμεναι λογον διδοναι αυτων. ᾧ γαρ αρχη μεν, ὃ μη οιδε, τελευτη δε και τα μεταξυ εξ ὗ μη οιδε συμπλεκεται. τις μηχανη την τοιαυτην ὁμολογιαν ποτε επιστημην γενεσθαι;

166, page 247.

Plat. VI. de Rep. 74. VII. 132. in Theaet. p. 110. in Philebo p. 156. in Phaedro p. 210. in Phaed. p. 40. Platon ne dit rien du tout des principes incontestables sur lesquels s'appuie la dialectique ; mais dans le dernier passage, conforme aux autres pour le reste, il avoue que ses idées ne sont que de pures suppositions. Και ειμι παλιν επ' εκεινα τα πολυθρυλλητα, και αρχομαι απ' εκεινων, ὑποθεμενος ειναι τι καλον αυτο καθ' ἁυτο, και αγαθον, και μεγα, και τ'αλλα παντα, ἁ ει μοι διδως τε και συγχωρεις ειναι ταυτα, ελπιζω σοι εκ τουτων την αιτιαν επιδειξειν.

167, même page.

Ib. et VII. 72. in Phaed. p. 31. in Theaet. p. 82. Dans un autre endroit, Platon dit, que l'art seul de rendre les peuples et les hommes heureux, mérite le nom de sagesse (*a*).

168, même page.

VI. 78. VII. 132. Platon donne des noms différens à ces quatre degrés des connoissances humaines. Il appelle le premier επιστημη, le second διανοια, le troisième πιστις, le quatrième εικασια. *Ib.*

169, page 248.

C'étoient pourtant les seuls moyens dont s'étoit servi Socrate pour trouver la vérité et en convaincre les autres.

(*a*) Vol. I. de Rep. lib. V. 272, 274.

170, page 248.

Ll. cc. et in Phaed. p. 37. Εγω δε τοις δια των εικοτων τας αποδειξεις ποιουμενοις λογοις, ξυνοιδα ουσιν αλαζοσι, και αν τις αυτους μη φυλαττηται, ευ μαλα εξαπατωσι *etc.*

171, page 251.

Ἡ νοησις του νεου εστιν εσις. το δε νεα ειναι τα οντα, σημαινει γιγνομενα αει ειναι. τουτου ουν εφιεσθαι την ψυχην μηνυει το ονομα θεμενος την νεοεσιν. ου γαρ νοησις το αρχαιον εκαλειτο, αλλ᾽αντι του η, εε εδει λεγειν δυο νεοεσιν.

172, même page.

Ὡς φερομενοις τοις πραγμασι ἑπομενης της ψυχης.

173, page 256.

p. 66. Συνθηματα ειναι τα ονοματα, και δηλουν τοις συνθεμενοις, προειδοσι δε, τα πραγματα. και ειναι ταυτην ορθοτητα ονοματος, συνθηκην. διαφερειν δε ουδεν, εαν τε τις συνθηται, ὡσπερ νυν συγκειται, εαν τε και τουναντιον.

174, page 259.

p. 33. in Phaedone Ὁτι ἑκαστη ἡδονη και λυπη ὡσπερ ἡλον εχουσα, προσηλοι αυτην προς το σωμα, και προσπερονᾳ, και ποιει σωματοειδη, δοξαζουσαν ταυτα αληθη ειναι, ἁπερ αν και το σωμα φῃ. εκ γαρ του ὁμοδοξειν τῳ σωματι και τοις αυτοις χαιρειν, αναγκαζεται, οιμαι, ὁμοτροπος τε και ὁμοτροφος γιγνεσθαι, και οια μηδεποτε εις ᾁδου καθαρως αφικεσθαι, αλλ᾽αει αναπλεα του σωματος εξιεναι.

175, page 260.

Ib. et p. 81. et de Rep. vol. II. lib. VII. p. 92, 98. Dans le premier passage il explique ainsi le mot φρονησις. Ὅταν δε γε αυτη καθ' ἑαυτην σκοπῃ, εκεισε οιχεται εις το καθαρον τε και αει ον και αθανατον και ὁσαυτως εχον. και ὡς συγγενης ουσα αυτου, αει μετ' εκεινου τε γιγνεται, ὁταν περ αυτη καθ' αὑτην γενηται, και πεπαυται του πλανου. και περι εκεινα αει κατα ταυτα ὁσαυτως εχει, ὡς τοιουτων εφαπτομενη. και τουτο αυτης το παθημα φρονησις κεκληται.

176, même page.

Την σωφροσυνην, το περι τας επιθυμιας μη επτοησθαι. *p. 26. in Phaed.*

177, même page.

p. 27. χωριζομενα δε φρονησεως — μη σκιαγραφια τις ῃ ἡ τοιαυτη αρετη, και τῳ οντι ανδραποδωδης τε και ουδεν ὑγιες ουδ' αληθες εχῃ.

178, page 261.

Ib. et p. 82. in Theaet. Ἡ μὲν γαρ τουτου γνωσις, σοφια και αρετη αληθινη, ἡ δε αγνοια, αμαθια και κακια εναργης, αἱ δε αλλαι δεινοτητες τε δοκουσαι και σοφιαι εν μεν πολιτικαις δυναστειαις γιγνομεναι, φορτικαι, εν δε τέχναις βαναυσοι.

179, page 263.

Phaed. p. 26. Το μελετημα αυτο τουτο εστι των φιλοσοφων, λυσις και χωρισμος ψυχης απο του σώματος. Voyez aussi p. 32. *Tota enim philosophorum vita, ut ait idem, commentatio mortis est.* Tusc. Quæst. Cicer. l. 30.

180, page 264.

Cicer. Tusc. Quæst. l. 17. *Platonem ferunt, ut Pythagoreos cognosceret, in Italiam venisse, et didicisse Pythagorea omnia : primumque de animarum aeternitate non solum sensisse idem, quod Pythagoras, sed rationem etiam attulisse.*

181, page 274.

In Phaedone p. 45. Platon dit dans sa république, qu'ils sont obligés de souffrir des punitions décuples pour leurs fautes, et qu'ainsi ce n'est qu'après mille ans qu'ils sont rejettés du Tartare.

182, page 275.

Ses douze livres intitulés des lois, contiennent aussi le modèle d'un état bien ordonné, mais beaucoup moins parfait, comme il le dit lui-même, que celui qui se trouve dans sa république (*a*). Ce modèle moins parfait, est formé en grande partie d'après les gouvernemens de Crète et de Sparte, et il a sur-tout pour but de montrer les défauts des lois d'Athènes. Dans l'état que décrit ici Platon, il admet les mariages constans et particuliers, la propriété, et même l'inégalité des fortunes, quoiqu'il divise toutes les terres en cinq mille quatre cent soixante parties inaliénables, et qu'il les donne à un nombre égal de citoyens ou de familles. Il établit quatre classes de citoyens, d'après l'inégalité des fortunes ; mais il veut en même-tems que le plus riche ne possède tout au plus

(*a*) De Leg. V. 552.

que quatre fois autant que le plus pauvre (*a*). Il n'interdit pas entièrement les arts, les métiers et le commerce; mais il les restreint par diverses lois, et sur-tout en ne permettant l'usage des monnoies d'or et d'argent qu'à l'état, et en le défendant aux particuliers (*b*). Il parle de l'éducation des femmes comme dans sa république (*c*); mais il est plus indulgent pour les poëtes. Il admet les comédies et les tragédies, en les soumettant à un examen sévère (*d*). La forme de gouverment qu'il approuve comme la meilleure, est une aristocratie plus sévère que celle de Solon, mais plus éloignée de l'oligarchie que celle de Sparte du tems de la puissance suprême des Ephores (*e*). Un des plus beaux morceaux de cet ouvrage, c'est le commencement du quatrième livre, dans lequel il traite très-bien des révolutions du genre humain, et sur-tout du rétablissement des sociétés civiles, après les grandes révolutions de la nature.

183, page 277.

De leg. II. p. 523. de Rep. vol. I. 140, 164, 170, 192. vol. II. 220, 296, 300, 306, 312, 312, 316. Platon emploie donc dans sa république le mot μιμησις, dans un sens très-étroit; mais dans ses lois il le prend dans le sens ordinaire.

184, page 279.

Ib. 340, et suiv. Ses lois utiles sont celles sur le

(*a*) p. 554.
(*b*) p. 552.
(*c*) p. 575-579.
(*d*) II. 523.
(*e*) VI. 557 et suiv.

service

service divin. Il défend toutes les fêtes déréglées, toutes les offrandes magnifiques, et même le culte domestique; il ordonne d'honorer sur-tout la divinité par la pureté du cœur, et par des sacrifices de peu de valeur. *De leg. X. 413. XII. 629.*

185, page 279.

Diog. III. 21. et ibi Menag. Je regarde ceci comme un conte. Car Platon sentoit lui-même que la communauté des femmes et des biens ne pouvoit être introduite parmi des hommes tels que ses contemporains. *De leg. V. 662.*

186, page 280.

Athen. X. c. ult. p. 608, 609. Probablement ce qu'Athénée reproche ici à Platon n'est pas plus exactement vrai que ce qu'il lui reproche ailleurs. Cependant on ne sauroit démontrer la fausseté de ce reproche, faute de relations sûres.

187, même page.

Parmi les écrits qui portent le nom d'Hippocrate, il y en a plusieurs qui contiennent des opinions philosophiques. Tels sont sur-tout les suivans : Περι Αρχων η Σαρκων (*des principes, ou des chairs*) Περι Φυσεως Ανθρωπȣ (*de la nature de l'homme*). Περι Διαιτης (*du régime*). Je regarde les deux premiers comme authentiques; car le style et les pensées sont tels qu'on peut les attendre d'un grand homme du tems d'Hippocrate. L'auteur de ces ouvrages parle du θερμον ou du feu, d'une raison commune ou générale, et d'une raison particulière, tout-à-fait dans le sens d'Héraclite (*a*). Outre le feu, il admet encore des élémens qu'il appelle μοιρας, et desquels il croit que tout a été formé, lorsque, dans un certain tems, la matière brute fut mise en mouvement par une force ou nature qu'il ne nomme point; ότε εταραχθη παντα.

Le troisième ouvrage, Περι Διαιτης, me paroît supposé par plusieurs raisons; car le style et les pensées me paroissent différens du style et des pensées que l'on remarque dans les autres ouvrages d'Hippocrate. L'auteur, qui vécut peut-être immédiatement après Hippocrate, n'admet que deux élémens, le feu et l'eau (*b*). Il attribue autant de merveilles au feu qu'Hippocrate (*c*), et le regarde comme une des principales parties constitutives de toutes les autres choses, et par conséquent aussi des ames, sur lesquelles il manifeste des opinions étranges et contradictoires (*d*). Quoiqu'il les croie composées d'un mélange de feu et d'eau, et qu'il donne la différence du mélange de ces deux choses dans leur composition, pour raison de la différence de leurs facultés et de leurs qualités; quoiqu'il soutienne même que les ames de même que les corps croissent et se nourrissent, il dit cependant aussitôt après que toutes les ames, soit celles des hommes, soit celles des animaux, sont égales et indépendantes des objets extérieurs.

(*a*) Περι Αρχων η περι Φυσεως Ανθρωπου.

(*b*) L. I. c. 4.

(*c*) L. I. c. 11 et 12.

(*d*) L. I. c. 8. 18, 22, 23.

188, page 280.

Le mérite de ces hommes, qui étoient tous contemporains de Socrate ou de Platon, peut se connoître particulièrement dans les historiens de l'astronomie et des mathématiques. Les trois derniers étoient Pythagoriciens, de même que Philolaüs, et en même tems des philosophes célèbres qui avoient plusieurs opinions qui leur étoient propres, dont fort peu sont parvenues jusqu'à nous. On trouve dans Aristote (*a*) les décisions d'Archytas sur le mouvement du tout, et sur le vide. Cet Archytas, qui étoit grand général et grand homme d'état, instruisoit, éclairoit et corrigeoit en même tems ses jeunes concitoyens, par ses conseils et ses instructions (*b*). Eudoxe regardoit le plaisir comme le souverain bien, et la douleur comme le souverain mal, et il en donnoit les mêmes raisons qu'Aristippe et les Epicuriens (*c*). Il n'est aucun vrai Pythagoricien dont Platon ait paru suivre davantage les opinions que Philolaüs qui soutenoit la préexistence des ames, et qui regardoit la vie terrestre comme un état de punition, qu'il ne falloit pas cependant, selon lui, quitter sans la volonté de la divinité (*d*).

(*a*) M. Probl. 15. 3. p. 127. et Simpl. in Arist. Phys. p. 108.

(*b*) Arist. ap. Ath. XII. 12.

(*c*) Arist. Ethic. X. 2.

(*d*) Clem. Alex. lib. III. 518. et Plat. in Phæd. init.

FIN.

TABLE
DU TOME CINQUIÈME.

FAUTES A CORRIGER.

Page 40, ligne 5; *lisez :* Philippes.

75, note *b*; *lisez :* Αντιδοσεως.

114, note *a*; *lisez :* *Colot.*

168, note *b*; *lisez :* Dion. Halic. *de Plat.*

177, note *a*; *lisez :* Περι Ὕψους

194, note *b*, ligne 2; *lisez : in Philebo.*

251, ligne 18; *lisez :* ρου νοησις.

279, note *a*; *lisez :* Plut.

www.ingramcontent.com/pod-product-compliance
Ingram Content Group UK Ltd.
Pitfield, Milton Keynes, MK11 3LW, UK
UKHW020302230726
13925UKWH00001B/176

9 782013 574624